《西医妇产科学应试指南》编委会名单

妇产科学应试指南系列丛书

丛书主编 武权生
主编 杜 敏

西医妇产科学应试指南

XIYI FUCHAN KEXUE YINGSHI ZHINAN

兰州大学出版社

图书在版编目(CIP)数据

西医妇产科学应试指南/杜敏主编. —兰州:兰州大学出版社,2012. 8

ISBN 978-7-311-03944-8

Ⅰ. ①西… Ⅱ. ①杜… Ⅲ. ①妇产科学—医学院校—教学参考资料 Ⅳ. ①R71

中国版本图书馆 CIP 数据核字(2012)第 191678 号

策划编辑 田小梅
责任编辑 张 萍
封面设计 刘 杰

书 名 西医妇产科学应试指南
主 编 杜 敏
出版发行 兰州大学出版社 (地址:兰州市天水南路 222 号 730000)
电 话 0931-8912613(总编办公室) 0931-8617156(营销中心)
0931-8914298(读者服务部)
网 址 http://www.onbook.com.cn
电子信箱 press@lzu.edu.cn
印 刷 兰州瑞昌印务有限责任公司
开 本 787 mm×1092 mm 1/16
印 张 18.25
字 数 480 千
版 次 2012 年 8 月第 1 版
印 次 2012 年 8 月第 1 次印刷
书 号 ISBN 978-7-311-03944-8
定 价 38.00 元

前　言

为了指导和帮助临床医学生切实掌握妇产科学基本理论、基本知识，激发学生的深入思考，培养分析问题、解决临床实际问题的能力，我们根据普通高等教育妇产科学本科教学大纲和国家职业医师考试的要求，依照“十一五”国家级规划教材《妇产科学》(第7版)的基本内容，编写了《西医妇产科学应试指南》。本书作为《妇产科学》的配套教材，分为重点内容提示、典型病案及临床思维分析、妇科常见症状的鉴别诊断、习题练习以及参考答案。尤其是典型病案分析及临床思维分析，紧密结合临床工作，在学生掌握了此门课程的基本理论知识基础上，引导学生将所学的妇产科知识应用于临床工作，提高学生综合分析的能力和解决实际问题的能力。在题型设计上采用了国内最新出版的试题题型，试题内容更有助于培养学生临床应试的能力。

本书的参编人员均为从事妇产科专业临床和教学多年的中高级专业人员及研究生导师，教学经验丰富，熟悉教学内容，工作密切结合临床，了解临床教学规律和历年来研究生考试、医师资格考试的选题水平和难度，故此书有较实用的应试价值和妇产科临床思维的启蒙。

本书按章节划分内容。内容系统全面，特别是经过对基本知识的重新归纳、提炼，内容上重点突出、简明扼要，知识点明确，学生易于记忆与掌握。同时，在临床分析能力的培养方面，增强了可操作性和实用性。

本书在编写过程中参阅了大量的资料，由于编写时间仓促，不足之处在所难免，殷切希望学习使用者批评指正。

编　者

2012年6月

目 录

第一章　女性生殖系统解剖

一、基本纲要

掌握：子宫的解剖及生理功能，卵巢的功能。

熟悉：内生殖器官解剖，女性骨盆特点。

了解：骨盆的组成、分界、平面、类型。

参考：邻近器官及血管、淋巴。

二、要点提示

1.骨盆

组成：骶骨、尾骨、髋骨。

关节：耻骨联合+骶髂关节+骶尾关节。

韧带：骶结节韧带+骶棘韧带。

骨盆分界线：耻骨联合上缘、髂耻缘及骶岬上缘的连线(髂耻线)。

骨盆的类型：女型、扁平型、类人猿型、男型。

2.会阴

指阴道口与肛门之间的软组织，包括皮肤、肌肉和筋膜，也是骨盆底的一部分。

3.女性外生殖器

又称外阴，指生殖器官的外露部分，位于两股内侧之间，前面为耻骨联合，后面以会阴为界。

外阴的组成

组成	特点
阴阜	青春期该部皮肤开始生长阴毛，分布呈尖端向下的三角形
大阴唇	皮下脂肪层含有丰富的血管、淋巴管和神经，受伤后易出血形成血肿
小阴唇	富含神经末梢，故非常敏感
阴蒂	位于两侧小阴唇顶端的联合处，具有勃起性
阴道前庭	位于两侧小阴唇的菱形区，包括尿道外口、阴道口、舟状窝

4.女性内生殖器

包括阴道、子宫、输卵管和卵巢，后两者合称子宫附件。

阴道：性交器官、月经血排出及胎儿娩出的通道。真骨盆下部中央，上宽下窄，前壁长7~9 cm，与膀胱和尿道相邻，后壁长10~12 cm，与直肠贴近。上端包围宫颈，下端开口于阴道前庭后部。环绕宫颈周围的部分称阴道穹隆，分为前、后、左、右4部分，其中后穹隆最深，临床上可经此处穿刺或引流。

子宫：壁厚、腔小、前后略扁的倒置梨形，重约50 g，长7~8 cm，宽4~5 cm，厚2~3 cm，宫腔容量约5 mL。功能:①子宫内膜受性激素影响发生周期性改变并产生月经;②性交后,子宫为精子到达输卵管的通道;③孕期为胎儿发育、成长的部位;④分娩时子宫收缩使胎儿及其附属物娩出。

宫体与宫颈的比例,婴儿期为1:2,成年妇女为2:1,老年妇女1:1;宫体与宫颈之间形成最狭窄的部分称为子宫峡部,包括解剖学内口和组织学内口。

宫体壁由3层组成:子宫内膜层、肌层、浆膜层。子宫内膜:功能层(周期性脱落产生月经)和基底层。子宫韧带共有4对:①圆韧带、②阔韧带、③主韧带、④宫骶韧带。

输卵管:为一对细长而弯曲的管道,位于子宫阔韧带的上缘内,内侧与宫角相连通,外端游离,与卵巢接近。全长8~14 cm。由内向外可分为4部分:①间质部、②峡部、③壶腹部、④伞部;输卵管为卵细胞与精子相遇的场所,也是向宫腔运送受精卵的管道。

卵巢:一对扁椭圆形的性腺,具有生殖和内分泌功能,产生、排出卵细胞,分泌性激素。青春期前,卵巢表面光滑;青春期排卵后,卵巢表面凹凸不平;成年妇女的卵巢约4 cm×3 cm×1 cm,重5 g,呈灰白色;绝经后卵巢萎缩变小变硬。

5.女性生殖系统血管、淋巴和神经

血管:卵巢动脉(腹主动脉分出)、子宫动脉(髂内动脉前干分支)、阴道动脉(髂内动脉前干分支)和阴部内动脉(髂内动脉前干终支)。

盆腔静脉均与同名动脉伴行,并在相应器官及其周围形成静脉丛,且互相吻合,故盆腔静脉感染容易蔓延。

淋巴:包括内生殖器淋巴(①髂淋巴组由髂内、髂外及髂总淋巴结组成;②骶前淋巴组位于骶骨前面;③腰淋巴组位于主动脉旁)和外生殖器淋巴(腹股沟浅、深淋巴结)。

神经:阴部神经(外生殖器),交感神经与副交感神经(内生殖器)。

6.内生殖器与邻近器官

内生殖器的邻近器官及相互关系

邻近器官	注意事项
尿道	女性尿道短而直,接近阴道,易引起泌尿系统感染
膀胱	妇科检查及手术前要排空膀胱,以免妇检不确切及手术损伤膀胱
输尿管	实施子宫切除结扎子宫动脉时,应避免损伤输尿管
直肠	妇科手术及分娩处理时应注意避免损伤肛管、直肠
阑尾	阑尾炎可能累及子宫附件

三、课后复习题

(一)名词解释

1.骨盆 2.骨盆分界线 3.会阴 4.子宫附件 5.子宫峡部

(二)填空题

1.卵巢的功能是______和______。

2.骨盆是由______、______和______组成。

3.子宫颈阴道部表面由______上皮所覆盖,子宫颈外口的______和______交界处是子宫颈癌的好发部位。

(三)选择题

1.骨盆的组成　(　)

A.骶骨和尾骨　B.骶骨和髋骨

C.骶骨、尾骨和髋骨　D.髂骨和坐骨

E.尾骨和髋骨

2.子宫动脉来自　(　)

A.髂内动脉　B.髂外动脉

C.髂总动脉　D.股总动脉

E.腹主动脉

3.以下哪项不是子宫韧带的　(　)

A.圆韧带　B.阔韧带

C.骶棘韧带　D.主韧带

E.宫骶韧带

4.卵巢的功能是　(　)

A.产生卵子　B.产生激素

C.产生月经　D.产生卵子和激素

E.性交器官

5.成年妇女未生育的子宫大小是　(　)

A. 8 cm×5 cm×3 cm　B. 8 cm×6 cm×4 cm

C. 7 cm×5 cm×3 cm　D. 5 cm×4 cm×2 cm

E. 5 cm×3 cm×2 cm

6.成年妇女的子宫特点是　(　)

A.宫体与宫颈之比为3:1　B.呈前后略宽的倒置梨形

C.重约80 g　D.长9 cm,宽7 cm,厚5 cm

E.下部较窄称为宫颈

7.我国妇女最常见的骨盆类型是　(　)

A.漏斗型骨盆　B.男型骨盆

C.扁平型骨盆　D.类人猿型骨盆

E.女型骨盆

8.女童期和成年妇女的宫体与宫颈的比例分别为　(　)

A.1:3,3:1　B.1:2,2:1

C.1:1,2:1　D.2:3,3:2

E.2:1,3:1

9.以下子宫内膜的特征正确的是　(　)

A.于月经期全层脱落　B.基底层有周期性变化

C.上1/3为功能层,下2/3为基底层　D.上2/3为功能层,下1/3为基底层

E.上1/2为功能层,下1/2为基底层

10.妇女骨盆倾斜度的正常值是　(　)

A.50°　　B.55°　　C.60°
D.65°　　E.70°

11.妇女外阴部受伤,最容易发生血肿的部位是　（　）
A.阴阜　　B.阴蒂
C.大阴唇　　D.小阴唇
E.处女膜

12.子宫峡部形态学体征正确的是　（　）
A.为子宫较宽的部分　　B.上端为组织学内口
C.非孕时长度为1 cm　　D.妊娠期变软不明显
E.临产后形成子宫下段

13.固定宫颈位置的主要韧带是　（　）
A.圆韧带　　B.主韧带
C.阔韧带　　D.宫骶韧带
E.骨盆漏斗韧带

14.卵巢形态学的特征正确的是　（　）
A.卵巢表面无腹膜　　B.皮质内不含卵泡
C.卵巢白膜是平滑肌组织　　D.成年妇女卵巢重约10 g
E.髓质内含数以万计的始基卵泡

15.输卵管的特征正确的是　（　）
A.是一对细长而弯曲的肌性管道　　B.管壁由黏膜层、肌层构成
C.壶腹部在峡部内侧　　D.黏膜层为单层鳞状上皮
E.肌层收缩能引起逆蠕动

16.支配女性外阴的神经主要是　（　）
A.外阴神经　　B.会阴神经
C.阴部神经　　D.阴蒂背神经
E.痔下神经

17.女型骨盆入口平面正确的是　（　）
A.呈圆形　　B.为真假骨盆的分界
C.前方为耻骨联合下缘　　D.两侧为髂骨及耻骨
E.后方为骶髂下缘

问题18—20

某女,30岁,近半年外阴部发现肿块,两日前出现肿块疼痛,查体:体温38 ℃,在大阴唇后部有一囊性肿物,7 cm×5 cm×4 cm,表面红、肿、热,触痛明显,有波动感。

18.本病例最可能的诊断是　（　）
A.外阴囊肿　　B.外阴肿瘤
C.前庭大腺炎　　D.前庭大腺囊肿
E.前庭大腺脓肿

19.本病例恰当的处理措施是　（　）
A.观察　　B.局部热敷

C.局部用抗生素湿敷　　D.行切开引流术并用抗生素控制感染

E.抗生素控制感染，暂不考虑行切开引流术

20.本病例不恰当的处理是（　）

A.卧床休息　　B.确定病原体

C.行肿物剥除术　　D.选用广谱抗生素

E.活血化淤药物治疗

(四)简答题

1.简述组成骨盆的骨骼、关节及韧带。

2.简述子宫的生理功能。

3.截瘫的妇女可以阴道分娩吗？为什么？

四、复习题答案

(一) 名词解释

1.骨盆：躯干与下肢之间的骨性连接，是胎儿娩出的骨性产道。

2.骨盆分界线：耻骨联合上缘、髂耻缘及骶岬上缘的连线(髂耻线)。

3.会阴：指阴道口与肛门之间的软组织，包括皮肤、肌肉和筋膜，也是骨盆底的一部分。

4.子宫附件：即卵巢和输卵管。

5.子宫峡部：宫体与宫颈之间形成最狭窄的部分称为子宫峡部，包括解剖学内口和组织学内口。

(二)填空题

1. 排卵　分泌性激素

2. 骶骨　尾骨　左右两块髋骨

3. 鳞状　柱状上皮　鳞状上皮

(三)选择题

1.C　2.A　3.C　4.D　5.C　6.E　7.E　8.B　9.D　10.C　11.C　12.C　13.B　14.A　15.A　16.C　17.B　18.E　19.D　20.C

(四)简答题

1.骨盆由骶骨、尾骨及左右两块髋骨组成，每块髋骨又由髂骨、坐骨及耻骨融合而成；骶骨由5~6块骶椎合成；尾骨由4~5块尾椎合成。关节包括耻骨联合、骶髂关节和骶尾关节。2条韧带：骶结节韧带和骶棘韧带。

2.子宫为壁厚、腔小、以肌肉为主的器官。腔内覆盖黏膜为子宫内膜，青春期后受性激素影响发生周期性改变并产生月经；性交后，子宫为精子到达输卵管的通道；孕期为胎儿发育、成长的部位；分娩时子宫收缩使胎儿及其附属物娩出。

3.截瘫妇女可以阴道分娩，因为子宫平滑肌有自主节律活动，完全切除其神经后仍能有节律性收缩，还能完成分娩活动，因此临床上可见低位截瘫产妇仍能自然分娩。

第二章　女性生殖系统生理

一、基本纲要

掌握：性激素的生理作用和生殖器官的周期性变化及其临床意义，月经调节机制。

熟悉：月经的临床表现。

了解：妇女一生中各阶段的生理特点。

二、要点提示

女性一生各生长阶段具有不同的生理特征，其中生殖系统的变化最为显著，并与其他系统的功能息息相关，相互影响，形成妇女生殖系统特殊的生理变化状态。

1.女性一生各时期的生理特点

胎儿期：胚胎8周后至分娩前。

新生儿期：出生后4周内。

儿童期：从出生4周到12岁左右。

青春期：指月经初潮至生殖器官逐渐发育成熟的阶段，月经来潮，第一性征及第二性征的发育。

性成熟期：即生育期，是卵巢生殖机能与内分泌机能最旺盛的时期，生殖器官各部及乳房在卵巢分泌的性激素的作用下呈周期性演变。

绝经过渡期：从开始出现绝经趋势直至最后一次月经的时期。

绝经后期：指绝经后的生命时期。

2.月经及月经期的临床表现

月经即女性在一定年龄阶段有规律、周期性的子宫出血现象，其实质是随着卵巢的周期性变化发生的子宫内膜周期性脱落及出血。

月经期的临床表现：一般无特殊症状，有些妇女可有下腹及腰骶部下坠感，个别有尿频、头痛、失眠、精神忧郁、易于激动或食欲缺乏、恶心、呕吐、便秘或腹泻，一般不影响妇女的工作和学习。

3.性激素的生理作用

卵巢性激素的作用(雌激素及孕激素)

项 目	雌激素	孕激素
子宫肌	增厚，维持子宫发育，增加对缩宫素的敏感性	降低对缩宫素的敏感性，抑制子宫收缩
子宫内膜	使得子宫内膜腺体及间质增生、修复	增生期转化为分泌期，为受精卵着床做准备
宫颈	松弛，扩张黏液分泌，富有弹性易拉成丝状	使宫口闭合；黏液分泌减少，性状变黏稠

续表

项目	雌激素	孕激素
输卵管	促进输卵管肌层发育及上皮的分泌活动，加强输卵管肌节律性收缩	抑制输卵管肌节律性收缩
阴道上皮	使阴道上皮细胞增生和角化，黏膜变厚；增加细胞内糖原含量，使阴道维持酸性环境	加快阴道上皮细胞脱落
乳房	促使乳腺管增生，乳头、乳晕着色	促进乳腺腺泡发育
代谢	促进水钠潴留； 促进肝脏高密度脂蛋白合成，抑制低密度脂蛋白合成，降低循环中胆固醇水平； 维持和促进骨基质代谢	促进水钠排泄
下丘脑/垂体	正负反馈调节，控制促性腺激素的分泌	正反馈作用；在黄体期对下丘脑、垂体有负反馈作用，抑制促性腺激素分泌
备注	外生殖器：使阴唇发育、丰满、色素加深，卵巢：协同 FSH 促进卵泡发育	体温：兴奋下丘脑体温调节中枢，可使基础体温在排卵后升高 0.3~0.5 ℃，可以此作为判定排卵日期的标志之一

卵巢性激素的作用(雄激素)

对女性生殖系统的影响	对机体代谢功能的影响
自青春期开始，雄激素分泌增加 Ⅰ.促使阴蒂、阴唇和阴阜的发育 Ⅱ.促进阴毛、腋毛的生长 雄激素过多会对雌激素产生拮抗作用 Ⅰ.可减缓子宫及其内膜的生长及增殖 Ⅱ.抑制阴道上皮的增生和角化 长期使用雄激素，可出现男性化的表现	雄激素能促进蛋白合成，促进肌肉生长，并刺激骨位中红细胞的增生； 在性成熟期前，促使长骨骨基质生长和钙的保留； 性成熟后可导致骨骺的关闭，使生长停止； 可促进肾远曲小管对 Na^+、Cl^-的重吸收而引起水肿； 雄激素还能使基础代谢率增加

4.生殖器官的周期性变化及其临床意义

(1)子宫内膜的周期性变化

子宫内膜的周期性变化

项目	增生期	分泌期	月经期
月经周期	5—14 日(相当于卵泡发育成熟及排卵期)	15—28 日（相当于黄体形成期）	1—4 日(相当于黄体退化期)
内膜	基底层增生修复创面，继而增厚	继续增厚	内膜收缩，功能层变性、坏死、脱落
腺体	增多增长，腺腔狭窄，腔面平整	继续增长弯曲，腺腔增宽充满分泌物	变性、缩小，分泌物干涸
血管	延长迂曲，内膜充血	进一步螺旋卷曲，血运丰富，营养充足，适于受精卵着床发育	螺旋动脉受压而痉挛，血流淤滞，循环障碍，血管破裂出血
间质	增生致密	疏松水肿	水肿消失

(2)生殖器其他部位的周期性变化

①阴道黏膜:月经周期中,阴道黏膜呈现周期性改变,在阴道上段表现最明显。

②宫颈黏液:在卵巢性激素的影响下,宫颈腺细胞分泌黏液,其物理、化学性质及其分泌量均有明显的周期性改变。月经净后,体内雌激素水平降低,宫颈管分泌的黏液量很少,至排卵期黏液分泌量增加,黏液稀薄、透明,拉丝度可达10 cm以上。排卵后受孕激素影响,出现排列成行的椭圆体。临床上根据宫颈黏液检查,可了解卵巢功能。

雌、孕激素的作用使宫颈在月经周期中对精子穿透发挥着生物阀作用。

③输卵管:输卵管的周期性变化包括形态和功能两方面。雌、孕激素的协同作用,保证了受精卵在输卵管内的正常运行。

5.月经调节机制

月经是子宫内膜在卵巢激素作用下发生的周期性子宫出血。整个月经周期中有卵巢激素的分泌,但受垂体分泌的激素的支配,而垂体的分泌功能又被下丘脑所控制。卵巢性激素一方面影响子宫内膜的发育,另一方面通过反馈作用又影响下丘脑—垂体的活动。下丘脑—垂体—卵巢之间是在相互影响、相互制约中维持着内分泌的动态平衡。

外界环境、精神因素及其他内分泌功能等均可使月经周期发生改变,这也说明大脑皮层影响内分泌活动。因此,大脑皮层—下丘脑—垂体—卵巢之间任何一个环节发生障碍,均可破坏平衡导致卵巢功能紊乱,出现月经的异常表现。

三、课后复习题

(一)名词解释

1.青春期　2.围绝经期　3.月经　4.月经周期　5.卵泡闭锁　6.排卵　7.下丘脑—垂体—卵巢轴

(二)填空题

1.妇女一生经历最长的时期是______。

2.围绝经期分为______、______、______。

3.两次月经第1日的间隔时间为一个______。

4.月经持续时间为______,多数为______。

5.月经每月失血量超过______即为病理状态。

6.月经血的主要特点是______。

7.新生儿出生时卵巢大约有______个卵泡,生育期大约只有______个卵母细胞发育成熟,其余则自行退化,称______。

8.卵泡的生长分为______、______、______、______几个阶段。

9.成熟卵泡的直径可达______。

10.成熟卵泡的结构从外向内依次为________、________、________、________、______、______。

11.排卵多发生在______左右。

12.卵子未受精,黄体在排卵后______开始退化。

13.卵巢合成及分泌的性激素,主要为______、______和______等甾体激素。

14.由胆固醇合成的______被认为是甾体激素合成的前体物质。

15.激素的生物活性以______最强，______次之，______最弱。

16.雌激素于______形成一高峰，在______形成又一高峰。

17.孕激素在______分泌量达最高峰。

18.排卵后，体温可______。

19.在卵巢周期的卵泡期__________作用下，子宫内膜上皮与间质细胞呈增生状态，称______。

20.黄体形成后，在______作用下，使子宫内膜呈分泌反应称______。

21.分泌期晚期，子宫内膜可厚达______。

22.排卵期，宫颈黏液涂片检查，干燥后可见______。

23.下丘脑—垂体—卵巢轴主要生理功能是控制__________及__________，因此又称____________。

24.使下丘脑兴奋，分泌性激素增多为____________，使下丘脑抑制，分泌性激素减少者为____________。

(三)选择题

1.关于月经的叙述，下列正确的是　(　　)

A.初潮时多为有排卵性月经

B.两次月经的间隔时间为一个月经周期

C.月经周期的长短主要取决于分泌期的长短

D.正常月经失血量为30~50 mL

E.月经血是凝固的，至少有小血块

2.卵子排出后未受精，黄体开始萎缩是在排卵后的　(　　)

A.5~6 d　　B.7~8 d

C.9~10 d　　D.11~12 d

E.13~14 d

3.关于卵巢生理，下列各项正确的是　(　　)

A.卵巢卵泡外膜细胞是排卵前产生雌激素的部位

B.在月经周期中，雌激素仅出现一次高峰是在排卵前

C.当卵泡成熟时，尿中孕二醇值明显增高

D.成熟卵泡在卵泡刺激素(FSH)出现陡直高峰后出现排卵

E.卵巢合成和分泌少量雄激素

4.月经周期为32 d的妇女，其排卵时间一般在　(　　)

A.本次月经来潮后16 d左右　　B.本次月经干净后14 d左右

C.下次月经来潮前14 d左右　　D.两次月经来潮中间

E.下次月经来潮前16 d左右

5.关于卵巢周期性变化，下列正确的是　(　　)

A.原始卵泡的梭形细胞衍变为颗粒细胞　　B.颗粒细胞层血管丰富

C.卵泡外膜细胞衍变为卵泡膜黄体细胞　　D.内膜层无血管存在

E.卵泡内膜细胞衍变为放射冠

6.下列属于雌激素的生理作用的是　(　　)

A.降低妊娠子宫对缩宫素的敏感性　B.使子宫内膜增生

C.使宫颈黏液减少,变稠,拉丝度减少　D.使阴道上皮细胞脱落加快

E.通过中枢神经系统产生升温作用

7.下列属于孕激素的生理作用的是　(　)

A.促使子宫发育和肌层增厚　B.使子宫内膜增生

C.有助于卵巢储积胆固醇　D.使阴道上皮细胞脱落加快

E.使宫颈黏液拉丝度加大

8.关于雌激素、孕激素的周期性变化,下列正确的是　(　)

A.雌激素有1个高峰　B.孕激素有2个高峰

C.雌激素仅在排卵后8 d出现1个高峰　D.孕激素在排卵前2 d出现1个高峰

E.孕激素在排卵后7~8 d出现1个高峰

9.关于排卵机制下列不正确的是　(　)

A.促性腺释放激素的作用　B.LH/FSH出现高峰

C.雌激素的正反馈作用　D.与组胺增加有关

E.前列腺素增加

10.下丘脑—垂体—卵巢轴的主要生理功能,下列不正确的是　(　)

A.控制女性生长发育　B.正常来月经

C.正常性功能　D.物质代谢调节

E.不能参与机体内环境

11.女,14岁,月经周期无规律性,下列几项中错误的是　(　)

A.可能是因为雌激素水平不足以引起LH的高峰

B.初潮后头2年55%~95%月经周期为无排卵性

C.已初步具有生育能力,生殖系统的功能已完善

D.FSH可渐渐升高出现正反馈

E.该患者勿需用药物治疗

12.女,15岁,月经来潮1年,1~3个月1次月经,经期持续10余日,血量时多时少,下述治疗错误的是　(　)

A.止血　B.人工周期

C.雌、孕激素序贯疗法　D.雄激素治疗

E.孕激素治疗

13.女,45岁,近2个月月经周期不规则,20~45 d来1次月经,持续10余日干净,经量多,来院诊断为绝经前期,此期卵巢功能有何变化　(　)

A.卵巢内卵泡数明显减少,易发生卵泡发育不全

B.卵巢功能逐渐衰退,生殖器官开始萎缩

C.卵巢内卵泡自然耗竭

D.卵巢进一步萎缩

E.卵巢功能成熟并分泌性激素

14.女,12岁,第1次月经来潮,不应告之下列哪项　(　)

A.正常月经持续时间为2~7 d　B.月经血量不应超过80 mL

C.月经血不凝固，因此不能出现凝血块　　D.月经期可有下腹及腰部下坠感

E.月经间隔时间一般为28 d左右

15.一妇女欲要小孩，估计排卵期的方法错误的有　　（　）

A.排卵多发生在下次月经来潮前14 d左右

B.排卵前基础体温低，排卵后体温可升高0.3~0.5 ℃

C.排卵期宫颈黏液稀薄、透明，拉丝度达10 cm以上

D.宫颈黏液在电镜下可见到糖蛋白排列成网状

E.排卵期可见到顶浆分泌

16.女，35岁，因不规则阴道流血行刮宫检查，病理诊断为分泌期晚期，下列错误的是　　（　）

A.子宫内膜厚达10 mm并呈海绵状

B.内膜腺体开口面向宫腔，有糖原溢出

C.细胞内的糖原溢出腺体称为顶浆分泌

D.表面上皮下的间质分化为肥大的蜕膜样细胞

E.螺旋小动脉迅速增长超出内膜厚度

问题17—20

A.雌激素　　B.孕激素

C.雄激素　　D.FSH

E.LH

17.使子宫内膜增生　　（　）

18.使子宫内膜由增生期变为分泌期　　（　）

19.有蛋白合成作用　　（　）

20.活化颗粒细胞内芳香酶　　（　）

问题21—23

A.增生期　　B.分泌期

C.分泌期分泌功能不足　　D.呈蜕膜改变

E.增生过长

21.25岁，月经周期5/28 d，现月经周期第19日，基础体温双相，此时子宫内膜的改变　　（　）

22.24岁，月经周期6/29 d，停经38 d，早孕试验阳性，此时子宫内膜的改变为　　（　）

23.40岁，月经周期7~10/24 d，量多，基础体温单相，宫颈黏液结晶呈现持续高度影响，此时子宫内膜的改变为　　（　）

问题24—28

A.使阴道上皮细胞增生角化　　B.使阴道上皮细胞脱落加快

C.促进阴毛和腋毛的生长　　D.使卵泡开始发育

E.促黄体形态变化

24.雄激素　　（　）

25.孕激素　　（　）

26.雌激素　　（　）

27.FSH略有升高，LH仍处于较低水平 ( )

28.促黄体素维持于较促卵泡素略高的水平 ( )

(四)简答题

1.青春期妇女月经周期为什么不规律？

2.雌激素和孕激素有哪些周期性变化？

3.雌激素和孕激素的生理作用有哪些？

4.子宫内膜有哪些周期性变化？

5.试述黄体形成的过程。

6.雌、孕激素在生理作用上有哪些协同作用?

7.试述月经周期的调节环节下丘脑—垂体—卵巢轴。

8.试述卵巢激素的反馈性调节作用。

四、复习题答案

(一)名词解释

1.青春期：从月经初潮至生殖器官逐渐发育成熟的时期称为青春期。

2.围绝经期：卵巢功能逐渐衰退，生殖器官亦逐渐开始萎缩向衰退变更的时期，分为绝经前期、绝经期、绝经后期三个阶段。

3.月经：指随卵巢的周期性变化，子宫内膜周期性脱落及出血，是生殖器官成熟的标志之一。

4.月经周期：两次月经第1日的间隔时间为一个月经周期，一般为28~30 d。

5.卵泡闭锁：生育期只有300~400个卵母细胞发育成熟，并经排卵过程排出，其余的卵泡发育到一定程度自行退化，称为卵泡闭锁。

6.排卵：卵细胞和它周围的一些细胞一起被排出的过程称为排卵。

7.下丘脑—垂体—卵巢轴：是一个完整而协调的神经内分泌系统，主要生理功能是控制女性发育、正常月经和性功能，因此又称性腺轴。

(二)填空题

1.性成熟期

2.绝经前期　绝经期　绝经后期

3.月经周期

4.2~8 d　3~5 d

5.80 mL

6.不凝固

7.200万　30万　卵泡闭锁

8.原始卵泡　窦前卵泡　窦状卵泡　成熟卵泡

9.15~20 mm

10.卵泡外膜　卵泡内膜　颗粒细胞　卵泡腔　卵丘　放射冠

11.下次月经来潮前14 d左右

12.9~10 d

13.雌激素　孕激素　雄激素

14.孕烯醇酮

15.雌二醇　雌酮　雌三醇

16.排卵前　排卵后7~8 d

17.排卵后7~8 d

18.升高0.3~0.5 ℃

19.雌激素　增生期

20.孕激素　分泌期

21.10 mm

22.羊齿植物叶状结晶

23.性腺发育　性激素的分泌　女性性腺轴

24.正反馈　负反馈

(三)选择题

1.D　2.B　3.C　4.C　5.E　6.B　7.D　8.E　9.D　10.E　11.B　12.D　13.B　14.C　15.D　16.C　17.A　18.B　19.C　20.D　21.B　22.D　23.E　24.C　25.B　26.A　27.D　28.E

(四)简答题

1.青春期开始,雌激素水平虽达到一定高度,但尚不足以引起黄体生成激素的高峰,故月经周期不规律且多为无排卵性。

2.雌激素在卵泡开始发育时,分泌量很少,随卵泡渐趋成熟,雌激素分泌也逐渐增加,于排卵前形成第一高峰,排卵后分泌稍减少,在排卵后7~8 d黄体成熟时,形成又一高峰。黄体萎缩时,雌激素水平急骤下降,在月经前达最低水平。孕激素于排卵后分泌量开始增加,在排卵后7~8 d黄体成熟时,分泌量达最高峰,以后逐渐下降,到月经来潮时恢复到排卵水平。

3.雌激素使子宫收缩力增强;加强输卵管肌节律性收缩;宫颈黏液分泌增多,变稀薄,拉丝度大;使阴道上皮细胞增生和角化;促进钠和水的潴留。孕激素使子宫肌纤维松弛,兴奋性降低;抑制输卵管肌节律性收缩;宫颈黏液分泌减少,变稠,拉丝度减小;使阴道上皮脱落加快;促进钠和水的排泄。

4.子宫内膜的周期性变化包括两个方面:(1)子宫内膜的组织学变化。子宫内膜在结构上分为基底层和功能层,基底层直接与子宫肌层相连,此层不受月经周期中激素变化的影响,在月经期不发生脱落,功能层靠近宫腔,受卵巢激素的影响产生周期性变化,此层月经期坏死脱落,其组织形态的周期性变化可分为3期:增生期、分泌期、月经期。(2)生物化学变化。子宫内膜在雌激素的影响下,间质细胞能产生一种和蛋白质结合的碳水化合物,称为酸性黏多糖。雌激素不但能促使酸性黏多糖的产生,还能使之浓缩及聚合,对增生期子宫内膜的成长起支持作用,排卵后,孕激素阻止酸性黏多糖的合成,使其下降,使间质中的基础物质失去黏稠性,血管通透性增加。内膜可获得充足营养,为受精卵着床和发育做准备。

5.排卵后,卵泡壁塌陷,卵泡膜血管破裂,血液流入腔内凝成血块称为血体,卵泡壁破口迅即被纤维蛋白封闭,残留的颗粒细胞变大,胞浆内含黄色颗粒状的类脂质使血体变为黄体。黄体在排卵后7~8 d体积达高峰,直径为1~2 cm,突出于卵巢表面,色黄。

6.雌激素使子宫内膜呈增生期改变,孕激素使增生期内膜转变为分泌期变化;雌激素使乳腺腺管增生,孕激素在雌激素影响的基础上,促进乳腺腺泡发育。

7.子宫内膜周期性变化,受卵巢激素(雌、孕激素)的影响,卵巢功能受垂体控制,垂体促性腺激素(FSH、LH)受下丘脑调节,下丘脑促性腺激素释放激素又受大脑皮质的支配,这就是下丘脑—垂体—卵巢轴。

8.卵巢产生的性激素能反过来影响下丘脑和垂体的分泌活动,称为反馈性调节作用。卵巢性激素增多兴奋下丘脑分泌性激素增多称为正反馈,若抑制下丘脑分泌性激素减少称为负反馈。大量雌激素抑制FSH-RH分泌(负反馈),兴奋LH-RH分泌(正反馈);大量孕激素抑制LH-RH分泌(负反馈)。

第三章　妊娠生理

一、基本纲要

掌握：妊娠期母体的生殖系统、乳房、血液、心血管系统及泌尿系统的变化特点。

熟悉：胎盘的功能，羊水的功能。

了解：胎儿的生长发育及其生理特点。

二、要点提示

1.卵细胞的受精、植入及胚胎发育

受精：精子与卵子结合的过程，是妊娠的开始，发生在排卵后12 h内，整个受精过程约需24 h。受精卵须经3~4 d通过输卵管到达子宫，最后种植于子宫腔的内膜内。

着床必备条件：①透明带消失；②囊胚细胞滋养细胞分化出合体滋养细胞；③囊胚和子宫内膜发育同步；④孕妇体内有足够数量的孕酮。

着床后，子宫内膜蜕膜变，分为3部分：①底蜕膜，发育成为胎盘的母体部分；②包蜕膜，覆盖在囊胚表面的蜕膜；③真蜕膜。

受精后8周内称为胚胎，是其主要器官结构完成分化的时期。

受精后9周起称为胎儿，是各器官进一步发育渐趋成熟的时期。

2.胎儿附属物及其功能

胎盘：直径16~20 cm，厚1~3 cm，中央厚，边缘薄，重450~650 g，位置距子宫颈内口>7 cm，胎儿体重/胎盘重量=6。

组成：羊膜、叶状绒毛膜和底蜕膜。

功能：①气体交换；②营养物质供应；③排泄功能；④防御功能；⑤合成功能（激素和酶）。

胎膜：绒毛膜和羊膜，防止细菌进入宫腔，避免感染。

脐带：母儿间气体交换、营养物质供应和代谢产物排出的重要通道，长30~70 cm，平均50 cm，2条脐动脉和1条脐静脉。

羊水：充满在羊膜腔内的液体。

来源：①孕早期经胎膜进入羊膜腔的透析液；②孕中后期胎儿尿液。

作用：①胎儿在羊水内活动，防止肢体粘连；②保护胎儿，缓冲外来压力，避免胎儿损伤；③羊水检查；④临产时羊膜囊扩张宫颈口和阴道，破膜后羊水可润滑产道。

3.妊娠期母体变化

生殖系统	子宫增大变软,足月时重量增至 1000 ~1200 g,容积 5000 mL;子宫峡部由非孕时 1 cm 拉长形成子宫下段,达 7~10 cm	卵巢略增大,停止排卵,一侧卵巢可见妊娠黄体,产生雌激素及孕激素以维持妊娠的继续。于妊娠 10 周后由胎盘取代。黄体在妊娠 3~4 月时开始萎缩	阴道黏膜变软,充血水肿呈紫蓝色,分泌物增多常呈白色糊状,外阴部充血,皮肤增厚,大小阴唇色素沉着
乳房	乳房增大,充血明显,乳头增大变黑	乳晕颜色加深,蒙氏结节	
循环系统	心脏向左、上、前移位,心率每分钟增加 10~15 次	早中期血压偏低,晚期血压轻度升高,易出现体位性低血压	易发生下肢、外阴静脉曲张和痔疮
血液	血容量于孕 6~8 周开始增加,32~34 周达高峰,增加 30%~40%,约 1450 mL	血液稀释,高凝,容易缺铁,生理性贫血	中性粒细胞增多
呼吸系统	耗氧量增加	通气量增加,胸式呼吸	易发生呼吸道感染
新陈代谢	基础代谢先降后增高	孕 12 周前体重无变化,孕期体重平均增加 12.5 kg	需补铁、补钙
泌尿系统	夜尿量多于日尿量	生理性糖尿	易患急性肾盂肾炎
消化系统	齿龈易出血	胃烧灼感,上腹部饱满感	易便秘,痔疮,诱发胆囊炎或胆结石
皮肤	乳头、乳晕、腹白线、外阴等处色素沉着	妊娠黄褐斑	妊娠纹

三、课后复习题

(一)名词解释

1.受精　2.桑葚胚　3.着床

(二)填空题

1.受精卵着床需经过______、______和______三个阶段。

2.精子获能的主要部位是______和______。

3.受精发生在排卵后______内,整个受精过程约需要______。

4.每个胎盘约有______个胎儿叶、______个胎儿小叶。

5.妊娠28周末,胎儿身长约______,体重约______。

(三)选择题

1.桑葚胚由多少个细胞组成 ( )

A.4个 B.6个

C.16个 D.18个

E.10个

2.孕卵着床的时间约为受精后的 ( )

A.2~3 d B.3~4 d

C.4~5 d D.6~7 d

E.14 d

3.卵子自卵巢排出后,通常受精的部位是在 ( )

A.子宫腔 B. 输卵管伞部

C. 输卵管伞部与壶腹部连接处 D.输卵管壶腹部与峡部连接处

E. 输卵管峡部与间质部连接处

4.胎盘基本形成的时间约在 ( )

A.孕4周 B.孕8周

C.孕12周 D.孕14周

E.孕18周

5.胎盘合成的激素不包括 ( )

A.雌激素 B.孕激素

C.人胎盘生乳素(HPL) D.人绒毛膜促性腺激素(HCG)

E.肾上腺皮质激素

6.胎儿附属物不包括哪项 ( )

A.胎盘 B.羊水

C.脐带 D.胎膜

E.蜕膜

7.无并发症的妊娠足月孕妇的体重约增加 ( )

A.8.5 kg B.10.5 kg

C.12.5 kg D.14.5 kg

E.16.5 kg

8.妊娠40周末的胎儿体重估计是 ( )

A.2600 g B.2800 g

C.3000 g D.3200 g

E.3400 g

9.妊娠期母体循环系统的变化正确的是 ( )

A.心脏容量至妊娠末期约增加30% B.心排出量自妊娠20周逐渐增加

C.心排出量至妊娠32~34周达高峰 D.妊娠晚期舒张压一般轻度升高

E.妊娠晚期心率休息时每分钟增加5次

10.妊娠期母体乳房的变化正确的是 ( )

A.大量雌激素刺激乳腺腺泡发育 B.大量孕激素刺激乳腺腺管发育

C. 乳头增大,乳晕变黑　　D.初乳为白色浓稠液体
E. 妊娠晚期可有乳汁分泌

11.孕妇体内代谢改变正确的是 ( )
A.蛋白质代谢呈负氮平衡状态　　B.血脂降低
C.血中胰岛素值偏低　　D.基础代谢率于妊娠晚期增高15%~20%
E.妊娠全过程体重平均增加约10 kg

12.妊娠期母体血液的改变正确的是 ( )
A.血容量于妊娠36周达高峰　　B.网织红细胞轻度减少
C.红细胞沉降率加快　　D.白细胞总数增多,中性粒细胞减少
E.血浆纤维蛋白原稍增多

13.乳房出现与妊娠无关的变化是 ( )
A.乳晕变黑　　B.乳头增大并变黑
C.可以挤出稀薄黄色液体　　D.乳晕皮脂腺肥大形成蒙氏结节
E.乳头凹陷

14.人绒毛膜促性腺激素于妊娠期间分泌量达高峰的时期是 ( )
A.妊娠5~7周　　B.妊娠8~10周
C.妊娠11~13周　　D.妊娠14~16周
E.妊娠17~19周

15.孕妇容易患急性肾盂肾炎的原因是 ( )
A.雌激素使输尿管蠕动增强
B.排尿通畅不易发生尿潴留
C.孕中期输尿管及肾盂扩张不明显
D.右旋子宫压迫右侧输尿管致机械性梗阻
E.增大子宫由盆腔进入腹腔,输尿管受压接触

16.妊娠期母体的变化正确的是 ( )
A.每分钟肺通气量减少　　B.血浆白蛋白增加
C.肾小球滤过率减少　　D.心搏出量增加
E.凝血因子增加,纤溶活性降低

17.正常妊娠的生理改变是 ( )
A.促性腺激素增加　　B.醛固酮降低
C.血浆白蛋白降低　　D.皮质醇降低
E.甲状腺素降低

18.下述妊娠期母体生理变化错误的是 ( )
A.黄体功能于孕10周后由胎盘取代
B.由于胰岛素分泌减少,孕妇易患糖尿病
C.不哺乳者垂体生乳素产后3周内降至非孕水平
D.妊娠32~34周时心搏出量及血容量达高峰
E.宫腔容量由非孕时的5 mL至妊娠足月时5000 mL至更多

19.构成胎盘胎儿部分是 ( )

A.底蜕膜　　　　B.包蜕膜
C.真蜕膜　　　　D.叶状绒毛膜
E.滑泽绒毛膜

20.羊水的来源与吸收恰当的是（　　）
A.胎儿尿液是孕早期羊水的主要来源
B.脐带华通氏胶不吸收羊水
C.胎儿的消化道是吸收羊水的重要途径
D.孕中期后，羊水渗透压逐渐增高
E.妊娠18周以后主要是母体血清经胎膜进入羊膜腔的透析液

（四）简答题

1.受精卵必备着床的条件是什么？
2.简述胎盘的功能。
3.简述羊水的功能。

四、复习题答案

（一）名词解释

1.受精：精子与次级卵母细胞结合，形成受精卵的过程，是妊娠的开始。

2.桑葚胚：受精后第3日，受精卵分裂成由16个细胞团组成的实心细胞团，称为桑葚胚，也称早期囊胚。

3.着床：晚期囊胚植入子宫内膜的过程称为着床。

（二）填空题

1.定位　黏附　穿透
2.子宫　输卵管
3.12 h　24 h
4.60~80　200
5.35 cm　1000 g

（三）选择题

1.C　2.D　3.D　4.C　5.E　6.E　7.C　8.C　9.C　10.C　11.D　12.C　13.E　14.B　15.D　16.D　17.C　18.B　19.D　20.C

（四）简答题

1.着床必备条件：①透明带消失；②囊胚细胞滋养细胞分化出合体滋养细胞；③囊胚和子宫内膜发育同步；④孕妇体内有足够数量的孕酮。

2.胎盘的功能：①气体交换；②营养物质供应；③排泄功能；④防御功能；⑤合成功能（激素和酶）。

3.羊水的功能：①胎儿在羊水内活动，防止肢体粘连；②保护胎儿，缓冲外来压力，避免胎儿损伤；③羊水检查；④临产时羊膜囊扩张宫颈口和阴道，破膜后羊水可润滑产道。

第四章　妊娠诊断

一、基本纲要

掌握：早期妊娠诊断的方法。

熟悉：胎产式、胎先露和胎方位的定义及判定，中期及晚期妊娠诊断的方法。

二、要点提示

1.早期妊娠的诊断

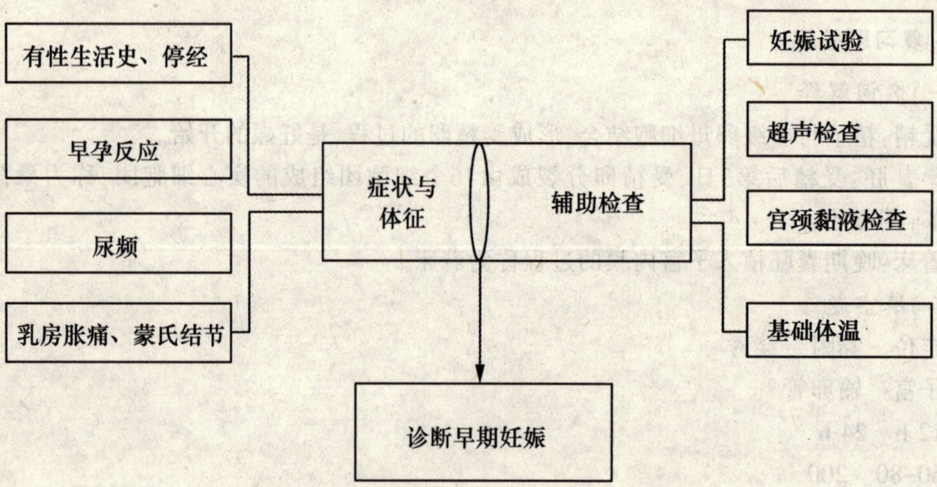

2.中晚期妊娠的诊断

需要重点记忆的不同妊娠周数的子宫底高度

妊娠周数	手测子宫底高度
12 周末	耻骨联合上 2~3 横指
16 周末	脐耻之间
24 周末	脐上 1 横指
32 周末	脐与剑突之间

3.胎先露种类

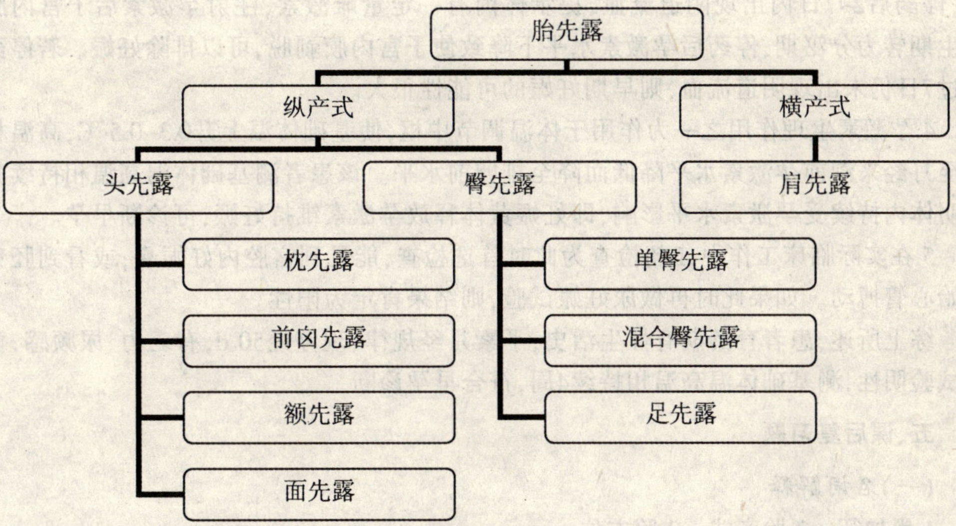

4.胎产式、胎先露及胎方位的种类及关系

三、典型病案

患者,女,26岁,已婚,孕1产1(G_1P_1),银行职员。平素月经规律,月经周期30 d,经期5 d。停经33 d时自测尿妊娠试验为阴性,随后在私人诊所肌注黄体酮5 d,停药后未出现撤退性出血。现已停经50 d,有乏力、尿频感。无腹痛、尿急、尿痛等症状。测基础体温高温相持续4周。今来院就诊。

四、临床诊治思路

1.育龄期有性生活史妇女,平素月经规律,一旦月经过期,应首先考虑妊娠。那么早期妊娠的症状及体征除了停经,还有早孕反应:表现为停经6周左右出现的畏寒、恶心、晨起呕吐等症。尿频:前倾增大的子宫压迫膀胱所致。妊娠早期排尿次数增多,不伴尿急、尿痛,属于生理性尿频。若伴有尿急、尿痛,主要是炎症所致。乳房变化:乳房胀痛、乳晕颜色加深或蒙氏结节的出现。妇科检查:阴道黏膜着色,停经6~8周时,双合诊检查子宫峡部极软,感觉宫颈与宫体之间似不相连,称为黑加征。所以作为接诊医生,首先应该进一步详细询问病史,有没有上述病史或症状。必要时行妇科检查。

2.诊断早孕,辅助检查极其重要。该患者在停经33 d时自测尿妊娠试验,非常符合我们在临床上碰到此类病人的诊断或鉴别诊断的首选检查。该病案的纠结点之一在于该患者尿妊娠试验结果为阴性,许多同学在此处非常疑惑,依据阴性排除早孕的诊断。正常妊娠的受精卵着床时,即排卵后的第6日受精卵滋养层形成时开始产生HCG,以后每1.7~2日上升1倍。妊娠8~10周达峰值。尿妊娠试验是通过检测受检者尿液中HCG来判断是否妊娠的方便、简捷的常用辅助检查。此法可检测出尿中HCG最低量为25 U/L。换句话说,如果尿中HCG量达不到这个水平,则在检测区看不到红色线。该患者检测尿妊娠试验的时间为停经33 d,尿中HCG量较低这种可能性完全存在。

3.该病案的纠结点之二在于排除月经不调。黄体酮试验:利用孕激素在体内突然撤退能引起子宫出血的原理，对月经过期可疑早孕妇女，每日肌注黄体酮注射液20 mg，连用3日，停药后2~7日内出现阴道流血，提示体内有一定量雌激素，注射孕激素后子宫内膜由增生期转为分泌期，停药后孕激素水平下降致使子宫内膜剥脱，可以排除妊娠。若停药后超过7日仍未出现阴道流血，则早期妊娠的可能性很大。

4.孕激素生理作用之一为作用于体温调节中枢，使基础体温上升0.3~0.5 ℃，高温相持续至月经来潮前孕激素水平降低而降至排卵前水平。该患者测基础体温高温相持续4周，说明体内持续受孕激素水平影响，即妊娠黄体释放孕激素维持妊娠，可诊断早孕。

5.在实际临床工作中，B超检查为此时首选检查，能见到宫腔内妊娠囊，或看到胚芽及原始心管搏动。如果此时再做尿妊娠试验，则结果肯定为阳性。

综上所述，患者育龄期有性生活史，平素月经规律，现停经50 d，有乏力、尿频感，黄体酮试验阴性，测基础体温高温相持续4周，符合早孕诊断。

五、课后复习题

(一)名词解释

1.黑加征　2.胎产式　3.胎方位

(二)填空题

1.妊娠全过程从末次月经第一日开始计算，共____周。临床上分为3个时期：______称为早期妊娠，________称为中期妊娠，________称为晚期妊娠。

2.妊娠________周用多普勒胎心听诊仪能探测到胎心；妊娠________周用一般听诊器经孕妇腹壁能听到胎心。正常胎心每分钟________次。

3.判断胎方位时，枕先露以________、面先露以________、臀先露以________、肩先露以________为指示点。

4.初孕妇于妊娠______周自觉胎动，经产妇略早些感觉到。正常胎动每小时____次。

(三)选择题

1.下列除哪项外均可作为早孕的诊断依据　(　)

A.子宫增大变软，呈球形　B.阴道壁及子宫颈呈紫蓝色

C.黑加征　D.宫颈黏液呈羊齿植物样

E.尿HCG阳性

2.关于早孕的鉴别诊断下列哪项除外　(　)

A.子宫肌瘤　B.子宫内膜癌

C.卵巢肿瘤　D.尿潴留

E.假孕

3.停经36 d的妇女，确定是否妊娠，最好的方法是　(　)

A.尿妊娠试验　B.黄体酮试验

C.B超诊断　D.妇科检查子宫大小

E.2周后复查

4.妊娠20周末时宫底高度应在　(　)

A.脐耻之间　B.脐下1横指

C.脐上1横指　D.脐上3横指

E.脐与剑突之间

5.枕先露时,胎心应在 ( )

A.脐右下方 B.脐左上方

C.脐右上方 D.靠近脐部

E.靠近胎背上方

6.初孕妇,22岁。末次月经记不清,来院行产科检查,量腹围94 cm,宫高33 cm(宫底在脐与剑突之间),胎头入盆,胎心位于脐右下方,其孕周约为 ( )

A.孕40周 B.孕28周

C.孕32周 D.孕36周

E.孕24周

7.初孕妇,28岁,妊35周,主诉肋下有块状物,腹部检查,子宫呈纵椭圆形,胎先露部软、宽,不规则,胎心在脐上偏右,诊断是 ( )

A.ROA B.RSA

C.头先露 D.面先露

E.肩先露

(四)简答题

1.如何诊断早孕?

六、复习题答案

(一)名词解释

1.黑加征:停经6~8周时,双合诊检查子宫峡部极软,感觉宫颈与宫体之间似不相连,称为黑加征。

2.胎产式:胎体纵轴与母体纵轴的关系称为胎产式。

3.胎方位:胎儿先露部的指示点与母体骨盆的关系称为胎方位。

(二)填空题

1.40周 12周末之前 第13~27周末 第28周及其后

2.12 18~20 120~160

3.枕骨 颏骨 骶骨 肩胛骨

4.20 3~5

(三)选择题

1.D 2.B 3.A 4.B 5.E 6.A 7.B

(四)简答题

1.(1)病史与症状:①停经。②早孕反应。约半数妇女于停经6周左右出现畏寒、头晕、乏力、嗜睡、流涎、食欲缺乏、喜食酸物或厌恶油腻、恶心、晨起呕吐等症状,称为早孕反应。多于妊娠12周左右自行消失。③尿频。于妊娠早期出现尿频,系增大的前倾子宫在盆腔内压迫膀胱所致。约在妊娠12周以后,当宫体进入腹腔不再压迫膀胱时,尿频症状自然消失。④乳房变化。乳房增大,有胀疼感。

(2)检查与体征:①乳房的变化,检查见乳头及其周围皮肤(乳晕)着色加深,乳晕周围有蒙氏结节显现。②妇科检查,阴道壁及宫颈充血,呈紫蓝色。随妊娠进展,宫体增大变软。

(3)辅助检查:①B型超声显像法是检查早期妊娠快速准确的方法。在增大的子宫轮廓中,见到来自羊膜囊的圆形光环(妊娠环),最早在妊娠5周时见到妊娠环。②妊娠试验。孕妇尿液含有HCG,用免疫学方法(临床多用试纸法)检测,若为阳性,在白色显示区上下呈现两条红色线,表明受检者尿中含HCG,可协助诊断早期妊娠。③宫颈黏液检查。宫颈黏液量少质稠,涂片干燥后光镜下见到排列成行的椭圆体,不见羊齿植物叶状结晶,则早期妊娠的可能性大。④基础体温测定。双相型体温的妇女,高温相持续18 d不见下降,早期妊娠的可能性大。高温相持续3周以上,早孕的可能性更大。

第五章　产前保健

一、基本纲要

掌握：产前检查时间，预产期推算，产前检查的步骤及方法。

熟悉：妊娠期常见症状及其处理。

了解：胎儿宫内储备能力监护的方法，孕期营养指导，孕期用药对胎儿的影响。

二、要点提示

产前检查时间及内容

项目	时间	产前检查内容
首次产前检查	确诊早孕时	病史；常规进行妇科检查；测量血压作为基础血压；检查心、肺；查血、尿常规及肝、肾功能。必要时唐筛检查
产前系列检查	20~28 周，每 4 周 1 次	询问产妇情况，测量血压、体重、宫高、腹围、水肿情况；检查胎心、胎儿大小、胎位、胎动。骨盆测量。必要时 B 超检查、胎心监护、血尿常规；凡属高危孕妇，应酌情增加产前检查次数。绘制妊娠图
	36 周起，每周 1 次	
	29~35 周，每 2 周 1 次	

产前检查的步骤及方法

		内容	位置	正常值
腹部检查	视诊	腹形及大小，有无妊娠纹、手术瘢痕及水肿		
	触诊	软尺测宫高、腹围。四步触诊		
	听诊	在靠近胎背上方的腹壁听诊		120~160 次/min
骨盆测量	外测量	髂棘间径	两髂前上棘外侧缘	23~26 cm
		髂嵴间径	两髂嵴外缘最宽处	25~28 cm
		骶耻外径	第 5 腰椎棘突下至耻骨联合上缘中点	18~20 cm
		坐骨结节间径	两坐骨结节内侧缘	8.5~9.5 cm
		出口后矢状径	坐骨结节间径中点至骶骨尖端	8~9 cm
		耻骨弓角度		90°
	内测量	对角径	骶岬上缘中点到耻骨联合下缘	12.5~13 cm
		坐骨棘间径	两坐骨棘间距离	10 cm
		坐骨切迹宽度	坐骨棘与骶骨下部间	5.5~6 cm

三、课后复习题

(一)名词解释

围生期

(二)填空题

1.骨盆外测量骶耻外径的正常值为______。坐骨结节间径的正常值为______。

2. 胎儿生物物理评分包括______、______、______、______和______五项指标来进行评分。

(三)选择题

1.末次月经第一天是2012年6月26日,计算预产期应是　(　)

A.2013年3月31日　B.2013年4月1日

C.2013年4月2日　D.2013年4月3日

E.2013年4月4日

2.首次产前检查的时间应为　(　)

A.妊娠6周　B.妊娠12周

C.妊娠16周　D.第一次来院时

E.确诊早孕时

3.复诊产前检查的内容不包括　(　)

A.血、尿常规检查　B.四步触诊

C.详细询问病史　D.体重、血压

E.常规胸片检查

4.产科四步触诊法主要检查　(　)

A.子宫大小、胎产式

B.子宫的大小、胎姿势

C.羊水的多少、胎产式及胎方位

D.子宫大小、先露情况及胎方位

E.子宫大小及子宫肌的敏感程度

5.高危妊娠时,选择终止妊娠的时机应取决于　(　)

A.宫颈成熟度　B.胎心监护情况

C.胎动计数　D.患者意愿

E.胎盘功能和胎儿成熟度

6.下列各项中测定胎儿安危的方法哪种最简便而较准确　(　)

A.胎儿电子监护　B.尿雌三醇测定

C.胎动计数　D.羊膜镜检查

E.缩宫素激惹试验

7.关于胎儿电子监护,下列不正确的是　(　)

A.胎心率基线指无胎动无宫缩影响下,10 min以上的胎心率平均值

B.胎心率基线摆动表示胎儿有一定储备能力,是胎儿健康的表现

C.无应激试验可了解胎盘于宫缩时一过性缺氧的负荷变化

D.OCT阴性提示胎盘功能良好

E.变异减速一般认为是宫缩时脐带受压兴奋迷走神经引起

8.胎儿监护中下列哪项提示胎儿缺氧 ( )

A.早期减速 B.变异减速

C.晚期减速 D.急性减速

E.慢性减速

9.孕妇尿中与胎儿胎盘功能关系密切的激素是 ( )

A.雌二醇 B.雌酮

C.雌三醇 D.孕酮

E.睾酮

10.下列哪项不是妊娠期常见症状 ( )

A.贫血 B.便秘

C.恶心 D.头晕眼花

E.下肢水肿

11.某孕妇因妊娠合并症需终止妊娠,行羊水分析时,下列哪项提示胎儿未成熟 ( )

A.羊水卵磷脂与鞘磷脂比值(L/S)>2

B.羊水肌酐值测定>176.8 μmol/L

C.羊水胆红素类物质用ΔOD_{450}测值>0.02

D.羊水中脂肪细胞出现率达20%

E.羊水泡沫试验两管液面均有完整泡沫环

12.23岁初产妇,妊娠39+1周,因胎动减少2 d入院,查体:宫高32 cm,腹围103 cm,胎位ROA,先露入盆,胎心140次/min,无宫缩,无阴道流血。入院后胎心监护NST可疑。测24 h尿雌三醇值8 mg,首选处理 ( )

A.立即剖宫产 B.继续观察

C.每日静滴50%葡萄糖 D.OCT+缩宫素引产

E.立即人工破膜

(四)简答题

1.胎盘功能检查的方法包括哪些?

2.测定胎儿成熟度的方法包括哪些?

四、复习题答案

(一)名词解释

围产期:从妊娠满28周(胎儿体重≥1000 g或身长35 cm)至产后1周。

(二)填空题

1.18~20 cm 8.5~9.5 cm

2.无应激试验 胎儿呼吸运动 胎动 肌张力 羊水量

(三)选择题

1.C 2.E 3.E 4.D 5.E 6.C 7.C 8.C 9.C 10.D 11.C 12.D

(四)简答题

1.胎盘功能检查的方法包括:测定胎动、孕妇尿中雌三醇值、孕妇血清游离雌三醇值、孕妇血清胎盘泌乳素值、孕妇血清妊娠特异性β糖蛋白,以及缩宫素激惹试验、阴道脱落细胞检查等。

2.包括计算胎龄,测宫高、腹围估算胎儿体重,B超测量一系列参数,抽取羊水检测:羊水卵磷脂/鞘磷脂值、羊水泡沫试验或震荡试验、羊水肌酐值、羊水胆红素类物质、淀粉酶值、含脂肪细胞出现率等。

第六章　正常分娩

一、基本纲要

掌握：决定分娩的四因素，分娩的临床经过及处理。

熟悉：枕先露的分娩机转。

二、要点提示

1.决定分娩四因素

产力、产道、胎儿、精神心理因素。

2.正常宫缩的四个特点

节律性、对称性、极性、缩复作用。

3.以枕先露为例的分娩机制

衔接、下降、俯屈、内旋转、仰伸、复位及外旋转、胎儿娩出。

4.三个产程的临床经过及处理

三、典型病案

患者，女，24岁，G_2P_0，停经39^{+2}周（39周多2 d），孕期定期产前检查，接受过正常分娩培训。近日来食欲增加，凌晨2点出现腹部阵痛，5~6 min宫缩1次，每次持续20~30 s，少量阴道流血。早晨7点就诊，体格检查：生命体征平稳，精神良好，心肺正常。产科情况：宫高32 cm，腹围98 cm，有宫缩，30~40 s/3~4 min。胎心142次/min，胎心监护正常。骨盆外测量正常。估计胎儿体重3300 g±。肛查：先露头，宫颈消，宫口开大4 cm，胎位枕左前位（LOA），先露坐骨棘水平（S=0）。前羊水囊突，坐骨棘不突，坐骨切迹>2横指。你认为目前诊治如何？

四、临床诊治思路

该病案可分为两部分分析。

第一部分：是不是正常的临产？依据如何？

1.临近预产期的初产妇，有食欲增加的先兆临产史。食欲增加是因为胎先露部进入骨盆入口，使宫底位置下降，孕妇感觉上腹部受压消失所致。

2.判断临产开始的标志：规律腹痛且逐渐增强、宫颈管消失、宫口扩张、胎儿先露部下降。该产妇均符合上述诊断标准。所以诊断为：妊娠39^{+2}周，G_2P_0，LOA，临产。

第二部分：目前产程能否顺利进展？

决定分娩四因素：产力、产道、胎儿、精神心理因素。该产妇宫缩规律，3~4 min宫缩1次，每次持续30~40 s，骨盆测量提示产道无异常，胎儿中等大小、胎心正常，具备良好心理素质；所以目前该产妇产程进展顺利，继续观察。

五、课后复习题

(一)名词解释

1.分娩　2.衔接　3.胎头拨露

(二)填空题

1.影响分娩的四因素为__________、________、________、________。

2.临产后主要产力是__________,第二产程中的重要辅助产力是______,协助胎头内旋转及仰伸的产力是________。

3.骨盆入口平面分界前方为上缘________、两侧为______、后方为__________。

(三)选择题

1.关于子宫收缩力的特点,错误的是　(　　)

A.宫缩是宫体肌随意、有规律的阵发性收缩伴疼痛

B.宫缩具有对称性,起自两侧宫角部,先向宫底中线集中,再向子宫下段扩散

C.宫缩以底部最强,向下逐渐减弱,为子宫收缩力的极性

D.子宫体部肌纤维宫缩时变短变宽,间歇时不能恢复原来长度

E.宫缩强度随产程进展逐渐加强,宫腔压力在第二产程可高达100~150 mmHg

2.关于骨产道,正确的是　(　　)

A.骨盆最大平面为入口平面,最窄平面为出口平面

B.妇女站立位时,骨盆入口平面与地平面平行

C.中骨盆平面的横径长而前后径短

D.入口平面是前后径长而横径短

E.骨盆轴的上段向下向后,中段向下,下段向下向前

3.关于正常分娩软产道的描述,不正确的是　(　　)

A.子宫下段由非孕时长1 cm的子宫峡部伸展形成

B.临产后由于子宫的收缩及缩复,子宫下段快速拉长至7~10 cm

C.软产道由子宫下段、宫颈、阴道及骨盆底构成

D.分娩时原厚5 cm的会阴体变薄仅2~4 mm,以利胎儿通过

E.临产后初产妇宫颈管消失与宫口开大同时进行

4.胎头的最大径线是　(　　)

A.枕下前囟径　B.枕额径　C.枕颏径　D.双顶径　E.前后径

5.正常分娩时,胎头以哪条径线通过产道　(　　)

A.枕下前囟径　B.枕额径　C.枕颏径　D.双顶径　E.前后径

6.枕先露的分娩机制正确的顺序是　(　　)

A.衔接、俯屈、下降、内旋转、仰伸、复位及外旋转、胎肩及胎儿娩出

B.衔接、俯屈、内旋转、下降、仰伸、复位及外旋转、胎肩及胎儿娩出

C.衔接、俯屈、下降、仰伸、内旋转、复位及外旋转、胎肩及胎儿娩出

D.衔接、下降、俯屈、仰伸、内旋转、复位及外旋转、胎肩及胎儿娩出

E.衔接、下降、俯屈、内旋转、仰伸、复位及外旋转、胎肩及胎儿娩出

7.胎儿完成内旋转动作是指 ( )

A.胎儿矢状缝与母体中骨盆及骨盆出口前后径一致

B.胎头双顶径与母体中骨盆及骨盆出口前后径一致

C.胎儿冠状缝与母体中骨盆及骨盆出口前后径一致

D.胎儿矢状缝与母体中骨盆及骨盆出口横径一致

E.胎儿冠状缝与母体中骨盆及骨盆出口横径一致

8.左枕前位分娩,当胎肩径进入骨盆入口横径或左斜径时,胎头的动作是 ( )

A.复位 B.外旋转

C.仰伸 D.拨露

E.着冠

9.关于分娩的先兆症状,不正确的是 ( )

A.初产妇见红血量比经产妇多

B.见红多在分娩发动前24~48 h出现

C.见红是分娩开始的较可靠的征兆

D.假阵缩常在夜间出现,清晨消失

E.安定可抑制假宫缩

10.临产的重要标志是 ( )

A.见红,破膜,规律宫缩 B.见红,规律宫缩,宫口扩张不明显

C.见红,先露下降,伴有尿频 D.规律宫缩,破膜,伴有见红

E.规律宫缩,逐渐增强,伴随进行性宫口扩张和胎先露下降

11.宫颈口扩张活跃期是指 ( )

A.宫颈口扩张2 cm至宫口开全 B.宫颈口扩张3 cm至宫口开全

C.宫颈口扩张4 cm至宫口开全 D.宫颈口扩张3 cm至宫口近开全

E.宫颈口扩张2 cm至宫口近开全

12.观察产程时关于胎心监测的注意事项,错误的是 ( )

A.听诊胎心应在宫缩间歇期进行 B.每次听诊时间为1 min

C.潜伏期应每1~2 h一次 D.活跃期应每30 min一次

E.第二产程每20 min一次

13.临产后肛查了解胎头下降程度以哪项为标志 ( )

A.骶岬 B.骶骨

C.坐骨结节 D.坐骨棘

E.坐骨切迹

14.下列哪个征象表示进入第二产程 ( )

A.产妇屏气向下用力 B.胎头部分露于阴道

C.产妇排尿困难 D.宫口开全

E.脐带脱出于阴道口外

15.正常经阴道分娩何时开始保护会阴 ( )

A.初产妇宫口开全时 B.初产妇胎头拨露使会阴后联合紧张时

C.初产妇胎头着冠使会阴后联合紧张时　D.经产妇宫口开大4 cm时

E.经产妇宫口开全时

16.接生过程中,下列处理错误的是　（　）

A.应让胎头在宫缩间歇期娩出

B.宫缩时,接生者以手掌大鱼际肌向上内方托压会阴体

C.宫缩时,协助胎头俯屈

D.胎肩娩出后,仍应注意保护会阴

E.协助胎头俯屈是变枕下前囟径为枕额径

17.下列哪项是错误的　（　）

A.初产妇第一产程通常是11~12 h

B.第二产程是指宫口开全到胎儿娩出的过程

C.无论初产妇还是经产妇,第三产程一般在30 min内

D.经产妇第二产程通常比第一产程长

E.经产妇第一产程通常是6~8 h

18.第三产程胎盘剥离的征象中,正确的是　（　）

A.宫体变硬呈球形,宫底升高　B.阴道大量流血

C.子宫轮廓不清、质软　D.脐带长度缩短

E.轻压子宫下段时,外露的脐带有回缩

19.关于新生儿的处理,下列哪项是错误的　（　）

A.整个复苏过程必须保温

B.胎头娩出后立即清除呼吸道内的黏液和羊水

C.当确认呼吸道通畅而仍未啼哭时可轻拍新生儿足底

D.新生儿阿普加评分为8分时,不需任何特殊处理

E.出生后的首要处理是处理脐带

20.经产妇,G_4P_2,无难产史,妊娠38+5周,规律宫缩4 h入院。查体:宫高33 cm,腹围99 cm,宫缩30~35 s,间歇3~4 min,宫口开大5 cm,胎心140次/min,胎位LOA,羊膜囊突,此时最恰当的处理是　（　）

A.肥皂水灌肠　B.立即送入产房做好接生准备

C.人工破膜　D.静滴催产素加强宫缩

E.严密观察产程进展

问题21、22

一新生儿出生后1 min,全身皮肤苍白,无呼吸,心率100次/min,规律,四肢稍屈,吸痰时无反应。

21.该新生儿阿普加评分为　（　）

A.2分　B.3分

C.4分　D.5分

E.6分

22.最先采取的急救措施是　（　）

A.人工呼吸　B.气管插管

C.面罩给氧　　D.注射呼吸兴奋剂

E.处理脐带

(四)简答题

1.产程的分期及每个产程所需时间是多久?

2.临产后不宜灌肠的有哪些?

3.胎盘剥离有哪些征象?排出方式有几种?

六、复习题答案

(一)名词解释

1.分娩:妊娠满28周(196 d)及以后的胎儿及其附属物,从临产发动至从母体全部娩出的过程,称为分娩。

2.衔接:胎头双顶径进入骨盆入口平面,胎头颅骨最低点接近或达到坐骨棘水平,称为衔接。

3.胎头拨露:第二产程中,宫缩时胎头露出于阴道口,露出部分不断增大。在宫缩间歇期,胎头又缩回阴道内,称为胎头拨露。

(二)填空题

1.产力　产道　胎儿　精神心理因素

2.子宫收缩力　腹壁肌及膈肌收缩力　肛提肌收缩力

3.耻骨联合　髂耻缘　骶岬上缘

(三)选择题

1.A　2.E　3.E　4.C　5.A　6.E　7.A　8.C　9.A　10.E　11.B　12.E　13.D　14.D　15.B　16.E　17.D　18.A　19.E　20.B　21.B　22.B

(四)简答题

1.总产程即分娩全过程,是指从开始出现规律宫缩直到胎儿胎盘娩出。临床分为3个产程。

第一产程又称宫颈扩张期。从开始出现间歇5~6 min的规律宫缩到宫口开全。初产妇需11~12 h;经产妇需6~8 h。第二产程又称胎儿娩出期。从宫口开全到胎儿娩出。初产妇需1~2 h;经产妇通常数分钟即可完成,但也有长达1 h者。第三产程又称胎盘娩出期。从胎儿娩出到胎盘娩出,需5~15 min,不应超过30 min。

2.胎膜早破、阴道流血、胎头未衔接、胎位异常、有剖宫产史、宫缩强估计1 h内即将分娩以及患严重心脏病等,均不宜灌肠。

3.胎盘剥离征象有:(1)宫体变硬呈球形,胎盘剥离后降至子宫下段,下段被扩张,宫体呈狭长形被推向上,宫底升高达脐上;(2)剥离的胎盘降至子宫下段,阴道口外露的一段脐带自行延长;(3)阴道少量流血;(4)用手掌尺侧在产妇耻骨联合上方轻压子宫下段时,宫体上升而外露的脐带不再回缩。胎盘剥离及排出方式有两种:(1)胎儿面娩出式。胎盘胎儿面先排出。胎盘从中央开始剥离,而后向周围剥离,其特点是胎盘先排出,随后见少量阴道流血,多见。(2)母体面娩出式。胎盘母体面先排出。胎盘从边缘开始剥离,血液沿剥离面流出,其特点是先有较多量阴道流血,胎盘后排出,少见。

第七章 正常产褥

一、基本纲要

掌握:产褥期的临床表现。

熟悉:产褥期母体变化,特别是生殖系统、乳房等的生理变化。

了解:产褥期的处理和保健。

二、要点提示

产褥期:从胎盘娩出至产妇全身各器官除乳腺外恢复或接近正常未孕状态所需的一段时期,称为产褥期。一般为6周。

1.产褥期的临床表现

子宫复旧、产后宫缩痛、恶露。

2.产褥期母体变化

宫体肌纤维缩复、子宫内膜再生、宫颈及阴道的变化。

3.产褥期的处理和保健

产后2 h内的处理、观察子宫复旧及恶露、乳房护理、会阴处理、预防产后出血和感染、合理膳食、禁止性生活、产后42 d后去医院做产后健康检查。

三、课后复习题

(一)名词解释

1.产褥期 2.产后宫缩痛 3.子宫复旧 4.恶露 5.产后尿潴留 6.产后访视 7.宫体肌纤维缩复 8.人工喂养

(二)填空题

1.子宫复旧主要表现为______和______。

2. 产后1周子宫缩小至约________,子宫于产后10 d降至________,至产后6周,子宫恢复至______。

3.从______至____所需的一段时期称为产褥期,一般规定为______。

4.初乳是指______分泌的乳汁,因含______,呈淡黄色,含较多有形物质,故质稠,初乳中含______较成熟乳多,______和______含量较成熟乳少,极易消化,是新生儿早期理想的天然食物。

5.不哺乳产妇通常在产后______月经复潮,平均在产后______左右恢复排卵。哺乳产妇的月经复潮延迟,有的在哺乳期月经一直不来潮,平均在产后______恢复排卵。

6.不哺乳者于产后3~4 d因乳房血管、淋巴管极度充盈也可发热,体温达38.5℃,一般仅持续______,最多不超过______,体温即下降,不属病态。

7.产后宫缩痛于产后______d出现，持续______d自然消失。多见于经产妇。哺乳时反射性______分泌增多使疼痛加重。

8.产后随______的脱落，含有______、______等组织经阴道排出，称为恶露。

9.正常恶露持续______周，总量为______，个体差异较大。血性恶露约持续______，逐渐转为浆液恶露，约2周后变为白色恶露，约持续3周干净。上述变化是______________的结果。

10.产后2 h内极易发生严重并发症，故应在产室严密地观察产妇。除协助产妇首次哺乳外，不断观察阴道流血量，最好用弯盘放于产妇臀下收集，还应注意______、______、______等，并应测量血压、脉搏。

11.每日应观察恶露数量、颜色及气味。若子宫复旧不全，恶露增多、色红且持续时间延长时，应及早给予______________________。若合并感染，恶露有腐臭味且有子宫压痛，应给予______。

12.会阴部有缝线者，应每日检查伤口周围有无红肿、硬结及分泌物，于产后______d拆线。

13.推荐母乳喂养。必须正确指导哺乳。此时乳房内乳量虽少，通过新生儿吸吮动作刺激泌乳。废弃______，推荐______。

14.行会阴后—斜切开或行剖宫产的产妇，可推迟至产后第______天起床稍事活动，待拆线后伤口不感疼痛时，也应做产后健身操。

15.产后检查包括______和______两部分。

16.大剂量雌激素可抑制____________________的分泌而退奶，但必须在分娩后内尽早开始服用，常用______，每日服3 mg，连服3 d，以后每日服5 mg，再服3 d，其后每日服2 mg，再服3 d，同时紧束双乳，少进汤类，用药期间不可挤乳。

17.产后乳腺分泌乳汁的神经体液调节复杂：随着胎盘剥离排出，产妇血中________、______和______水平急剧下降，雌激素有________________作用，但又有抑制乳汁分泌、对抗垂体催乳激素的作用，产后呈低雌激素、高催乳激素水平，乳汁开始分泌。

18.产褥早期血液仍处于______，有利于胎盘剥离面形成血栓，减少产后出血量。

19.产褥期间卧床时间长，缺少运动，腹肌及盆底肌松弛，加之肠蠕动减弱，容易____________。

20.恶露分为：__________、__________、__________。

21. 于产后______内开始哺乳，生后24 h内，每1~3 h哺乳1次。哺乳期以______至为宜。

22.产后访视至少______次，第1次在______，第2次在______，第3次在______，了解产褥妇及新生儿健康状况，内容包括了解产褥妇饮食、大小便、恶露及哺乳等情况，检查两侧乳房、会阴伤口、剖宫产腹部伤口等，若发现异常应给予及时指导。

23.现主张在产后______内开始授乳，并主张______同室，______喂养。

24.退奶的方法有：______、______、______、______、______。

25.分娩后的会阴部若有轻度撕裂或会阴切口缝合后，均能在______d内愈合。

26.产后乳腺分泌乳汁的神经体液调节复杂，随着胎盘剥离排出，产妇血中________、______以及______水平急剧下降，______在6h内消失，孕妇激素在几日后下降，雌激素则在产后______内下降至基线。

(三)选择题

1.产褥期是指胎盘娩出至产后　　(　)

A.2周　　B.4周

C.6周　　D.8周

E.12周

2.关于正常产褥的叙述,哪项是错误的　　(　)

A.出汗较多,睡眠和初醒时更为明显

B.产后约2周经腹部检查不易摸到子宫底

C.子宫复旧主要是肌细胞数目减少及体积缩小

D.浆液性恶露内含细菌

E.一般在产后24 h内体温轻度升高,不超过38 ℃

3.关于正常恶露的叙述,正确的是　　(　)

A.血性恶露持续1周

B.浆液性恶露含大量白细胞

C.白色恶露持续1周

D.恶露含有血液、胎盘绒毛碎片

E.胎盘或胎膜残留时恶露较多

4.关于初乳与成熟乳比较,正确的是　　(　)

A.初乳中含有较多蛋白质,主要是清蛋白

B.初乳及成熟乳中,均含有大量免疫球蛋白

C.初乳中脂肪及糖类含量较高

D.初乳持续约3 d,逐渐变为成熟乳

E.药物不经母血渗入乳汁

5.关于子宫复旧,正确的是　　(　)

A.产后第1天因宫颈外口升至坐骨棘水平,使宫底上升达平脐

B.产后1周,子宫于腹部不可扪及

C.产后子宫底每天下降3 cm

D.产后9 d子宫降至骨盆腔内

E.产后30 d,子宫体恢复正常大小

6.关于正常产褥的叙述,下列正确的是　　(　)

A.产后宫缩痛初产妇重于经产妇

B.产后出汗量不多

C.子宫复旧是肌细胞数量减少

D.产褥晚期血液仍处于高凝状态

E.子宫是产褥期变化最大的器官

7.子宫恢复正常非孕期大小是在产后　　(　)

A.4周　　B.5周

C.6周　　D.7周

E.30 d

8.成熟乳指 ( )

A.产后10 d分泌的乳汁 B.产后11 d分泌的乳汁

C.产后12 d分泌的乳汁 D.产后13 d分泌的乳汁

E.产后14 d分泌的乳汁

9.子宫降至骨盆腔内是 ( )

A.产后8 d B.产后9 d

C.产后10 d D.产后11 d

E.产后12 d

10.正常恶露持续 ( )

A.2~3周 B.4~6周

C.3~5周 D.8周

E.7周

问题11—13

A.正常产褥 B.上呼吸道感染

C.胎盘胎膜部分残留 D.产后子宫内膜炎

E.子宫复旧不良

11.足月顺产,产后第1天,体温37.8 ℃, 脉搏65次/min,出汗多,阴道流血不多,宫底平脐,收缩好 ( )

12.产后第7天,恶露血性,量多,宫底脐下2横指 ( )

13.产后第3天,咳嗽发热,两肺呼吸音粗 ( )

问题14—16

A.会阴切口感染 B.乳腺炎

C.产后宫缩痛 D.阴道壁血肿

E.乳汁淤积

14.产后2 d下腹阵痛,出汗较多 ( )

15.分娩后第2天,双乳肿胀有硬结 ( )

16.初产妇,会阴部疼痛,有大便感 ( )

(四)简答题

1.何谓产后宫缩痛？有何特点？

2.产妇在产褥早期体温如何变化？

3.何谓子宫复旧？子宫复旧有哪些主要表现？

4.简述产褥期血液及循环系统的变化。

5.为什么产妇分娩后需在产室观察2 h？

6.产妇产后生命体征的变化情况如何？

7.对于不能哺乳的产妇,退奶的方法有哪些？

8.产后检查包括哪些内容？

四、复习题答案

(一)名词解释

1.产褥期:产妇全身各器官除乳腺外从胎盘娩出至恢复或接近正常未孕状态所需的一段时期,称为产褥期,一般规定为6周。

2.产后宫缩痛:在产褥早期因宫缩引起下腹部阵发性剧烈疼痛,称为产后宫缩痛。

3.子宫复旧:胎盘娩出后的子宫逐渐恢复至未孕状态的过程称为子宫复旧,主要表现为宫体肌纤维缩复和子宫内膜再生。

4.恶露:产后随子宫蜕膜(特别是胎盘附着处蜕膜)的脱落,含有血液、坏死蜕膜等组织经阴道排出,称为恶露。

5.产后尿潴留:体内于妊娠期潴留的多量水分主要经肾排出,故产后最初数日尿量增多,分娩过程中由于膀胱受压致使黏膜水肿、充血和肌张力降低,以及会阴伤口疼痛、不习惯卧床排尿等原因,容易发生尿潴留,称为产后尿潴留。

6.产后访视:产后访视至少3次,第1次在产褥妇出院后3 d内,第2次在产后14 d,第3次在产后28 d。了解产褥妇及新生儿健康状况,内容包括了解产褥妇饮食、大小便、恶露及哺乳等情况,检查两侧乳房、会阴伤口、剖宫产腹部伤口等,若发现异常应给予及时指导。

7.宫体肌纤维缩复:子宫复旧不是肌细胞数目减少,而是肌细胞缩小,表现为肌细胞胞浆蛋白质被分解排出,胞浆减少。裂解的蛋白及代谢产物通过肾排出体外。随着肌纤维不断缩复,宫体逐渐缩小。

8.人工喂养:母亲因各种原因不能喂哺婴儿时,可选用牛、羊乳或其他兽乳或其他代乳品喂养婴儿,称为人工喂养。

(二)填空题

1.子宫体肌纤维缩复　子宫内膜再生

2.妊娠12周大小　骨盆腔内　正常非孕期大小

3.胎盘娩出　产妇全身各器官除乳腺外恢复或接近正常未孕状态　6周

4.产后7 d内　β-胡萝卜素　蛋白质　脂肪　乳糖

5.6~10周　10周　4~6个月

6.数小时　12 h

7.1~2　2~3　缩宫素

8.子宫蜕膜　血液　坏死蜕膜

9.4~6　250~500 mL　3~4 d　子宫出血量逐渐减少

10.子宫收缩　宫底高度　膀胱充盈否

11.子宫收缩药　抗生素

12.3~5

13.定时哺乳　按需哺乳

14.5

15.产后访视　产后健康检查

16.垂体催乳激素　24 h　己烯雌酚

17.胎盘催乳素　雌激素　孕激素　增加垂体催乳激素对乳腺的发育

18.高凝状态

19.便秘

20.血性恶露 浆液恶露 白色恶露

21.半小时 10~12个月

22.3 产褥妇出院后3 d内 产后14 d 产后28 d

23.半小时 母婴 母乳

24.溴隐亭 大剂量雌激素 生麦芽 针灸 芒硝

25.3~5

26.胎盘催乳素 雌激素 孕激素 胎盘催乳素 5~6 d

(三)选择题

1. C 2.C 3.E 4.B 5.A 6.E 7.C 8.E 9.C 10.B 11.A 12.E 13.B 14.C 15.E 16.D

(四)简答题

1.在产褥早期,因宫缩引起下腹阵发性剧烈疼痛,称为产后宫缩痛。疼痛时子宫呈痉挛性收缩,产后1~2 d出现,持续2~3 d后自动消失。经产妇多见。哺乳时反射性缩宫素分泌增加,加重疼痛。

2.产妇在产褥早期体温多在正常范围内。产程延长致过度疲劳者,体温可在产后最初24 h内略升高,一般不超过38 ℃。不哺乳者与产后3~4 d因乳房血管及淋巴管极度充盈也可发热,体温达37. 5 ℃,一般仅持续数小时,最多不超过12 h,体温即下降,不属病态。

3.胎盘娩出后的子宫,逐渐恢复至未孕状态的过程称为子宫复旧,主要表现为宫体肌纤维缩复和子宫内膜再生。子宫复旧不是肌细胞数目减少而是肌细胞缩小,随着肌纤维不断缩复,宫体逐渐缩小,直至产后6周,子宫恢复至非孕时大小,重量恢复至50 g左右。残存的子宫内膜基底层逐渐再生新的功能层,子宫内膜全部修复需至产后6周时。

4.妊娠期血容量增加,于产后2~3周恢复至未孕状态。产后3 d内,由于子宫缩复,子宫胎盘血循环不复存在,大量血液从子宫涌人人体循环,加之妊娠期过多组织间液回收使血容量增加15%~25%。产褥早期血液仍处于高凝状态。凝血因子于产后2~3周降至正常。红细胞计数及血红蛋白值逐渐增加。白细胞总数于产褥早期仍较高,血小板数增多,红细胞沉降率于产后3~4周降至正常。

5.产后2 h极易发生严重并发症。产妇分娩后在产室观察2 h,可以协助产妇首次哺乳,注意子宫收缩、宫底高度,膀胱是否充盈,阴道流血量,会阴阴道有无血肿等,并应定时测量血压、脉搏。若发现宫缩乏力应按摩子宫并肌注子宫收缩药。若宫底升高而阴道流血量不多,提示宫腔积血,应及时挤压宫底排出宫底积血。若产妇有肛门坠涨感,多有阴道后壁血肿。

6.产后的体温多数在正常范围内。若产程延长致过度疲劳时,体温可在产后最初24 h内略升高,一般不超过38 ℃。不哺乳者于产后3~4 d因乳房血管、淋巴管极度充盈也可发热,体温达38.5 ℃,一般仅持续数小时,最多不超过12 h,体温即下降,不属病态。产后的脉搏略缓慢,约为60次/min,与子宫胎盘循环停止及卧床休息等因素有关,约于产后1周恢复正常,不属病态。产后腹压降低,膈肌下降,由妊娠期的胸式呼吸变为胸腹式呼吸,使呼吸深慢,14~16次/min。血压于产褥期平稳,变化不大。妊娠期高血压病产妇的血压于产后降低明显。

7.(1)溴隐亭0.25 mg,2次/d,早晚与食物共服,连续用药14 d,对已有大量乳汁分泌而需停止哺乳者,效果满意。

(2)大剂量雌激素抑制垂体催乳激素的分泌而退奶,必须在分娩后24 h内尽早开始服用,常用己烯雌酚5 mg,3次/d,连服3 d,以后5 mg/d,再服3 d,其后2 mg/d,再服3 d,同时紧束双乳少进汤类,用药期间不可挤乳。

(3)生麦芽60~90 g,水煎当茶饮,每日1剂,连服3~5 d。

(4)针灸治疗。

(5)芒硝250 g分装两沙袋内,敷于两乳房并包扎,湿硬时更换。

8.产后检查包括产后访视和产后健康检查两部分。产后访视至少3次,第1次在产褥妇出院后3 d内,第2次在产后14 d,第3次在产后28 d。了解产褥妇及新生儿健康状况,内容包括了解产褥妇饮食、大小便、恶露及哺乳情况,检查两侧乳房、会阴伤口、剖宫产腹部伤口等,若发现异常应给予及时指导。产褥妇应于产后42 d去医院做产后健康检查,内容包括测血压,查血尿常规,了解哺乳情况,并做妇科检查,观察盆腔内生殖器是否已恢复至非孕状态,最好同时带婴儿到医院做一次全面检查。

第八章　妊娠时限异常

第一节　流　产

一、基本纲要

掌握：流产一系列过程中各阶段的临床表现及不同阶段的处理原则。

熟悉：各类流产的定义及病理转归。

了解：流产发生的原因及流产时胎儿、母体的病理变化。

二、要点提示

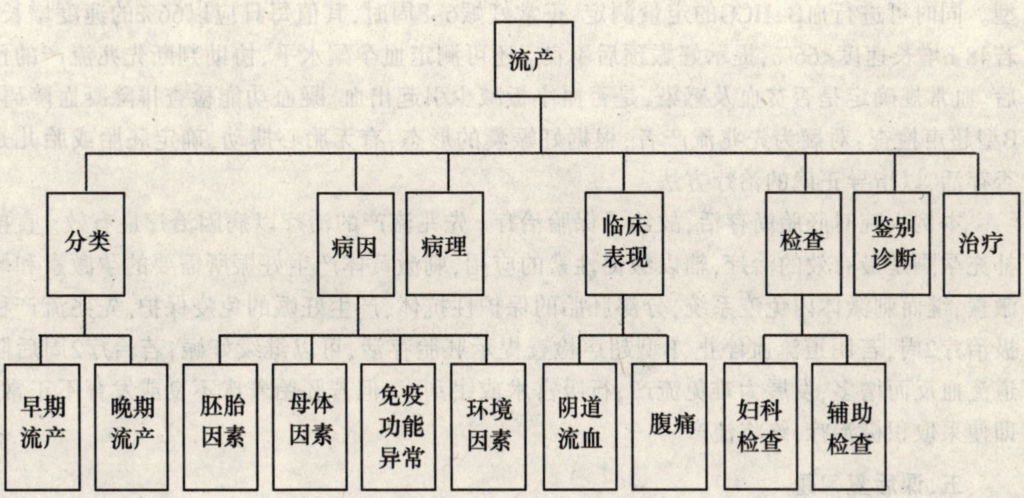

三、典型病案

患者，女，32岁，已婚，G_2P_0。因“停经45 d，阴道流血伴腹痛1 d”入院。患者平素月经规则，末次月经2009年6月10日。体格检查：血压90/62 mmHg，腹平软，无压痛、反跳痛，自然流产2次。妇科检查：阴道见少许血液暗红色。宫颈光滑，轻度着色，宫口未开，无组织物堵塞，无举痛。子宫前倾屈，软，如孕40 d大，轻压痛。双附件区未触及包块，无压痛。辅助检查：白细胞$5.6×10^9$/L，血红蛋白118 g/L，血小板$158×10^9$/L。尿妊娠试验阳性。甲状腺功能正常。B型超声见宫腔内妊娠囊，10 mm×12 mm×12 mm，有胚芽，未见原始心管搏动，宫腔内妊娠囊旁少量液性暗区，两侧附件区未见异常图像。

四、临床诊治思路

1.育龄妇女出现阴道流血，应重点询问出血与月经的关系、出血量、持续时间、有无组织物排出、有无腹痛等。患者有停经史，要初步鉴别出血是否与妊娠有关。若与妊娠有关，主要应考虑流产、异位妊娠、葡萄胎等疾病。

	考虑可能的疾病病名	临床表现	辅助检查
停经45 d，阴道流血伴腹痛	早期自然流产	停经史、阴道流血伴腹痛，子宫大小与停经天数相符，阴道流血与贫血相符，在排出的血液中找到绒毛	B超及人绒毛膜促性腺激素(HCG)、孕激素可协助诊断
	异位妊娠	停经史、阴道流血伴腹痛，子宫大小与停经天数不相符，阴道流血与贫血不相符	B超及血HCG、P可协助诊断
	葡萄胎	停经史、阴道流血，妊娠反应较重，阴道流血时可伴水泡样组织流出	B超及血HCG协助诊断

本例属于早期先兆流产范畴，临床表现典型，诊断先兆流产不难。自然流产病因与遗传、内分泌失调、感染、内生殖器畸形以及抗自身免疫抗体有关。临床症状主要是阴道流血和腹痛。根据妇科检查：宫颈口是否扩张，羊膜囊是否膨出，有无妊娠物堵塞于宫颈口内；子宫大小与停经周数是否相符，有无压痛；双侧附件有无压痛、增厚或包块来判断流产类型。同时可进行血β-HCG的定量测定，正常妊娠6~8周时，其值每日应以66%的速度增长，若48 h增长速度<66%，提示妊娠预后不良。还可测定血孕酮水平，协助判断先兆流产的预后。血常规确定是否贫血及感染，是否血小板减少引起出血。凝血功能检查排除凝血障碍。B型超声检查：对疑为先兆流产者，根据妊娠囊的形态，有无胎心搏动，确定胚胎或胎儿是否存活，以指导正确的治疗方法。

本例入院时胚胎尚存活，故给予保胎治疗。先兆流产的治疗以病因治疗最有效。直接补充孕酮是最有效的治疗，辅以绒促性素的应用，刺激黄体产生妊娠所需要的孕激素和雌激素，继而刺激体内免疫系统，分泌胚胎的保护性抗体，产生妊娠的免疫保护。先兆流产积极治疗2周，若阴道流血停止，B型超声检查提示胚胎存活，可以继续妊娠；若治疗2周后阴道流血反而增多，发展为难免流产，行吸宫术或钳刮术。但若胚胎着床不良或发育不正常，即使采取积极治疗，终将流产。

五、课后复习题

(一)名词解释

1.流产　2.稽留流产　3.习惯性流产　4.先兆流产

(二)填空题

1.流产的临床类型有______、________、________和________。此外，流产有三种特殊情况______、______、______。

2.流产发生在______称为早期流产，发生在______称为晚期流产。

(三)选择题

1.流产的临床过程正确的是　(　)

A.妊娠8周前的流产，多为不全流产

B.妊娠8~12周的流产，多为完全流产

C.难免流产时妊娠试验均为阴性

D.不全流产容易发生失血性休克

E.宫颈口松弛多引起早期流产

2.早期先兆流产最早出现的症状是 ( )

A.子宫停止增大 B.尿妊娠试验阴性

C.持续性腹痛 D.少量阴道出血

E.腰背痛

3.关于难免流产哪项是错误的 ( )

A.阴道流血增加 B.下腹痛加剧

C.宫口开 D.子宫大小与停经周数基本相符

E.有部分胎盘嵌顿于宫颈口,部分胎盘排出

4.习惯性流产是指 ( )

A.自然流产1次,人工流产1次 B.自然流产2次

C.自然流产2次,人工流产1次 D.自然流产3次,人工流产1次

E.自然流产3次

5.不属于习惯性流产的原因是 ( )

A.子宫黏膜下肌瘤 B.宫腔纵隔

C.宫颈内口松弛 D.黄体功能不足

E.缺铁性贫血

6.治疗流产的措施错误的是 ( )

A.宫颈内口松弛应行宫颈内口环扎术 B.妊娠早期先兆流产,可肌注黄体酮

C.难免流产应等待自然排出 D.不全流产应行吸宫术或钳刮术

E.习惯性流产应孕前进行遗传咨询,确定是否可以妊娠

7.关于感染性流产的处理,下列错误的是 ( )

A.立即刮宫以清除宫腔内容物,同时给广谱抗生素

B.原则上先抗生素控制感染,再行刮宫 ( )

C.出血多者在静脉应用抗生素同时取出宫内大块残留以减少出血,感染控制后再行清宫术

D.患者出现感染性休克,应积极抗休克

8.关于稽留流产的处理,下列错误的是 ( )

A.刮宫前先做凝血功能检查,防止术时因血凝障碍而大出血

B.刮宫前先用雌激素以提高子宫肌肉对催产素的敏感性

C.过期流产胎盘机化,刮宫术中谨防穿孔

D.力争做到一次刮净,以防因不全流产而出血

E.稽留流产一次刮不干净,1周后可再次刮宫

问题9—13

29岁,已婚妇女,停经60 d,阴道少量流血2 d,色鲜红,伴轻度下腹阵发性疼痛。检查宫口闭,子宫增大如孕2个月。

9.最可能的诊断是 ( )

A.先兆流产 B.难免流产

C.不全流产　　D.稽留流产

E.习惯性流产

10.如果既往自然流产2次，最可能的诊断是（　）

A.先兆流产　　B.难免流产

C.不全流产　　D.稽留流产

E.习惯性流产

11.正确的处理应是（　）

A.引产　　B.药物流产

C.止血　　D.安静卧床

E.保胎

12.如果现流血量增多，多过月经量，下腹阵发性疼痛加重，检查见宫口开2 cm，最可能的诊断是（　）

A.先兆流产　　B.难免流产

C.不全流产　　D.稽留流产

E.习惯性流产

13.最恰当的处置是（　）

A.给予止血药物　　B.静滴缩宫素

C.肌注麦角新碱　　D.肌注黄体酮

E.尽早行刮宫术

问题14、15

25岁已婚妇女，停经75 d，阴道中等量流血4 d，伴发热。昨日阴道排出一块肉样组织，今晨突然大量阴道流血。血压80/60 mmHg，体温38.2 ℃，脉搏116次/min。子宫如妊娠2个月大，有压痛，宫口通过1指松，阴道分泌物明显臭味。血白细胞总数20.5×10^9/L，血红蛋白(Hb) 68 g/L。

14.本例应诊断（　）

A.感染合并先兆流产　　B.感染合并难免流产

C.感染合并不全流产　　D.感染合并稽留流产

E.感染合并完全流产

15.本例除抗休克外，还需进行的紧急处理是（　）

A.大量输液、输血　　B.立即进行彻底清宫

C.抗生素大剂量静滴　　D.钳夹出宫腔内妊娠物

E.给予抗生素同时钳夹出宫腔内妊娠物

问题16、17

28岁妇女，结婚3年，分别于妊娠5~6个月时3次自然流产史。

16.分析其原因最大可能为（　）

A.甲状腺功能异常　　B.受精卵发育异常

C.宫颈内口机能不全　　D.染色体异常

E.黄体功能不全

17.该患者正确的处理方法为（　）

A.孕中期行宫颈环扎术　　B.肌内注射黄体酮保胎
C.服用甲状腺素片　　D.孕早期行宫颈环扎
E.应用止血药
问题18—20
35岁妇女急诊入院，处于休克状态，阴道大量活动性出血，可见烂肉样物排出，妇科检查：子宫如孕6周大小，双附件正常。
18.首先应向其家属询问的是　（　）
A.有无性生活史　　B.有无停经史
C.避孕史　　D.有无腹疼
E.有无外伤史
19.哪项体征对进一步处理最有意义　（　）
A.子宫软硬度　　B.宫颈着色程度
C.黑格征是否存在　　D.宫颈口开大程度
E.附件有无肿物
20.首选的处理是　（　）
A.给予大量止血剂　　B.开腹探查
C.边抗休克边清宫　　D.抗休克，待休克好转后清宫
E.急查B超以明确出血原因
(四)简答题
1.各种流产如何鉴别及处理？
2.流产的主要症状有哪些？早期流产与晚期流产的症状出现先后有何不同？
3.如何正确处理稽留流产？
4.简述习惯性流产的原因及处理。

六、复习题答案

(一)名词解释
1.流产：妊娠不足28周、胎儿体重不足1000 g而终止妊娠者，称为流产。
2.稽留流产：又称过期流产。指胚胎或胎儿已死亡滞留宫腔内未能及时自然排出者。
3.习惯性流产：指连续自然流产3次及3次以上者。
4.先兆流产：指妊娠28周前先出现少量阴道流血，常为暗红色或血性白带，无妊娠物排出，随后出现阵发性下腹痛或腰背痛。
(二)填空题
1.先兆流产　难免流产　不全流产　完全流产　稽留流产　习惯性流产　流产合并感染
2.12周前　12周至不足28周
(三)选择题
1.D　2.D　3.E　4.B　5.E　6.C　7.A　8.D　9.A　10.E　11.E　12.B　13.E　14.C　15.E　16.C　17.A　18.B　19.D　20.C

(四)简答题

1. 见下表

类型	临床症状			妇科检查		处理
	出血量	下腹痛	组织排出	宫口	子宫大小(与停经周数)	
先兆流产	少	无或轻	无	未开	相符	卧床休息，给镇静剂。每日黄体酮肌注20 mg
难免流产	中到多	加剧	无	扩张	相符或略小	早期行负压吸宫术，晚期用缩宫素促使胎儿及胎盘排出
不全流产	少到多	减轻	部分排出	扩张或组织堵塞于宫颈口	小于	行吸宫术或钳刮术
完全流产	少到无	无	全部排出	闭	正常或略大	不需特殊处理
稽留流产	少	无或轻	无	闭	小于，未闻及胎心	处理较困难

2.主要为停经后阴道流血和腹痛。(1)孕12周前的早期流产开始时绒毛与蜕膜剥离，血窦开放，出现阴道流血，剥离的胚胎和血液刺激子宫收缩，排出胚胎或胎儿，产生阵发性下腹部疼痛。胚胎或胎儿及其附属物完全排出后，子宫收缩，血窦闭合，出血停止。(2)孕12周后的晚期流产的临床过程与早产和足月产相似，胎儿娩出后胎盘娩出，出血不多。可以看出，早期流产的临床全过程表现为先出现阴道流血，而后出现腹痛。晚期流产的临床全过程表现为先出现腹痛(阵发性子宫收缩)，而后出现阴道流血。

3.稽留时间过长可能发生凝血功能障碍，导致弥散性血管内凝血(DIC)，造成严重出血。处理前应查血常规、出凝血时间、血小板计数、血纤维蛋白原、凝血酶原时间、凝血块收缩试验及血浆鱼精蛋白副凝试验等，并做好输血准备。若凝血功能正常，先口服炔雌醇1 mg，2次/d，连用5 d，或苯甲酸雌二醇2 mg肌内注射，2次/d，连用3 d，可提高子宫肌对缩宫素的敏感性。子宫<12孕周者，可行刮宫术，术中肌注缩宫素，手术应特别小心，避免子宫穿孔，一次不能刮净，于5~7 d后再次刮宫。子宫>12孕周者，应静脉滴注缩宫素，促使胎儿、胎盘排出。若出现凝血功能障碍，应尽早使用肝素、纤维蛋白原及输新鲜血、新鲜冰冻血浆等，待凝血功能好转后，再行刮宫。

4.习惯性流产：早期流产的原因常为黄体功能不足、甲状腺功能低下、染色体异常等，晚期流产最常见的原因为宫颈内口松弛、子宫畸形、子宫肌瘤等。查出原因，于怀孕前治疗。原因不明的习惯性流产妇女，按黄体功能不足给以黄体酮治疗，宫颈内口松弛者，于妊娠前作宫颈内口修补术。若已妊娠，最好于妊娠14~16周行宫颈内口环扎术。

第二节 早 产

一、基本纲要

掌握:早产的诊断和处理。

了解:早产的定义和原因。

二、要点提示

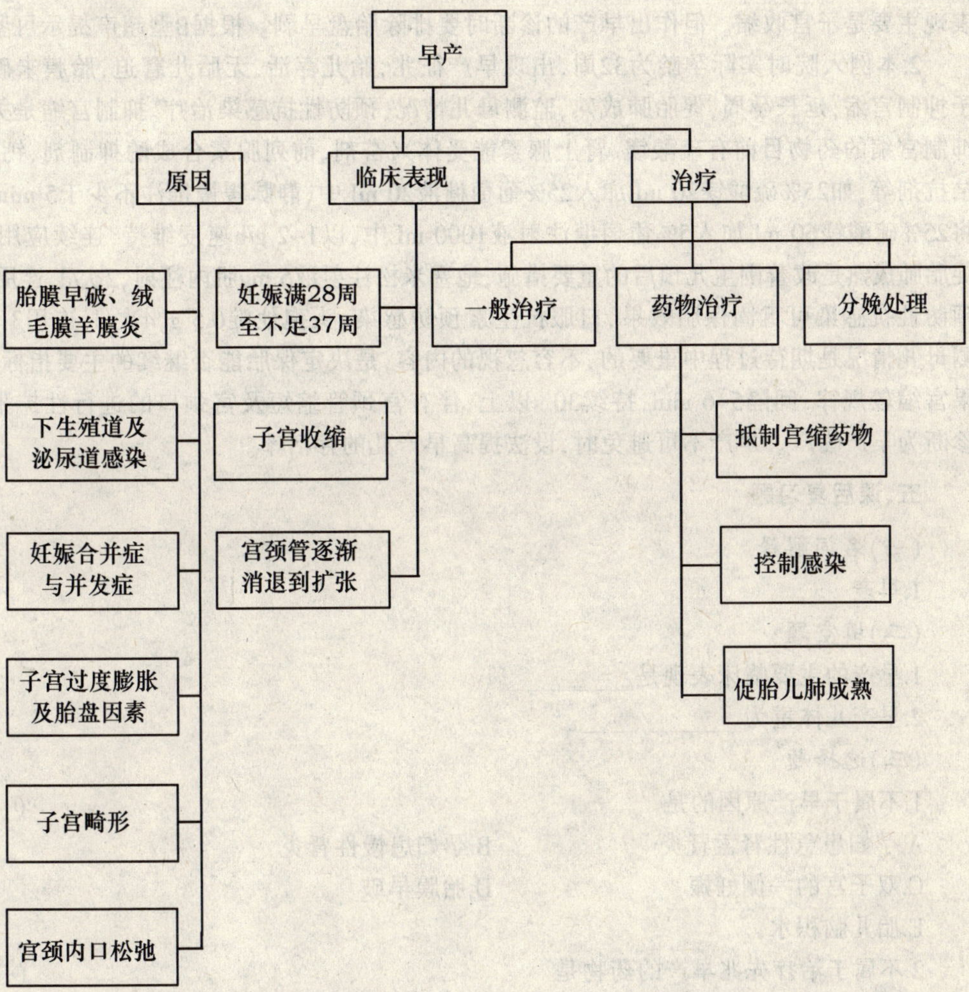

三、典型病案

患者,女,23岁,G_2P_0。因"停经34周、不规则腰酸、下腹坠胀36 h"入院。患者平素月经不规则,周期45~90 d,停经50余天尿妊娠试验阳性,入院前36 h有一次性交,随后出现不规律腰酸及下腹坠胀痛,无阴道流血、流液。婚后自然流产1次。体格检查:体温36 ℃,血压

130/80 mmHg，双下肢水肿(+)。产前检查：宫高32 cm，腹围90 cm，LOA，胎头浮，胎心132次/min，宫缩不规律。肛门检查：宫口未开，S-2。辅助检查未见异常。B型超声检查：双顶径8.6 cm，股骨长6.0 cm，羊水指数10.5 cm，胎盘位于宫底后壁，Ⅱ级提示妊娠32周。

四、临床诊治思路

1.由于早产儿各器官发育尚不成熟，准确计算胎儿孕龄比胎儿身长、体重更重要。首先核实孕龄，详细询问患者月经史，根据末次月经推算孕妇入院时为停经34周，但其平素月经不规则，周期45~90 d，尿妊娠试验及早孕反应出现的时间为停经50余天，入院时B型超声提示相当于妊娠32周，故推算实际孕龄为32周。根据上述病史，结合入院产科检查及辅助检查，诊断早产成立。本例孕妇孕晚期有性交史，是引起早产的主要原因。早产的临床表现主要是子宫收缩。但作出早产的诊断时要排除胎盘早剥。根据B型超声提示可鉴别。

2.本例入院时实际孕龄为32周，出现早产征兆，胎儿存活，无胎儿窘迫，胎膜未破，给予抑制宫缩，延长孕周，促胎肺成熟，监测母儿情况，预防性抗感染治疗。抑制宫缩是关键，抑制宫缩的药物目前有硫酸镁、肾上腺素能受体兴奋剂、前列腺素合成酶抑制剂、钙通道拮抗剂等，如25%硫酸镁20 mL加入25%葡萄糖液20 mL中，静脉缓慢推注不少于5 min。再将25%硫酸镁60 mL加入5%葡萄糖注射液1000 mL中，以1~2 g/h速度维持，连续应用3 d。促胎肺成熟是改善围生儿预后的重要措施，地塞米松注射液5 mg肌内注射，2次/d，连用2 d。预防性抗感染可巩固保胎效果，口服抗生素预防感染：头孢他啶0.5 g，4次/d，连用3 d；监测母儿情况是期待过程中重要的、不容忽视的内容，是决定保胎能否继续的主要指标。如果宫缩较规律，间隔5~6 min，持续30 s以上，伴有宫颈管缩短及宫颈口的进行性扩张，可诊断为早产临产。早产不可避免时，设法提高早产儿的存活率。

五、课后复习题

(一)名词解释

1.早产

(二)填空题

1.早产的主要临床表现是__________。

2.早产儿体重为____________。

(三)选择题

1.不属于早产原因的是 ( )

A.孕妇患急性肾盂肾炎　　B.孕妇患慢性肾炎

C.双子宫的一侧妊娠　　D.胎膜早破

E.胎儿脑积水

2.不属于治疗先兆早产的药物是 ( )

A.β_2-肾上腺素能受体激动剂　　B.苯甲酸雌二醇

C.硫酸镁　　D.硝苯地平

E.前列腺素合成酶抑制剂

3.不是早产临产的临床特点的是 ( )

A.妊娠满28周不足37周　　B.规则宫缩(20 min≥4次，持续≥30 s)

C.宫颈缩短≥75%　　D.宫颈扩张2 cm以上

E. 10 min一次的规则宫缩

问题4、5

初产妇孕33周，阵发性下腹痛2 h，阴道少量血性分泌物入院。胎位LOA，胎心140次/min，20~30 min宫缩1次，每次10~20 s，强度弱，肛查：宫口未开，坐骨棘水平上3 cm(S-3)，阴道未见水样液体流出，B型超声检查双顶径80 mm，羊水65 mm，胎盘位于宫底部前壁。

4.该患者的诊断是　　（　　）

A.早产　　B.先兆早产

C.早产临产　　D.胎盘早剥

E.先兆临产

5.该患者如何处理　　（　　）

A.保胎，抑制宫缩，促胎儿成熟　　B.抑制宫缩

C.顺其自然分娩　　D.缩宫素引产

E.立即剖宫产

（四）问答题

1.如何预防早产？

2.简述早产的治疗原则。

六、复习题答案

（一）名词解释

1.早产：指妊娠满28周不足37周(196~258 d)间分娩者。

（二）填空题

1.子宫收缩

2.1000~2499 g

（三）选择题

1.E　2.B　3.E　4.B　5.A

（四）问答题

1.降低围生儿死亡率的重要措施之一就是预防早产。应定期产前检查，重视可能引起早产的因素。切实加强对高危妊娠的管理，积极治疗妊娠合并症。预防胎膜早破，预防亚临床感染。宫颈内口松弛者应于妊娠14~18周做宫颈内口环扎术。

2.治疗原则：若胎膜未破，胎儿存活，无胎儿窘迫，无严重妊娠合并症及并发症时，设法抑制宫缩，尽可能延长孕周。若胎膜已破，早产不可避免时，应设法提高早产儿存活率。卧床休息，左侧卧位。运用抑制宫缩药物：①β-肾上腺素能受体激动剂，多选用沙丁胺醇和利托君；②硫酸镁；③钙拮抗剂，多选用硝苯地平；④前列腺素合成酶抑制剂，多选用吲哚美辛。控制感染，预防新生儿呼吸窘迫综合征：地塞米松针促胎儿肺成熟。分娩处理：大部分早产儿可经阴道分娩；停用一切抑制宫缩药物，产程中应给孕妇吸氧；第二产程可作会阴后一侧切开，预防早产儿颅内出血等。对于早产胎位异常者，在权衡新生儿存活利弊基础上，可以考虑剖宫产。

第三节 过期妊娠

一、基本纲要

了解：过期妊娠的定义、病理变化。

掌握：过期妊娠的诊断及处理。

二、要点提示

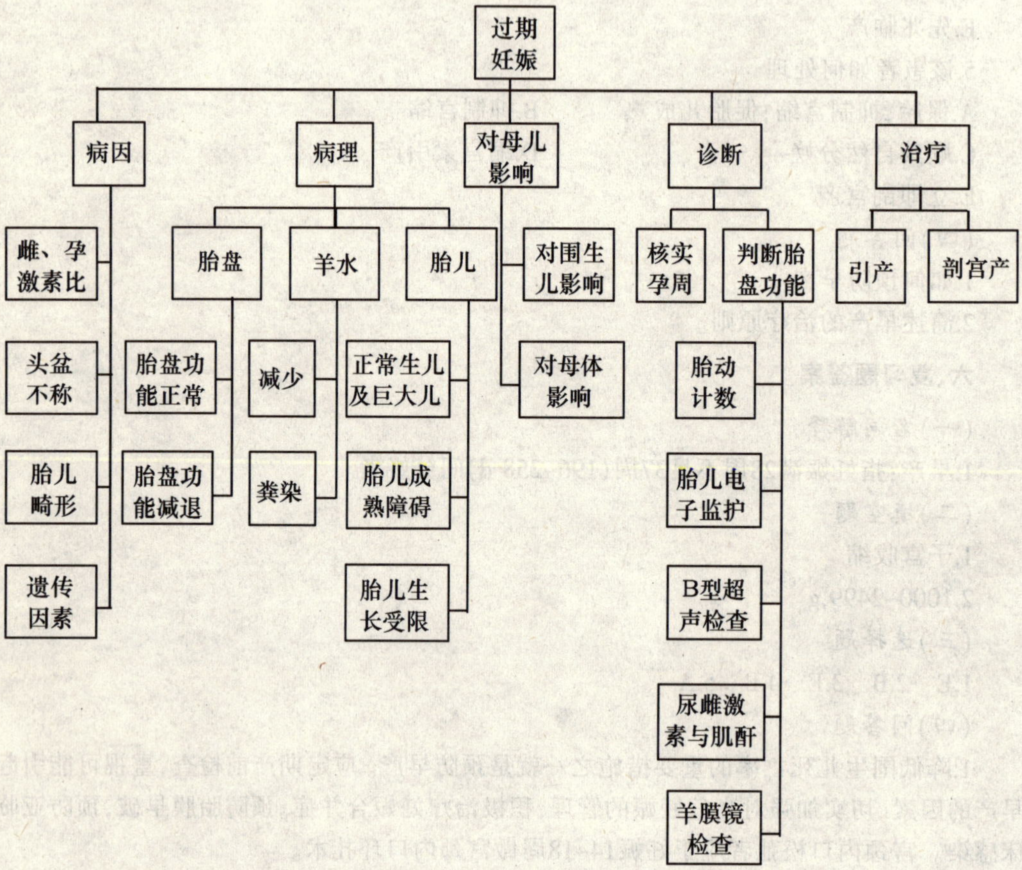

三、典型病案

患者，女，25岁。G_1P_0，因"停经42^{+4}周，胎动减少2 d"于2008年12月14日入院。既往月经规律，末次月经2008年2月19日，预产期为2008年11月26日。孕2个月时至当地医院行B型超声检查，提示妊娠囊大小与妊娠周数相符。妊娠5个月自觉胎动并持续至今。妊娠期间未做产前检查。近两天自觉胎动明显减少而来院。产前检查：宫高37 cm，腹围96 cm，LOA，胎头浮，胎心116次/min。宫口未开，S–3。B型超声检查胎头双顶径9.5 cm，股骨长7.1 cm，羊水平段2.8 cm，胎盘附着在子宫后壁及宫底部，Ⅲ级，胎动少。胎心监护：无规律宫缩，胎心114~120次/min，偶有变异减速。血常规、凝血四项等化验均正常。

四、临床诊治思路

诊断过期妊娠之前，首先需要核实预产期，确认妊娠是否真正过期。患者月经周期规则，末次月经2008年2月19日，预产期为2008年11月26日。孕2个月时至当地医院行B型超声检查，提示妊娠囊大小与妊娠周数相符。妊娠5个月自觉胎动并持续至今。经核实预产期证实延期18 d，诊断为：妊娠42^{+4}周，G_1P_0，过期妊娠。过期妊娠容易发生胎盘功能减退，引起胎儿窘迫。同时根据胎盘功能、胎儿大小、宫颈成熟度综合分析，选择恰当的分娩方式。孕妇自觉胎动减少，胎心率减慢，B型超声检查发现羊水过少，胎心监护多次出现变异减速，考虑胎盘功能减退导致胎儿窘迫。而且宫颈条件不成熟，胎头未衔接，经阴道分娩可能加重胎儿缺氧程度，故急诊行剖宫产术终止妊娠。

五、课后复习题

(一)名词解释

过期妊娠

(二)填空题

根据排卵日推算：若排卵后________仍未分娩者可诊断为过期妊娠。

(三)选择题

1.妊娠时限的概念正确的是　(　　)

A.妊娠28周以内终止者为流产　B.妊娠28周至37周终止者为早产

C.妊娠38周至42周分娩为足月产　D.妊娠42周之后分娩为过期产

E.在分娩过程中胎儿死亡为死产

2.过期妊娠产妇需迅速终止妊娠的是　(　　)

A.B型超声显示羊水平段4 cm　B.12 h胎动12次

C.缩宫素激惹试验阴性　D.无应激试验为反应型

E.尿雌三醇值为6 mg/d

3.关于过期妊娠正确的是　(　　)

A.凡预产期超过2周，尚未临产者均为过期妊娠

B.妊娠过期越久，胎儿体重越大

C.过期妊娠易发生胎儿窘迫

D.与孕妇孕激素相对过少有关

E.过期妊娠孕妇尿中雌三醇水平正常

4.过期妊娠提示胎盘功能不良的是　(　　)

A.无应激试验(NST)多次反复出现胎心晚期减速

B.检测孕妇雌激素/肌酐值>10

C.检测羊水肌酐值≥176.8 μmol/L

D.测定孕妇血清人胎盘生乳素值为8 mg/L

E.检测羊水卵磷脂/鞘磷脂值>2

问题5—7

初产妇，孕42周，平素月经规律，胎位R0A，胎心140次/min，无宫缩。B超检查示：双顶径95 mm，羊水32 mm。肛诊：宫颈管消退100%，坐骨棘水平上1 cm(S-1)，骨盆外测量无

异常。

5.该患者的诊断是 ( )

A.先兆临产 B.过期妊娠

C.临产 D.死产

E.早产

6.该患者的处理原则是 ( )

A.终止妊娠 B.等待临产

C.缩宫素引产 D.立即剖宫产

E.先引产若引产失败改剖宫产

7.查血人胎盘生乳素(HPL)及缩宫素激惹试验(OCT),若HPL<正常,OCT阳性(+),该患者的处理原则是 ( )

A.先引产若引产失败改剖宫产 B.等待临产

C.缩宫素引产 D.剖宫产

E.严密观察病情变化

(四)问答题

1.过期妊娠的胎盘有几种类型?

2.过期妊娠的胎儿成熟障碍分几期?

3.判断过期妊娠胎盘功能不良有哪些常用方法?

4.确诊为过期妊娠,哪些情况需立即终止妊娠?

5.哪些情况的过期妊娠应行剖宫产术结束分娩?

六、复习题答案

(一)名词解释

过期妊娠:平时月经周期规则,妊娠达到或超过42周(≥294 d)尚未分娩者。

(二)填空题

≥280 d

(三)选择题

1.E 2.E 3.C 4.A 5.B 6.A 7.D

(四)问答题

1.过期妊娠的胎盘有两种类型:一种是胎盘功能正常,胎盘巨检和镜检均与妊娠足月相似,仅胎盘重量稍增加;另一种是胎盘功能减退,镜下胎盘绒毛内血管床减少,间质内纤维化增加,合体细胞小结增加,某些合体细胞小结断裂、脱落,绒毛表面出现缺损,缺损部位由纤维蛋白沉积填补并在纤维蛋白沉积表面形成钙化灶,绒毛上皮与血管基底膜增厚。另有绒毛间血栓、胎盘梗死、绒毛周围纤维素或胎盘后血肿增加等胎盘老化现象,使物质交换和转运功能下降。

2.过期妊娠的胎盘血流不足,缺氧及营养供应不足,胎儿不易再继续生长发育,可分为3期:第Ⅰ期为过度成熟,表现为胎脂消失,皮下脂肪减少,皮肤干燥松弛多皱褶,指(趾)甲长,身体瘦长如小老人;第Ⅱ期为胎儿缺氧,肛门括约肌松弛,胎粪排出使胎儿皮肤、羊膜、脐带粪染,此期围生儿病率和围生儿死亡率最高;第Ⅲ期因粪染时间过长,胎儿全身广泛着色，指(趾)甲和皮肤呈黄色，脐带和胎膜呈黄绿色。

3.判断胎盘功能不良的常用方法有：①孕妇自测胎动次数，12 h内胎动数<10次，或逐日下降超过50%而又不能恢复，视为胎盘功能不良；②检测孕妇尿雌激素/肌酐值<10，或下降速度>50%，视为胎盘功能减退；③无应激试验(NST)若为无反应型，需做缩宫素激惹试验(OCT)，OCT多次反复出现胎心晚期减速，表明胎儿缺氧；④B型超声检测羊水量最大暗区直径<2 cm，提示胎儿宫内明显缺氧。

4.需立即终止妊娠的过期妊娠有：①宫颈条件成熟；②胎儿体重估计≥4000 g或确诊为胎儿生长受限；③12 h胎动次数<10次或NST为无反应型、OCT阳性或可疑；④孕妇尿雌激素/肌酐值<10；⑤羊水最大暗区<3 cm和(或)羊水粪染；⑥并发重度子痫前期或子痫。

5.过期妊娠应行剖宫产术结束分娩的指征有：①引产失败；②产程长，胎先露部下降不明显；③产程中出现胎儿窘迫征象；④头盆不称；⑤巨大儿；⑥臀先露伴骨盆轻度狭窄；⑦高龄初产妇；⑧破膜时发现羊水少、黏稠并粪染；⑨伴妊娠合并症如糖尿病等。

第九章 妊娠特有疾病

第一节 妊娠期高血压疾病

一、基本纲要

掌握：妊娠期高血压疾病的不同类型和不同程度的临床表现、诊断方法及鉴别诊断、主要并发症及其处理。

熟悉：妊娠期高血压疾病的防治措施。

了解：妊娠期高血压疾病的基本病理和生理变化，妊娠期高血压疾病对母体胎儿的影响。

二、要点提示

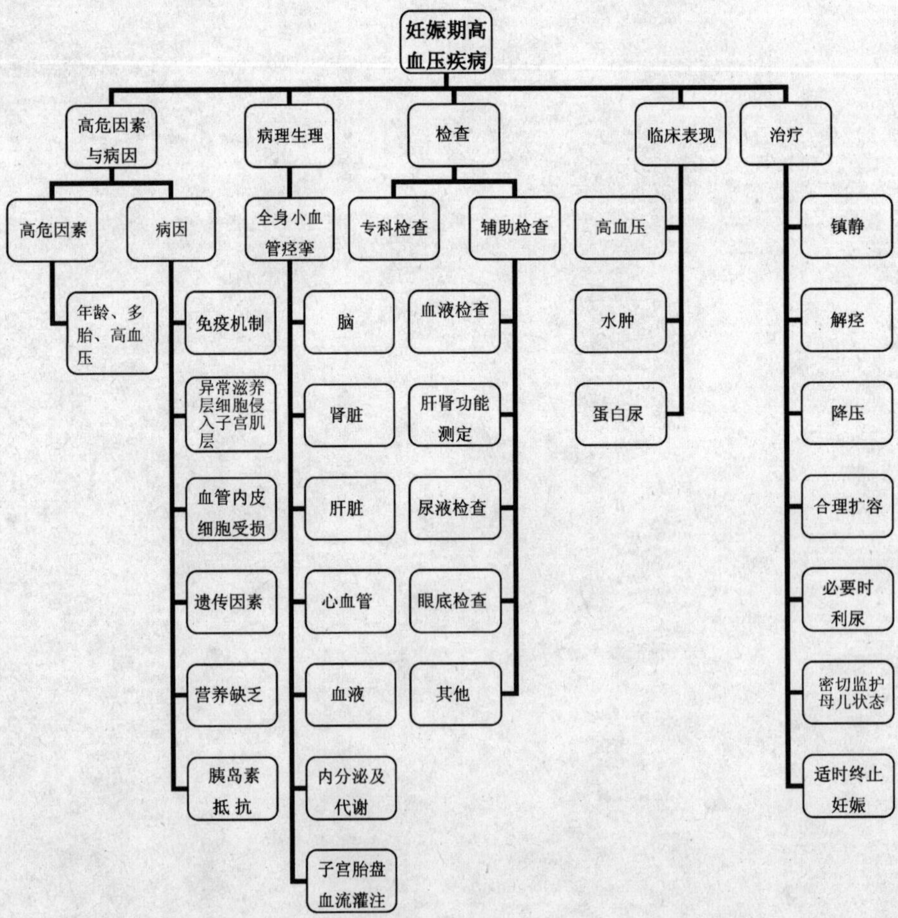

三、典型病案

患者,女,34岁,已婚,G_1P_0,停经33周,头痛,视物模糊3 d,抽搐1次。既往月经周期规律,末次月经2007年9月28日,预产期2008年7月5日。停经20周自觉胎动至今,2周前出现双下肢水肿,在外院检查时发现血压升高(无数据),未治疗。3 d前自觉头痛、视物模糊,认为感冒仍未治疗。1 h前突然发生抽搐一次,家属见其"两眼凝视,牙关紧闭,口吐白沫",来院就诊,急诊入院。体格检查:体温36.6 ℃,脉搏92次/min,呼吸22次/min,血压150/110 mmHg。神志清楚,烦躁不安,贫血外貌,下肢水肿(+)。专科检查:宫高30 cm;腹围90 cm;LOA;胎心122次/min;胎头高浮。辅助检查:血红蛋白78 g/L,血细胞比容0.32;尿蛋白(+++);眼底视网膜小动脉痉挛;肝肾功能、凝血四项及心电图检查,均未见明显异常。

四、临床诊治思路

分类		临床表现
妊娠期高血压		妊娠期首次出现血压≥140/90 mmHg,并于产后12周恢复正常;尿蛋白(-);少数患者可伴有上腹部不适或血小板减少。产后方可确诊
子痫前期	轻度	妊娠20周以后出现血压≥140/90 mmHg;尿蛋白≥0.3 g/d或随机尿蛋白(+);可伴有上腹不适、头痛等症状
	重度	血压≥160/110 mmHg;尿蛋白≥2.0 g/d或随机尿蛋白(++)以上;血清肌酐>106 μmol/L,血小板<100×10⁹/L;血LDH升高;血清ALT或AST升高;持续性头痛或其他脑神经或视觉障碍;持续性上腹不适
重度子痫前期		收缩压≥160~180 mmHg或舒张压≥110 mmHg;24 h尿蛋白>5 g或随机尿蛋白(+++)以上;中枢神经系统功能障碍;精神状态改变和严重头痛(频发,常规镇痛药不缓解);脑血管意外;视力模糊,眼底点状出血,极少数患者发生皮质性盲;肝细胞功能障碍,肝细胞损伤,血清转氨酶至少升高2倍;腹部或右上象限痛等肝包膜肿胀症状,肝被膜下出血或肝破裂;少尿,24 h尿量<500 mL;肺水肿,心力衰竭;血小板<100×10⁹/L;凝血功能障碍;微血管病性溶血(血LDH升高);胎儿生长受限,羊水过少,胎盘早剥
子痫		子痫前期孕妇抽搐不能用其他原因解释
慢性高血压并发子痫前期		高血压孕妇妊娠20周以前无尿蛋白,若出现,尿蛋白≥0.3 g/d;高血压孕妇妊娠20周后突然尿蛋白增加或血压进一步升高或血小板<100×10⁹/L
妊娠合并慢性高血压		妊娠前或妊娠20周前舒张压≥90 mmHg(除外滋养细胞疾病),妊娠期无明显加重;或妊娠20周后首次诊断高血压并持续到产后12周后

患者妊娠33周,发现血压升高2周,出现头痛、视物模糊3 d,抽搐1次。依据妊娠期高血压疾病的诊断标准,患者妊娠20周后出现高血压,血压150/110 mmHg,尿蛋白(+++),符合重度子痫前期的诊断标准,在高血压基础上出现抽搐,诊断为子痫,诊断依据充分。妊娠期高血压疾病引起血液浓缩,血细胞比容上升,血小板减少,凝血功能障碍,肝肾功能损害,

视网膜小动脉痉挛、视网膜水肿、絮状渗出或出血，严重时可发生视网膜脱离。须进行血液、凝血功能、肝肾功能、眼底检查，进一步支持重度子痫前期的诊断。同时还需进行胎盘功能、胎儿成熟度检查，了解胎儿生长情况，是否存在胎儿窘迫，决定下一步治疗方案。妊娠期高血压疾病治疗原则是休息、镇静、解痉、降压、合理扩容和必要时利尿、密切监测母胎状态、适时终止妊娠。患者无血液浓缩（血细胞比容0.32）、中度贫血（血红蛋白78 g/L），故无需应用扩容治疗；患者无全身水肿、急性心力衰竭、肺水肿、血容量过多且伴有潜在性肺水肿，故无需应用利尿剂。按照妊娠期高血压疾病治疗原则给予镇静、解痉、降压治疗，地西泮10 mg静脉缓慢推入（>2 min）；25%硫酸镁20 mL加入10%葡萄糖注射液20 mL中，缓慢静脉注射，5~10 min推完；随后25%硫酸镁60 mL加入5%葡萄糖注射液500 mL中静脉滴注，滴速为1~2 g/h；肼屈嗪40 mg加入5%葡萄糖注射液500 mL中静脉滴注；20%甘露醇注射液250 mL静脉滴注，并给予地塞米松10 mg肌内注射促进胎肺成熟，治疗2 h后病情平稳，在连续硬膜外麻醉下急诊行子宫下段剖宫产术。

五、课后复习题

（一）名词解释

1.妊娠期高血压疾病　2.HELLP综合征

（二）填空题

1.妊娠期高血压疾病使用硫酸镁发生中毒反应时，应立即静脉推注______以解毒。硫酸镁总量每日达______克，不超过______克。

2.妊娠期高血压疾病的基本病理变化是______________。

3.妊娠期高血压疾病的主要特征为______、______、______。

（三）单项选择题

1.子痫的药物治疗没有　（　）

A.镇静药　　B.硫酸镁静滴

C.甘露醇及速尿　　D.血管收缩剂

E.降压药物

2.重度妊娠期高血压疾病病人，首选治疗药物是　（　）

A.解痉药　　B.降压药

C.利尿药　　D.降低颅内压药

E.镇静药

3.妊娠期高血压疾病并发症错误的是　（　）

A.脑出血　　B.胎盘早剥

C.产后虚脱　　D.巨大儿

E.急性肾衰竭

4.硫酸镁治疗妊娠期高血压疾病剂量过大时，最先出现的毒性反应是　（　）

A.头晕、血压过低　　B.呼吸减慢

C.心率减慢　　D.膝反射减退或消失

E.尿量过少

5.24 h尿蛋白定量达到或超过下列哪项列为重度子痫前期　（　）

A. 1 g　　B. 2 g　　C. 3 g　　D. 5 g　　E. 10 g

6.妊娠水肿(+++)是指下列哪种情况　( )

A.足部及小腿有轻度水肿,休息后能消退

B.足部及小腿有轻度水肿,休息后不消退

C.水肿延至大腿

D.水肿延及外阴及腹壁

E.全身水肿,伴有腹水

7.子痫前期的产科处理,下列错误的是　( )

A.孕周不足34周,经治疗病情好转而稳定,可继续妊娠

B.孕周大于34周,估计胎儿可成活,应考虑终止妊娠

C.子痫前期患者,经积极治疗24~48 h仍无明显好转,应继续积极治疗至病情稳定后终止妊娠

D.子痫患者应积极治疗,控制抽搐后2 h终止妊娠

E.引产失败应行剖宫产

8.关于子痫,下列错误的是　( )

A.大多数子痫病人抽搐前有短暂的前驱症状

B.子痫的发生以产前期为最多见

C.抽搐频繁,昏迷不醒者大多病情严重

D.终止妊娠是治疗子痫最根本的方法,一旦分娩后子痫就不再发生

E.子痫发作时易致自伤及胎儿窘迫

9.妊娠期高血压疾病的预测性诊断方法不包括　( )

A.平均动脉压　　B.翻身试验

C.血液凝血因子测定　　D.尿钙/肌酐

E.血液流变学试验

10.妊娠期高血压疾病使用硫酸镁治疗的血镁治疗有效浓度为　( )

A.0.5~0.75 mmol/L　　B.0.75~1 mmol/L

C.2~3.5 mmol/L　　D.3~4.75 mmol/L

E.5~7 mm

问题11、12

某孕妇,35岁,孕38周,未做产前检查,一周前头痛、头晕,今晨起床时视物不清,晕倒并抽搐,急诊入院,神志不清,心率110次/min,血压180/110 mmHg,呼吸20次/min,胎心164次/min。阴道少量出血,宫口已开2 cm。

11.最不可能的诊断是　( )

A.子痫　　B.脑出血

C.前置胎盘　　D.胎盘早剥

E.视网膜剥离

12.最恰当的处理为　( )

A.控制抽搐后行剖宫产　　B.控制抽搐后缩宫素引产

C.控制抽搐后待其自然分娩　　D.控制抽搐的同时缩宫素引产

E.立即剖宫产

问题13、14

初孕妇,36岁,孕37周,因头痛、眼花及下肢水肿3 d,突然持续性腹痛3 h入院。查体:贫血貌,血压150/100 mmHg,脉搏112次/min,宫高 37 cm,腹围104 cm,子宫体硬,压痛,胎位不清,未听到胎心音,阴道少量流血,宫口未开。

13.其诊断错误的是 ( )

A.宫内孕37周,死胎　　B.子痫前期

C.高龄初产妇　　D.胎盘早剥

E.高张性宫缩乏力

14.其处理首选为 ( )

A.25%硫酸镁肌内注射　　B.静脉滴注缩宫素引产

C.静脉注射地西泮　　D.剖宫产终止妊娠

E.等待自然分娩

问题15—17

初产妇,35岁,孕早期血压140/100 mmHg,现孕32周,下肢水肿2周,查血压180/110 mmHg,血小板<100×10^9/L,尿蛋白(+),胎心率150次/min,B超胎儿双顶径66 cm。

15.最可能的诊断是 ( )

A.孕32周,慢性高血压并发子痫前期　　B.孕32周,妊娠期高血压

C.胎儿生长受限合并慢性高血压　　D.胎儿宫内窘迫

E.妊娠合并慢性高血压

16.最恰当的处理为 ( )

A.降压治疗　　B.25%硫酸镁静脉滴注同时降压治疗

C.利尿　　D.缩宫素引产

E.静注低分子右旋糖酐扩容

17.经过治疗1周血压仍160/110 mmHg,尿蛋白(+),胎心率168次/min,下一步处理为 ( )

A.继续观察　　B.缩宫素引产

C.继续静脉滴注硫酸镁　　D.促胎儿宫内发育

E.促胎儿肺成熟后剖宫产

问题18—23

孕妇,25岁,G_2P_1,孕35周,因抽搐2次入院。查体:昏睡状,血压 180/120 mmHg,全身水肿。胎位LOA,胎心率140次/min,估计胎儿体重2700 g,有稀弱宫缩。

18.为明确诊断,首选的简单检查方法是 ( )

A.脑电图　　B.心电图

C.立即导尿,测尿蛋白　　D.胸部X射线拍片

E.眼底检查

19.以下治疗错误的是 ( )

A.静脉注射硫酸镁和地西泮　　B.减少声光刺激

C.置开口器　　D.吸引器吸出喉头黏液和呕吐物

E.立即行剖宫产

20.为降低颅内压，首选的药物是　（　）

A.甘露醇　B.低分子右旋糖酐

C.50%葡萄糖溶液　D.平衡液

E.输血

21.若出现以下情况，危害最大的情况是　（　）

A.血压持续165/105 mmHg　B.24 h尿蛋白全量4 g

C.胎心率164次/min　D.腹壁肌紧张，局部有压痛，血压120/90 mmHg

E.孕妇嗜睡

22.若经过上述治疗1 d，病情有所改善，血压波动在135/90 mmHg和 150/95 mmHg，尿蛋白微量(+)。其下一步的处理方案是　（　）

A.立即剖宫产　B.继续妊娠

C.人工破膜引产　D.促进胎肺成熟后终止妊娠

E.静脉滴注催产素引产

23.若经积极治疗，孕妇腹痛加剧，血压105/75 mmHg，尿量600 mL/d，下一步的处理是　（　）

A.继续静脉滴注硫酸镁　B.冬眠合剂

C.20%甘露醇　D.肼屈嗪

E.立即剖宫产

问题24—29

25岁初孕妇，孕39周，未经产前检查，诉下肢水肿半月，近3 d头痛，今晨出现视物不清及头痛加重，且呕吐2次，查尿蛋白2.5 g/d。

24.体格检查时最可能发现的是　（　）

A.心率>110次/min　B.血压160/110 mmHg

C.脾大　D.肝大

E.肾区叩痛

25.若测血压为148/98 mmHg，本例最可能的诊断是　（　）

A.妊娠期高血压　B.轻度子痫前期

C.重度子痫前期　D.妊娠合并慢性肾炎

E.妊娠合并原发性高血压

26.若眼底检查发现小动脉痉挛伴视网膜渗出，首选药物应是　（　）

A.肼屈嗪　B.拉贝洛尔

C.硫酸镁　D.硝苯地平

E.呋塞米

27.决定是否应用扩容剂，最简单且有价值的检查项目是　（　）

A.血细胞比容　B.血红蛋白

C.尿比重　D.血清铁

E.24 h尿蛋白定量

28.为排除慢性肾炎，最有鉴别价值的检测项目是 （ ）

A.血尿素氮　　B.血肌酐

C.血尿酸　　D.血白蛋白

E.尿雌激素/肌酐值

29.若胎心率180次/min，最恰当的处理应是 （ ）

A.立即剖宫产　　B.立即缩宫素引产

C.静脉滴注硫酸镁、甘露醇后剖宫产　　D.静脉滴注肼屈嗪

E.立即行人工破膜

（四）简答题

1.如何诊断妊娠期高血压疾病？

2.试述子痫的处理原则。

3.试述硫酸镁治疗妊娠高血压综合征的作用机制及用药方案。

4.硫酸镁毒副作用和用药注意事项有哪些？

5.子痫前期的治疗原则是什么？

6.子痫前期及子痫孕妇终止妊娠的指征是什么？

六、复习题答案

（一）名词解释

1.妊娠期高血压疾病：是妊娠期所特有的疾病，妊娠期出现高血压、蛋白尿、水肿现象，严重时出现抽搐、昏迷，甚至母婴死亡。

2.HELLP综合征：是妊娠期高血压病的严重并发症，出现肝酶升高，血小板减少和溶血现象，称为HELLP综合征。

（二）填空题

1.10%葡萄糖酸钙10 mL　25~30　30

2.全身小血管痉挛

3.高血压　蛋白尿　水肿

（三）单项选择题

1.D　2.A　3.D　4.D　5.D　6.D　7.C　8.D　9.C　10.C　11.C　12.A　13.E　14.D　15.E　16.B　17.E　18.C　19.A　20.A　21.D　22.D　23.E　24.B　25.B　26.C　27.A　28.E　29.C

（四）简答题

1.(1)病史。患者有本病的高危因素及临床表现，有无头痛、视力改变、上腹不适等。(2)高血压持续。血压升高至收缩压≥140 mmHg或舒张压≥90 mmHg。舒张压不随患者情绪变化而剧烈变化是妊娠期高血压诊断和评估预后的一个重要指标。(3)尿蛋白。尿蛋白的定义是指24 h内尿液中蛋白含量≥300 mg或相隔6 h的两次随机尿液蛋白浓度为30 mg/L(定性+)。(4)水肿。体重异常增加是多数患者的首发症状，孕妇体重突然增加≥0.9 kg/周，或2.7 kg/4周是子痫前期的信号。(5)辅助检查，包括血液检查、肝肾功能测定、尿液检查、眼底检查。

2.子痫处理原则：(1)控制抽搐，纠正缺氧和酸中毒，控制血压，抽搐控制后终止妊娠。

①抽搐：a.硫酸镁20 mL加于25%葡萄糖液20 mL静脉推注(>5 min)，继之以2~3 g/h静脉滴注，维持血药浓度，同时应用有效镇静药物，控制抽搐；b.20%甘露醇250 mL快速静脉滴注降低颅压。②血压过高时给予降压药。③纠正缺氧和酸中毒。④终止妊娠：抽搐控制后2 h可考虑终止妊娠。(2)护理：保持环境安静，避免声光刺激；吸氧，防止口舌咬伤；防止窒息；防止坠地受伤；密切观察体温、脉搏、呼吸、血压、神志、尿量(应保留导尿管监测)等。(3)密切观察病情变化：及早发现心力衰竭、脑出血、肺水肿、HELLP综合征、肾衰竭、DIC等并发症，并积极处理

3.硫酸镁有预防和控制子痫发作的作用。镁离子能抑制运动神经末梢对乙酰胆碱的释放，阻断神经和肌肉间的传导使骨骼肌松弛，故能预防和控制子痫发作；镁离子使血管内皮细胞合成前列环素增多，抑制内皮素合成，血管扩张，痉挛缓解，血压下降；镁离子使平滑肌细胞内钙离子水平下降，解除血管痉挛，减少血管内皮损伤。另外镁离子还可以提高孕妇和胎儿血红蛋白的亲和力，改善氧代谢。

用药方案：静脉给药结合肌内注射。①静脉给药：首次负荷剂量25%硫酸镁20 mL加入10%葡萄糖注射液20 mL中，缓慢静脉注入，5~10 min推完；继之25%硫酸镁60 mL加入5%葡萄糖注射液500 mL中静脉滴注，滴速为1~2 g/h。②根据血压情况，决定是否加用肌内注射，用法为25%硫酸镁20 mL加2%利多卡因2 mL，臀肌深部注射，每日1~2次，每日硫酸镁总量为25~30 g，用药过程中可监测血清镁离子浓度。

4.应用大剂量硫酸镁，必须防止镁离子中毒，中毒现象首先表现在膝反射减弱或消失，故应定时检查膝反射，膝反射必须存在；血镁浓度增加能抑制呼吸，故呼吸每分钟不应少于16次；若尿少，排泄镁离子受抑制，易在体内蓄积中毒，故尿量24 h应不少于600 mL，每小时尿量应不少于25 mL。因镁离子能与钙离子争夺神经细胞上的同一受体，阻止镁离子继续结合，应准备钙剂作为解毒剂。当出现镁中毒时，常用10%葡萄糖酸钙10 mL立即静注。

5.应住院治疗，防止子痫及并发症发生。治疗原则为：休息、镇静、解痉、降压、合理扩容和必要时利尿、密切监测母胎状态、适时终止妊娠。

(1)休息：保证充足的睡眠，取左侧卧位，休息不少于10 h。

(2)镇静药有地西泮、冬眠药物、其他镇静药物(如苯巴比妥钠、异戊巴比妥钠、吗啡)。

(3)解痉：首选药物为硫酸镁。

(4)降压：降压的目的是为了延长孕周或改变围生期结局。

对于血压≥160/110 mmHg，或舒张压≥110 mmHg或平均动脉压≥140 mmHg者，以及原发性高血压、妊娠前高血压已用降压药者，须应用降压药物。

肼屈嗪：周围血管扩张剂。拉贝洛尔：为a、β能肾上腺素受体阻断剂。硝苯地平：钙离子通道阻滞剂。甲基多巴：可兴奋血管运动中枢的a受体，抑制外周交感神经而降低血压。硝普钠：强有力的速效血管扩张剂，不宜在妊娠期使用。

(5)扩容：用于严重的低蛋白血症、贫血，可选用人血清蛋白、血浆、全血等。

(6)利尿药物：用于全身性水肿、急性心力衰竭、肺水肿、血容量过多且伴有潜在性肺水肿者。常用利尿剂有呋塞米、甘露醇等。

(7)适时终止妊娠：终止妊娠是治疗妊娠期高血压疾病的有效措施。

6.子痫前期及子痫孕妇经治疗后，适时终止妊娠是重要措施，其指征有：(1)子痫前期

患者经积极治疗24~48 h仍无明显好转者;(2)子痫前期患者孕周已超过34周;(3)子痫前期患者孕龄不足34周,胎盘功能减退,胎儿已成熟者;(4)子痫前期患者孕龄不足34周,胎盘功能减退,胎儿未成熟者,可用地塞米松促胎肺成熟后终止妊娠;(5)子痫控制后2 h可考虑终止妊娠。

第二节 妊娠期肝内胆汁淤积症

一、基本纲要

了解:妊娠期肝内胆汁淤积症的病因。

掌握:妊娠期肝内胆汁淤积症对母儿的影响;妊娠期肝内胆汁淤积症的诊断、鉴别诊断;妊娠期肝内胆汁淤积症的处理原则。

二、要点提示

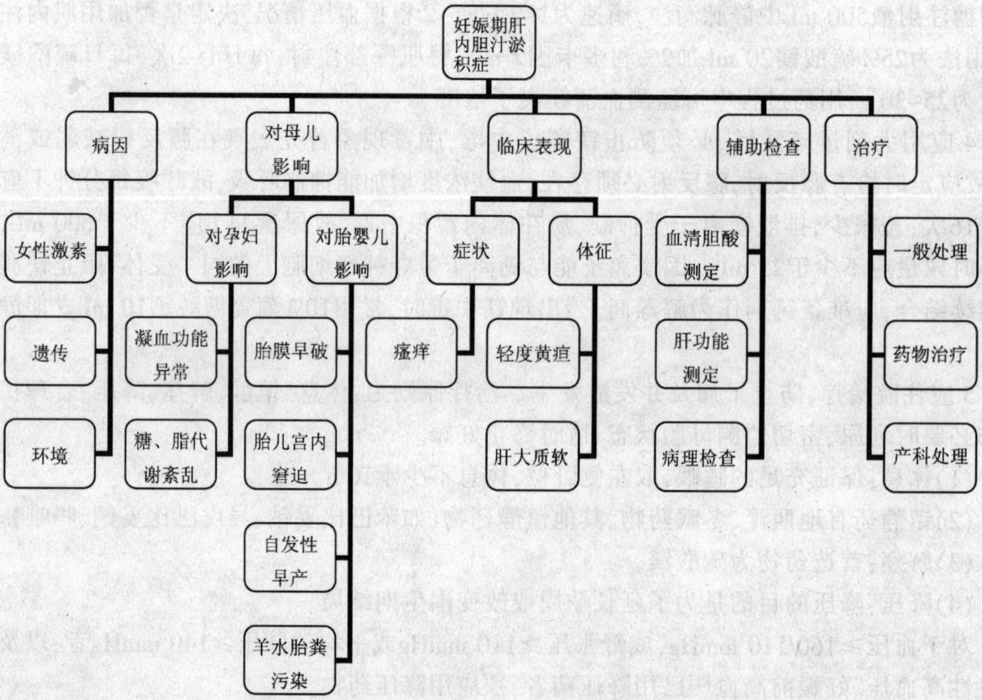

三、典型病案

患者,女,28岁。已婚,G_1P_0,因“停经38周,皮肤瘙痒1月,胎动频繁1 d”于2011年2月1日入院。平素月经规律,末次月经2010年5月8日,预产期2011年2月15日。未做过产前检查。停经20周时,自觉胎动。1个月前无明显诱因出现皮肤瘙痒,呈持续性,无皮疹,瘙痒起于四肢,随后发展至躯干,但未诊治。1 d前出现胎动频繁。体格检查:血压120/76 mmHg。腹部皮肤散在抓痕。专科检查:宫高36 cm,腹围94 cm。LOA,胎心128次/min,无宫缩。辅助检查:血白细胞8.5×10⁹/L,红细胞4.21×10¹²/L,血红蛋白107 g/L,血小板160×10⁹/L,血细胞比容0.36。乙型肝炎病毒抗原抗体检测均阴性。肝功能检查:甘胆酸30 μmol/L,丙氨酸转氨酶56 U/L,门冬氨酸转氨酶70 U/L,总胆红素30 μmol/L、结合胆红素16 μmol/L。肾功能、电解质、凝血四项及尿常规等检查结果均正常。心电图提示:窦性心律,正常心电图。B型超声检查:胎头双顶径9.3 cm,股骨长7.5 cm,胎盘位于宫底前壁,Ⅱ级,羊水平段4 cm,脐动脉收缩期:舒张期为3:1。无应激试验显示胎心率基线平直,胎动频繁,胎动后无胎心率加速。

四、临床诊治思路

患者停经38周,皮肤瘙痒1个月、腹部皮肤可见散在抓痕,甘胆酸30 μmnol/L升高,符合妊娠期肝内胆汁淤积症的诊断,同时胎动频繁1 d,无应激试验显示胎心率基线平直,胎动频繁,胎动后无胎心加速,考虑胎儿窘迫。说明妊娠期肝内胆汁淤积症已对胎儿造成影响。根据B型超声检查:胎头双顶径9.3 cm,股骨长7.5 cm,胎盘位于宫底前壁,Ⅱ级,羊水平段4 cm,脐动脉收缩期:舒张期为3:1。脐动脉收缩期/舒张期比值升高,提示有胎儿窘迫存在,同时胎儿已成熟,应尽快终止妊娠,经阴道分娩会加重胎儿缺氧,甚至死亡,故选择剖宫产终止妊娠。

五、课后复习题

(一)名词解释

1.妊娠期肝内胆汁淤积症

(二)填空题

1.妊娠期肝内胆汁淤积症临床上以________和________为特征。

2.妊娠期肝内胆汁淤积症可能与________、________及________等因素有关。

3.________是妊娠期肝内胆汁淤积症最主要的特异性实验室证据________。

(三)选择题

1.妊娠期肝内胆汁淤积症的目的不包括 ( )

A.缓解瘙痒症状

B.恢复肝功能

C.降低血胆酸水平

D.注意胎儿宫内状况的监护,及时发现胎儿缺氧并采取相应措施

E.立即终止妊娠以保证孕妇生命安全

问题2—6

25岁经产妇,妊娠28周出现皮肤瘙痒,巩膜轻微发黄十余日,无其他不适。血压128/84 mmHg,前次妊娠有同样病史,于产后黄疸自行消退。ALT 160 U。

2.本例最可能的诊断是 ( )

A.妊娠期高血压疾病引起肝损害　B.急性病毒性肝炎

C.妊娠期急性脂肪肝　D.妊娠期肝内胆汁淤积症

E.药物性肝炎

3.若怀疑是妊娠期肝内胆汁淤积症,为确诊应做的检查是 ( )

A.血清结合胆红素　B.血胆固醇

C.血清胆酸　D.尿胆原

E.白/球蛋白比值

4.若怀疑是病毒性肝炎,应具备 ( )

A.黄疸　B.ALT剧烈升高

C.胆固醇升高　D.食欲减退、恶心、呕吐等消化道症状

E.HBsAb(+)

5.经确诊为妊娠期肝内胆汁淤积症,对母儿无影响的是 ( )

A.血压升高　B.胎儿窘迫

C.早产　D.死胎

E.围生儿死亡率增高

6.下列不是妊娠期肝内胆汁淤积症治疗药物的是 ( )

A.腺苷蛋氨酸　B.熊去氧胆酸

C.地塞米松产　D.苯巴比妥

E.扑尔敏

(四)简答题

试述妊娠期肝内胆汁淤积症的产科处理。

六、复习题答案

(一)名词解释

妊娠期肝内胆汁淤积症：是妊娠中期和晚期特有的临床上以皮肤瘙痒和黄疸为特征的并发症。

(二)填空题

1.皮肤瘙痒　黄疸

2.女性激素　遗传　环境

3. 血清胆酸升高

(三)选择题

1.E　2.D　3.C　4.D　5.A　6.E

(四)简答题

孕妇出现黄疸,胎龄已达36周,无黄疸、妊娠已足月或胎肺已成熟,胎盘功能减退,胎儿窘迫,均应及时终止妊娠,以剖宫产为好。若经阴道分娩会加重胎儿缺氧,甚至死亡。

第三节　妊娠剧吐

一、基本纲要

了解:妊娠剧吐的临床表现、诊断及处理原则。

二、要点提示

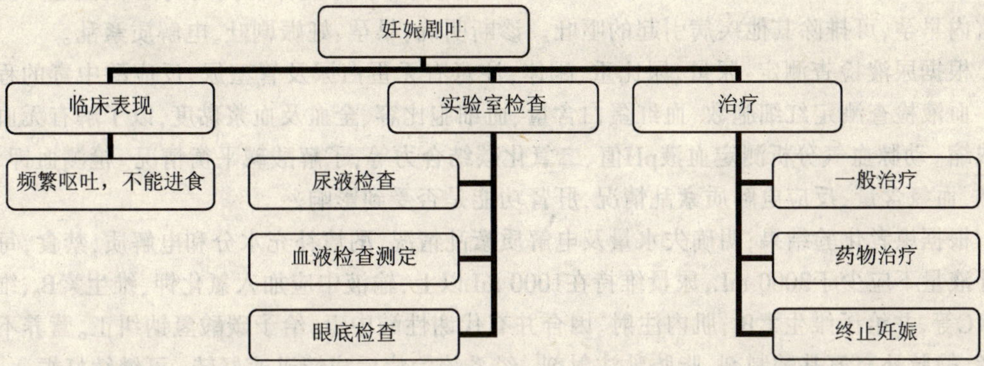

三、典型病案

患者，女，22岁。G_1P_0，因“停经2个月，呕吐2周”于2010年12月3日入院。平素月经规律，末次月经2010年10月3日，预产期2011年7月10日。停经40余天时出现头晕、倦怠、厌油腻、食欲缺乏、晨起恶心，未介意也未治疗，2周前出现呕吐且日益频繁，不思进食，滴水不进，收治入院。体格检查：脉搏106次/min，呼吸20次/min，血压86/60 mmHg。轻度脱水面容，皮肤略干皱。专科检查：阴道黏膜、宫颈着色明显，子宫前倾，如妊娠2个月大、软、活动良好，附件区未扪及包块及肿物。辅助检查：血红细胞4.60×10^{12}/L，血红蛋白120 g/L，血小板270×10^9/L，白细胞10.2×10^9/L，血细胞比容0.42，凝血四项正常，血二氧化碳结合力18 mmol/L（正常值22~29 mmol/L），尿素氮6.4 mmol/L（正常值2.5~6.4 mmol/L）。血糖（空腹）2.8 mmol/L（正常值3.6~6.1 mmol/L），血钠114 mmol/L（正常值136~146 mmol/L），血氯84 mmol/L（正常值100~106 mmol/L），血钾3.4 mmol/L（正常值4.1~5.6 mmol/L），血钙1.4 mmol/L（正常值2.10~2.55 mmol/L）。丙氨酸转氨酶40 U/L（正常值5~40 U/L）。乙型肝炎病毒抗原抗体检测均阴性。尿液蛋白阴性，酮体（+++）。心电图提示心率106次/min，窦性心动过速，低血钾。眼底检查正常。B型超声检查见子宫增大，宫腔内见妊娠囊3.8 cm，有胚芽及原始心管搏动。

四、临床诊治思路

	临床表现	辅助检查
妊娠剧吐	停经史，恶心、呕吐，不能进食	尿液检查、血液检查测定及肝肾功能。尿妊娠试验阳性 B型超声检查见子宫增大，宫腔内见妊娠囊，有胚芽及原始心管搏动
葡萄胎	停经史，恶心、呕吐，不能进食	尿液检查、血液检查测定及肝肾功能。尿妊娠试验阳性 B型超声检查见子宫明显大于孕周，宫腔内充满不均质密集状回声，呈“落雪状”。无妊娠囊，无胚芽及原始心管搏动
胃肠炎	无停经史，恶心、呕吐，不能进食，腹痛，腹泻，里急后重	尿妊娠试验阴性，B型超声检查见子宫大小正常，无妊娠囊，无胚芽及原始心管搏动

患者妊娠2个月，早期妊娠反应未经治疗，现恶心、呕吐日渐加重，不思进食，滴水不进，导致血容量不足，血液浓缩，细胞外液减少，钾、钠、氯、钙等离子丢失发生电解质紊乱。

由于摄入食物极少，机体动用脂肪供给热量，脂肪氧化不全产生丙酮等，致使尿酮体(+++)。本例既往无胃肠道疾病及肝病史，乙型肝炎病毒抗原抗体检测均阴性。B型超声提示宫内早孕，可排除其他疾病引起的呕吐。诊断明确：早孕、妊娠剧吐、电解质紊乱。

根据尿液检查测定：尿量、尿比重、酮体，注意有无蛋白尿及管型尿，反应酸中毒的程度。血液检查测定红细胞数、血红蛋白含量、血细胞比容、全血及血浆黏度，以了解有无血液浓缩。动脉血气分析测定血液pH值、二氧化碳结合力等，了解酸碱平衡情况。检测血钾、血钠、血氯含量，反应电解质紊乱情况，肝肾功能是否受到影响。

根据患者化验结果，明确失水量及电解质紊乱情况，酌情补充水分和电解质，禁食，每日补液量不应少于3000 mL，尿量维持在1000 mL以上，输液中应加入氯化钾、维生素B_6、维生素C等，并给予维生素B_1，肌内注射。因合并有代谢性酸中毒，给予碳酸氢钠纠正。营养不良者，静脉补充氨基酸制剂、脂肪乳注射剂。经系统治疗后病情迅速好转。可继续妊娠，一般妊娠3个月症状逐渐减轻。

五、课后复习题

(一)名词解释

妊娠剧吐

(二)填空题

1.妊娠剧吐多见于年轻初产妇，常引起________。

2.妊娠剧吐治疗，禁食，每日补液量不少于________，尿量维持在________以上。

(三)简答题

1.妊娠剧吐时常易发生哪几种维生素缺乏，会导致怎样的并发症?

2.具备哪些临床表现应终止妊娠?

六、复习题答案

(一)名词解释

妊娠剧吐：少数孕妇早孕反应严重，频繁恶心、呕吐，不能进食，以致发生体液失衡及新陈代谢障碍，甚至危及孕妇生命，称为妊娠剧吐。

(二)填空题

1.代谢性酸中毒

2.3000 mL　1000 mL

(三)简答题

1.妊娠剧吐可致两种严重的维生素缺乏症。维生素B_1缺乏可致Wernicke综合征，临床表现眼球震颤、视力障碍、共济失调、急性期言语增多，以后逐渐精神迟钝、嗜睡，个别发生木僵或昏迷。常伴颅脑磁共振(MRI)异常，如不及时治疗死亡率达50%。另一种是维生素K的缺乏，可致凝血功能障碍，由于常伴血浆蛋白及纤维蛋白原减少，孕妇出血倾向增加，可发生鼻出血、骨膜下出血，甚至视网膜出血。

2.孕妇的早孕反应严重，不能进食，频繁呕吐，发生体液失衡及新陈代谢障碍，影响身体健康甚至威胁孕妇生命时称为妊娠剧吐。若经输液等治疗，病情不见好转，出现持续黄疸，持续蛋白尿，体温升高，持续在38 ℃以上，心动过速(≥120次/min)，伴发Wernicke综合征等，危及孕妇生命时，需考虑终止妊娠。

第十章 异位妊娠

一、基本纲要

掌握:输卵管妊娠破裂型的诊断及急诊处理。

熟悉:异位妊娠的定义和分类。

了解:输卵管妊娠的高危因素

二、要点提示

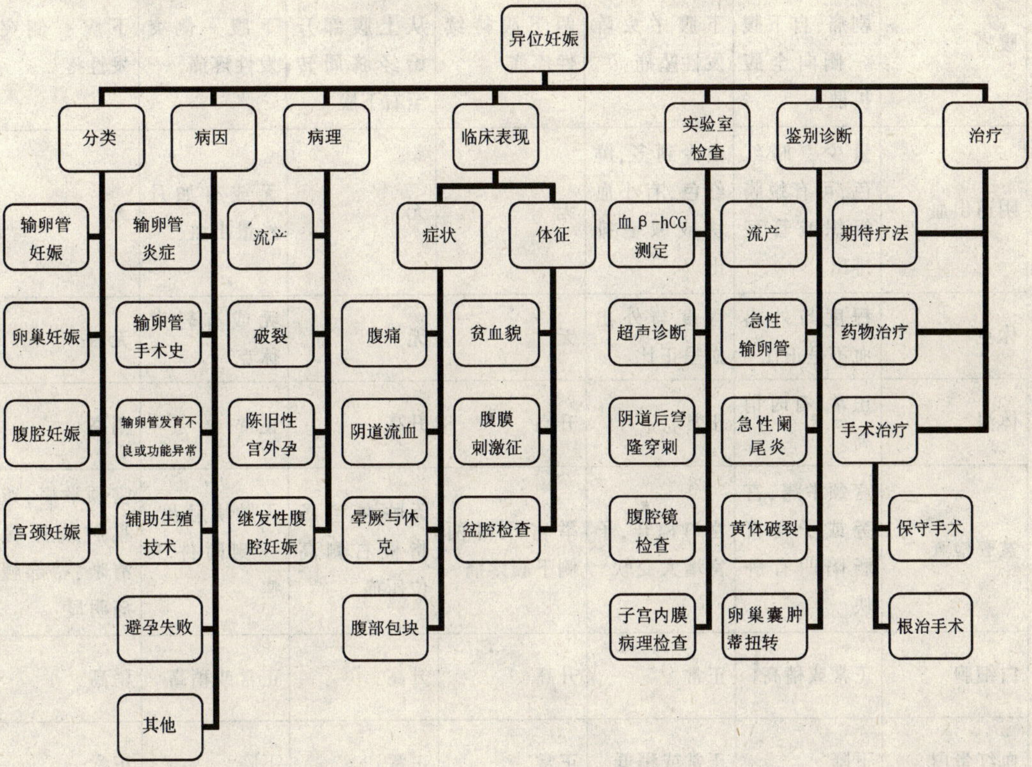

三、典型病案

患者,女,26岁,G_2P_1,4 d前因突感右下腹部剧痛2 h,伴恶心、呕吐、肛门坠胀感,到某医院急诊科就诊,诊断为“急性胃肠炎”,进行输液、抗感染治疗4 d,症状进行性加重。体格检查:体温36.6 ℃,脉搏120次/min,呼吸23次/min,血压70/50 mmHg。急性病容,面色苍白,出冷汗,可平卧。1 h前出现脉搏细数,四肢厥冷,晕厥1次,于2008年4月21日入院。平素月经规律,末次月经2008年3月4日,1周前出现阴道流血,色暗红,少于月经量。2年前患盆腔炎性疾病。G_2P_1,人工流产1次。妇科检查:阴道后穹隆饱满,有少量阴道流血;宫颈光滑,有明显举痛;宫体后倾、稍大、质软、活动欠佳、压痛(+);右附件区触痛明显。辅助检查:尿妊娠试验阳性，血红蛋白75 g/L，白细胞10.8×10^9/L，血小板145×10^9/L。B型超声检查子宫稍大，宫腔未见异常，右附件见一5.0 cm×3.0 cm×4.5 cm混合型包块，左侧附件未见异常，腹腔积液(大量)。

此患者应考虑何种疾病？明确诊断应采用哪些辅助检查？该患者的进一步治疗是什么？

四、临床诊治思路

项目	输卵管妊娠	流产	急性输卵管炎	急性阑尾炎	黄体破裂	卵巢囊肿蒂扭转
停经	多有	有	无	无	多无	无
腹痛	突然撕裂样剧痛，自下腹一侧向全腹扩散	下腹中央阵发性坠痛	两下腹持续性疼痛	持续性疼痛，从上腹部开始经脐周转至右下腹	下腹一侧突发性疼痛	下腹一侧突发性疼
阴道出血	量少，暗红色，可有蜕膜组织或管型排出	由少到多，鲜红色，有小血块或绒毛排出	无	无	无或有如月经量出血	无
休克	程度与外出血不呈正比	程度与外出血呈正比	无	无	无或有轻度休克	无
体温	正常，有时稍高	正常	升高	升高	正常	稍高
盆腔检查	宫颈举痛，宫旁或子宫直肠陷凹有肿块	宫口稍开，子宫增大变软	举宫颈时两侧下腹疼痛	无肿块，直肠指检右侧高位压痛	无肿块触及，一侧附件压痛	宫颈举痛，卵巢肿块边缘清晰，蒂部触痛明显
白细胞	正常或稍高	正常	升高	升高	正常或稍高	稍高
血红蛋白	下降	正常或稍低	正常	正常	下降	正常
后穹隆穿刺	可抽出不凝血液	阴性	可抽出渗出液或脓液	阴性	可抽出血液	阴性
妊娠试验	多为阳性	多为阳性	阴性	阴性	阴性	阴性
B超检查	一侧附件低回声区，内或有妊娠囊	宫内可见妊娠囊	两侧附件低回声区	子宫附件区无异常图像	一侧附件低回声区	一侧附件低回声区，边缘清晰，有条索状带

患者为育龄妇女，平素月经规律，现停经48 d，应考虑妊娠。1周前开始有少于月经量的阴道流血，表明胚胎发育不良或已死亡。患者停经后腹痛，突发一侧下腹痛伴恶心、呕吐，出现肛门坠胀感，为腹腔内出血的征象。妇科检查阴道后穹隆饱满，宫颈明显举痛，宫体稍大、稍软，右附件区触痛明显，进一步证明有腹腔内出血的体征，可能为输卵管妊娠破裂。更重要的是，患者急性病容，面色苍白，脉搏细数，四肢厥冷，血压70/50 mmHg，脉搏120次/min，呼吸23次/min，有失血性休克的全身表现。本病例患者有盆腔炎性疾病史，曾行人工流产1次，有输卵管炎症发生的可能性。盆腔炎性疾病可以导致输卵管炎症，根据病史、症状和体征，本病最可能的诊断：①输卵管妊娠破裂；②失血性休克。为进一步明确诊断，需行血β-HCG、黄体酮测定：血β-HCG测定是早期诊断异位妊娠的重要方法。异位妊娠时，患者体内β-HCG、P水平较宫内妊娠低，对保守治疗的效果评价具有重要意义。B型超声检查，异位妊娠的声像特点：宫腔内空虚，宫旁出现低回声区，其内探及胚芽及原始心管搏动，可确诊异位妊娠。阴道后穹隆穿刺是一种简单可靠的诊断方法，腹腔内出血最易积聚于直肠子宫陷凹，即使血量不多，也能经阴道后穹隆穿刺抽出血液。抽出暗红色不凝血液，说明有血腹症存在。腹腔镜检查视为异位妊娠诊断的金标准，而且可以在确诊的情况下起到治疗作用。子宫内膜病理检查：诊刮仅在于排除同时合并宫内妊娠流产。将宫腔排出物或刮出物做病理检查，切片中见到绒毛，可诊断为宫内妊娠；仅见蜕膜未见绒毛，有助于诊断异位妊娠。异位妊娠需要上述疾病鉴别。患者诊断明确，在积极纠正休克的同时行手术治疗。

五、课后复习题

（一）名词解释

1.异位妊娠

2.陈旧性宫外孕

（二）填空题

1.早期诊断异位妊娠的辅助检查方法有______、______、______及______。

2.异位妊娠按部位可分为______、______、______及______。

3.异位妊娠中以______为最常见，该妊娠发生部位以______最多，其次为______。

4.输卵管妊娠流产多见于输卵管______周，输卵管妊娠破裂多见于输卵管______周左右。

5.输卵管妊娠的临床表现，与______、______、______与时间长短等有关。

（三）选择题

1.输卵管妊娠常见的原因是　　（　　）

A.输卵管发育异常　　B.慢性输卵管炎

C.盆腔肿块压迫或牵引输卵管　　D.宫内节育器影响

E.输卵管结扎术后

2.作为异位妊娠诊断金标准的辅助检查是　　（　　）

A.HCG测定　　B.超声检查

C.腹腔镜检查　　D.阴道后穹隆穿刺

E.刮宫

3.输卵管妊娠特征错误的是 ( )
A.输卵管峡部妊娠发生破裂的时间较早
B.输卵管间质部妊娠破裂时,出血量多,后果最严重
C.输卵管妊娠中以壶腹部妊娠最多见
D.妊娠试验常阳性
E.后穹隆穿刺常可抽出可凝固的血液

4.急性输卵管妊娠破裂特征,错误的是 ( )
A.病侧下腹明显压痛和反跳痛
B.休克程度与阴道流血量不呈正比
C.宫颈举痛明显
D.一侧附件必有肿块
E.后穹隆穿刺抽出不凝血

5.关于输卵管妊娠的诊断错误的是 ( )
A.有时没有腹痛史诊断仍可成立
B.后穹隆穿刺抽不出血液可排除异位妊娠
C.阴道有蜕膜管型排出有助诊断
D.输卵管妊娠破裂常有昏厥与休克
E.盆腔检查时宫颈可有举痛

6.关于卵巢妊娠错误的是 ( )
A.双侧输卵管必须正常
B.囊胚须种植于卵巢
C.卵巢与囊胚必须经卵巢固有韧带系于子宫
D.囊胚壁上有卵巢组织
E.大多发育超过3个月

7.关于异位妊娠的处理错误的是 ( )
A.尽可能做保留输卵管的保守性手术
B.卵巢妊娠做卵巢部分切除术和卵巢重建术
C.输卵管壶腹部妊娠,可做壶腹部切除术和远、近端接通术
D.输卵管峡部妊娠,可做峡部切除和远、近端接通术
E.病人年龄已大,无生育要求者可做输卵管切除术

8.关于异位妊娠的诊断依据,错误的是 ( )
A.子宫刮出物呈蜕膜发应
B.子宫刮出物见A-S反应
C.子宫刮出物见蜕膜组织和少量绒毛
D.子宫刮出物呈分泌期并伴有蜕膜样反应
E.子宫刮出物呈碎片蜕膜,镜下未见滋养细胞

9.关于异位妊娠的辅助检查不恰当的是 ( )
A.后穹隆穿刺见不凝血
B.超声检查宫腔内未见孕囊,附件区可见胚芽
C.HCG阳性,但定量较正常妊娠为低
D.腹腔镜检查为首选辅助诊断
E.腹腔穿刺阳性亦有助于诊断

10.输卵管妊娠时判断胚胎死亡的可靠依据是 ( )

A.早孕反应消失　　B.下腹痛减轻
C.阴道流血减少　　D.阴道排出蜕膜管型
E.血B-HCG正常

问题11—13

25岁女性，停经40 d，继而出现不规则阴道流血20 d。妇科检查：子宫前位，正常大小，质地偏软，左侧附件扪及4 cm×5 cm×5 cm肿块，界不清，有压痛。尿HCG弱阳性。B型超声检查提示陈旧性宫外孕可能。

11.不是陈旧性宫外孕症状和体征的是（　　）
A.反复腹部隐痛　　B.阴道出血淋漓不断
C.贫血　　D.盆腔有肿块
E.胚胎继续发育

12.输卵管妊娠时，应立即手术治疗的是（　　）
A.妊娠试验阳性　　B.后穹隆穿刺抽出血液
C.阴道持续流血　　D.休克
E.一侧附件触及包块

13.输卵管妊娠最不可能出现的症状是（　　）
A.腹痛　　B.阴道大量出血
C.尿HCG弱阳性　　D.晕厥
E.休克

问题14—18

30岁女性，停经45 d，以突发性右下腹撕裂样疼痛伴少量阴道出血10 h就诊，腹痛逐渐加重，并出现心悸、畏寒。血压60/40 mmHg，脉搏120次/min，满腹压痛，反跳痛，移动性浊音阳性。妇科检查：宫颈举痛，子宫稍大、软、有漂浮感，双附件区均有压痛，右侧明显，未扪及肿块。

14.最简便又最能帮助快速确立诊断的检查方法是（　　）
A.B型超声检查　　B.妊娠试验
C.腹腔镜检查　　D.诊断性刮宫
E.后穹隆穿刺

15.此患者最可能的诊断是（　　）
A.急性阑尾炎　　B.先兆流产
C.输卵管妊娠破裂　　D.黄体破裂
E.难免流产

16.输卵管妊娠和阑尾炎的主要鉴别点是（　　）
A.右下腹痛　　B.体温升高
C.停经　　D.白细胞增多
E.停经、阴道少量流血且可伴休克

17.输卵管妊娠流产与黄体破裂的鉴别要点，比较可靠的是（　　）
A.有无停经史　　B.后穹隆穿刺
C.B型超声检查　　D.血B-HCG

E.有无阴道流血

18.对于该患者，最恰当的处理是 ( )

A.立即剖腹探查　　B.输血

C.升压药物　　D.纠正休克后手术

E.边纠正休克边开腹手术

问题19—21

患者，31岁，平时月经规则，月经周期30 d，经期5 d。现停经58 d，最近2 d有少量阴道出血和左下腹隐痛。妇科检查：子宫质软，正常大小；左附件扪及一直径约3 cm的包块，有压痛；右附件正常。妊娠试验阳性(+)。

19.最可能的诊断是 ( )

A.宫腔内妊娠　　B.宫角妊娠

C.输卵管妊娠　　D.卵巢妊娠

E.腹腔妊娠

20.对确诊本例最有帮助的检查应是

A.血常规　　B.尿胰淀粉酶

C.血β-HCG　　D.诊断性刮宫

E.腹部X平片

21.对于该患者，最恰当的处理是 ( )

A.立即剖腹探查　　B.保守治疗

C.立即行刮宫术　　D.输液，观察病情进展

E.杀胚治疗

问题22—23

24岁，10 d前因停经41 d，尿HCG(+)，行吸宫流产术，术后病理报告为蜕膜组织。今晨突然晕倒在地，体温37.5 ℃，血压75/50 mmHg，脉搏100次/min，下腹压痛及反跳痛明显，阴道少量流血，宫颈举痛明显，宫口闭，子宫稍大、稍软，右侧似有一包块，边缘不清，压痛。查WBC 10×10^9/L，Hb 60 g/L。

22.最可能的诊断是 ( )

A.人工流产不全　　B.流产后右附件炎

C.右输卵管妊娠　　D.宫颈粘连

E.急性阑尾炎

23.对于该患者，最恰当的处理是 ( )

A.立即剖腹探查　　B.保守治疗

C.立即行刮宫术　　D.输液，观察病情进展

E.杀胚治疗

(四)简答题

1.宫外孕未破裂之时的临床表现(含妇科检查、辅助检查)是什么？

2.试述宫颈妊娠的诊断标准。

3.异位妊娠应与哪些疾病相鉴别？

4.试述输卵管妊娠的治疗原则。

5.试述输卵管妊娠期待疗法的适应证及期待过程中的注意事项。

六、复习题答案

(一)名词解释

1.异位妊娠:受精卵在子宫体腔以外着床称为异位妊娠。

2.陈旧性宫外孕:输卵管妊娠流产或破裂,若长期反复内出血形成的盆腔血肿不消散,血肿机化变硬并与周围组织粘连,临床上称为陈旧性宫外孕。

(二)填空题

1.血β-HCG测定　超声诊断　阴道后穹隆穿刺　腹腔镜检查　子宫内膜病理检查

2.输卵管妊娠　卵巢妊娠　腹腔妊娠　宫颈妊娠

3.输卵管妊娠　壶腹部　峡部、伞部

4.8~12　6

5.受精卵着床部位　有无流产或破裂　出血量多少

(三)选择题

1.B　2.C　3.E　4.D　5.B　6.E　7.A　8.C　9.E　10.D　11.E　12.D　13.B　14.E　15.C　16.E　17.D　18.E　19.C　20.C　21.E　22.C　23.A

(四)简答题

1.多有6~8周停经史。在发生流产或破裂之前,常表现为一侧下腹部隐痛或酸胀感。无其他明显体征,阴道流血、腹部包块、输卵管妊娠未发生流产或破裂者,除子宫略大、较软外,仔细检查可触及胀大的输卵管及轻度压痛。实验室检查:(1)血β-HCG测定。血β-HCG测定是早期诊断异位妊娠的重要方法。(2)超声诊断。B型超声显像有助于诊断异位妊娠。(3)阴道后穹隆穿刺是一种简单可靠的诊断方法,适用于疑有腹腔内出血的患者。(4)腹腔镜检查。目前腹腔镜检查视为异位妊娠诊断的金标准,而且可以在确诊的情况下起到治疗作用。适用于原因不明的急腹症鉴别及输卵管妊娠尚未破裂或流产的早期。(5)子宫内膜病理检查仅见蜕膜未见绒毛,有助于诊断异位妊娠。

2.宫颈妊娠的诊断标准有:(1)妇科检查见膨大宫颈上方为正常大小子宫;(2)妊娠产物全在宫颈管内;(3)分段刮宫,宫腔内未发现任何妊娠产物。

3.输卵管妊娠应与流产、急性输卵管炎、卵巢黄体破裂、卵巢囊肿蒂扭转及急性阑尾炎等疾病相鉴别。

4.输卵管妊娠的治疗原则:腹腔内出血并发休克的急症患者,以手术治疗为主,或切除患侧输卵管,或行保守性手术;腹腔镜手术是近年治疗输卵管妊娠的主要方法。早期输卵管妊娠未破损前,要求保存生育能力,可采用化学药物治疗,最常用的药物为甲氨蝶呤。

5.少数输卵管妊娠可能发生自然流产或被吸收,症状较轻而无需手术或药物治疗。期待疗法适用于:(1)疼痛轻微,出血少;(2)随诊可靠;(3)无输卵管妊娠破裂证据;(4)血β-HCG<1000 U/L且继续下降;(5)输卵管妊娠包块直径<3 cm或未探及;(6)无腹腔内出血。在期待过程中应注意生命体征、腹痛变化,并进行B型超声和血β-HCG监测。若在观察中发现患者血β-HCG水平下降不明显或又升高者,或患者出现内出血征象,均应及时改行药物治疗或手术治疗。

第十一章 妊娠晚期出血

第一节 胎盘早剥

一、基本纲要

掌握：胎盘早期剥离的临床表现、诊断要点及处理原则。

熟悉：本病对母儿的危害性及早处理的重要性。

了解：胎盘早期剥离的病因、发病机理。

二、要点提示

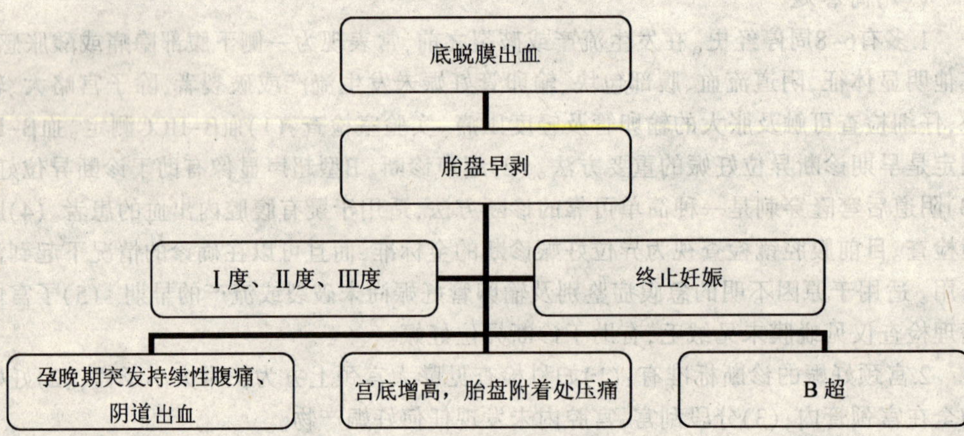

三、典型病案

患者，女，24岁，G_1P_0，孕37周，为羊水过多患者，规律宫缩10 h，破膜后突然剧烈腹痛，少量阴道流血。体格检查：血压90/60 mmHg，脉搏110次/min，宫底剑突下一横指，有压痛。胎心、胎位不清，宫口开2 cm，坐骨棘平面下1 cm(S+1)。

四、临床诊治思路

1.孕晚期突发剧烈腹痛、伴阴道流血的最常见原因为胎盘早剥，除此尚有先兆子宫破裂。胎盘早剥诊断依据有以下方面：

(1)病史：孕妇血管病变、机械性因素、宫腔内压力骤减、子宫静脉压突然升高等高危因素。

(2)症状：突然发生持续性腹痛、腰酸或腰背痛，阴道流血，甚至休克。

(3)体检：Ⅰ度，子宫软，大小与妊娠周数相符，胎位清楚，胎心正常；Ⅱ度，子宫大于妊娠周数，宫底升高，胎盘附着处压痛明显，宫缩有间歇，胎位可及，胎儿存活；Ⅲ度，子宫硬如板状，宫缩间歇不能松弛，胎位不清，胎心消失。

(4)B型超声检查：胎盘与子宫壁之间出现边缘不清的液性低回声区，胎盘异常增厚或胎盘边缘"圆形"裂开。而先兆子宫破裂常见于产程长、有梗阻性难产因素的产妇，除腹痛和阴道流血外，产妇尚有烦躁不安，心率、呼吸加快，子宫频繁收缩，呈强直性或痉挛性；子宫体和子宫下段之间可出现病理缩复环，胎先露部固定于骨盆入口，胎动频繁，胎心加快或减慢，进一步发展可致子宫破裂。

该患者本已羊水过多，破膜后宫腔内压力骤减，子宫骤然收缩，胎盘与子宫壁发生错位剥离致胎盘早剥，临床表现也符合胎盘早剥诊断。

2.胎盘早剥的诊断尚需依赖B型超声检查或产后检查胎盘，此患者症状典型，基本可以确诊，如症状不典型可行超声检查以明确诊断。

3.患者为初产妇，休克指数>1，宫口开2 cm，S+1，短期内不能经阴道分娩，虽胎心、胎位不清，也应在积极纠正休克的同时立即行剖宫产术，以挽救孕妇生命。

五、课后复习题集

(一)名词解释

1.胎盘早剥　2.隐性剥离　3.显性剥离　4.库弗莱尔子宫

(二)填空题

胎盘早剥的主要病理变化是________。

(三)选择题

1.产科领域容易致弥漫性血管凝血(DIC)的疾病是　(　)

A.胎盘早剥和羊水栓塞　B.双胎
C.妊娠合并心脏病　D.前置胎盘
E.羊水过多

2.与胎盘早期剥离无关的是　(　)

A.产后出血　B.胎盘植入
C.产褥感染　D.子宫胎盘卒中
E.席罕综合征

3.胎盘早剥发生产后出血的原因是　(　)

A.宫缩乏力、凝血功能障碍　B.宫缩乏力、肝衰竭
C.宫缩乏力、肾衰竭　D.凝血功能障碍、软产道损伤
E.宫缩乏力、凝血功能障碍、软产道损伤

4.胎盘早剥发生最严重的病理变化是　(　)

A.内出血　B.外出血
C.子宫胎盘卒中　D.凝血功能障碍
E.混合性出血

5.下列不是重度胎盘早剥的临床表现的是　(　)

A.剧烈腹痛后阴道流血　B.阴道出血量与全身症状不呈正比
C.胎位、胎心清晰　D.子宫板状

E.子宫底升高

6.重型胎盘早剥与先兆子宫破裂共有的临床表现是 (　　)

A.合并妊娠高血压疾病　　B.剧烈腹痛

C.跨耻征阳性　　D.子宫硬如板状

E.出现病理缩复环

7.下列不符合胎盘早剥的是 (　　)

A.不管位置如何,只要胎盘在胎儿娩出前剥离即称为胎盘早剥

B.是妊娠晚期的一种严重并发症

C.发生率为4.6‰~21‰

D.发生率高低与诊断水平有关

E.轻型者可无症状

8.关于胎盘早剥,错误的是 (　　)

A.有全身血管病变疾病的孕妇易发生

B.双胎分娩时第1个胎儿娩出不能太快

C.长时间仰卧位可导致胎盘早剥

D.子宫内膜炎致子宫蜕膜发育不良者,易胎盘早剥

E.胎位不正,行外倒转术可能致胎盘早剥

9.仅见于胎盘早剥的是 (　　)

A.DIC　　B.产后出血

C.子宫胎盘卒中　　D.严重休克

E.肾衰竭

10.胎盘早剥经阴道分娩时,下列不必要的是 (　　)

A.先行破膜,使羊水流出以缩减子宫容积　　B.用腹带包裹腹部

C.促进子宫收缩　　D.人工剥膜

E.密切观察生命体征及宫底高度

11.预防胎盘早剥的措施哪项除外 (　　)

A.积极预防与治疗妊娠期高血压疾病

B.妊娠晚期避免仰卧位及腹部外伤

C.胎位异常时不做外倒转术以防胎盘早剥

D.羊水过多,人工破膜时应高位破膜

E.双胎分娩时第1个胎儿不宜娩出过快

12.胎盘早剥剖宫产适应证不包括 (　　)

A.Ⅱ度胎盘早剥,初产妇,短时间内不能结束分娩者

B.Ⅰ度胎盘早剥,胎儿窘迫,需抢救胎儿者

C.Ⅰ度胎盘早剥,已至预产期

D.Ⅲ度胎盘早剥,产妇病情恶化,胎儿已死,不能立即分娩者

E.破膜后产程无进展者

问题13—15

30岁,初孕妊娠34周,产前检查血压180/112 mmHg,拒绝住院治疗,3 h前突然腹痛伴

阴道流血，血压10/4 kPa(75/30 mmHg)，脉搏120次/min，宫底剑突下2指，板状腹，胎位不清，胎心音消失，宫颈口未开。

13.可能的诊断是　　（　　）

A.前置胎盘　　B.先兆子痫

C.继发性贫血　　D.低张性子宫收缩乏力

E.胎盘早剥

14.为明确诊断，最有价值的辅助检查是　　（　　）

A.胎心监护　　B.阴道检查

C.B型超声检查　　D.血红细胞计数及血红蛋白值

E.血白细胞计数及分类

15.最正确的处理是　　（　　）

A.立即剖宫产，终止妊娠　　B.抢救休克，滴注催产素

C.人工破膜，滴注催产素　　D.抢救休克，因胎死宫内不急于引产

E.抢救休克，尽快剖宫产，终止妊娠

16.关于胎盘早剥下列说法不正确的是　　（　　）

A.Ⅰ度多见于分娩期　　B.Ⅱ度，胎盘剥离面为胎盘面积1/3左右

C.Ⅲ度，胎盘剥离面超过胎盘面积1/2　　D.无凝血功能障碍属Ⅲa

E.胎盘早剥，外出血者均为显性剥离

（四）简答题

1.胎盘早剥的治疗原则是什么？

2.胎盘早剥如何选择分娩方式？

六、复习题答案

（一）名词解释

1.胎盘早剥：妊娠20周以后或分娩期正常位置的胎盘在胎儿娩出前部分或全部从子宫壁剥离，称为胎盘早剥。

2.隐性剥离：胎盘早剥时胎盘边缘仍附着于子宫壁或由于胎先露部固定于骨盆入口，使血液积聚于胎盘与子宫壁之间，称为隐性剥离。

3.显性剥离：胎盘早剥时底蜕膜继续出血，形成胎盘后血肿，胎盘剥离面随之扩大，血液冲开胎盘边缘并沿胎膜与子宫壁之间经宫颈管向外流出，称为显性剥离。

4.库弗莱尔子宫：胎盘早剥发生内出血时，血液积聚于胎盘与子宫壁之间，随着胎盘后血肿压力的增加，血液浸入子宫肌层，引起肌纤维分离、断裂甚至变性，当血液渗透至子宫浆膜层时，子宫表面呈现紫蓝色淤斑，称为库弗莱尔子宫。

（二）填空题

底蜕膜出血

（三）选择题

1.A　2.B　3.A　4.D　5.C　6.B　7.D　8.D　9.C　10.D　11.C　12.C　13.E　14.C　15.E　16.E

(三)简答题

1.(1)纠正休克:对处于休克状态的危重患者,开放静脉通道,迅速补充血容量,改善血液循环。(2)及时终止妊娠:胎儿娩出前,胎盘剥离有可能继续加重。一旦确诊Ⅱ度或Ⅲ度胎盘早剥,应及时终止妊娠。根据孕妇病情轻重、胎儿宫内状况、产程进展、胎产式等决定终止妊娠方式。(3)积极处理并发症。

2.外出血,Ⅰ度胎盘早剥,患者一般情况良好,宫口已扩张,短时间内能结束分娩经阴道分娩。有以下情况剖宫产终止妊娠:①Ⅱ度胎盘早剥,初产妇,短时间内不能结束分娩者;②Ⅰ度胎盘早剥,胎儿窘迫,需抢救胎儿者;③Ⅲ度胎盘早剥,产妇病情恶化,胎儿已死,不能立即分娩者;④破膜后产程无进展者。

第二节　前置胎盘

一、基本纲要

掌握:前置胎盘的临床表现、诊断要点及处理原则。

熟悉:前置胎盘分类。

了解:前置胎盘的病因及其对母儿的危害性。

二、要点提示

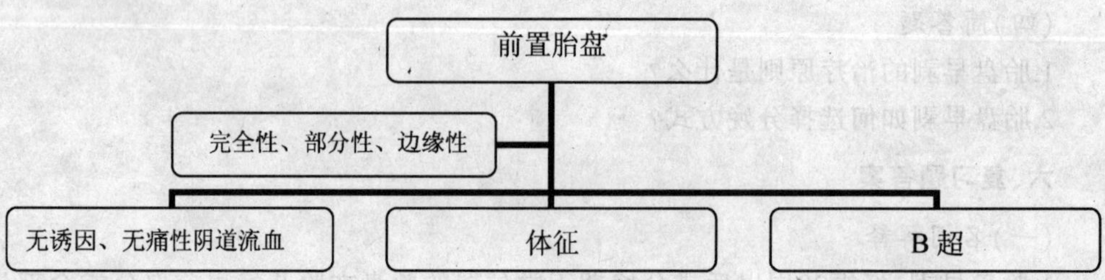

三、典型病案

患者,女,26岁,G_3P_0,孕35周,因1 h前突然阴道出血来产科急诊。平时月经规律,月经周期28 d,经期5 d。2年来人工流产2次,此次妊娠9周时出现少量阴道出血,保胎治疗1周后好转。孕20周时感有胎动,产前检查血压正常,肝肾功能正常,尿常规正常。1 h前无诱因阴道出血,如月经量,无腹痛及坠胀感。体格检查:血压105/67.5 mmHg,脉搏88次/min。头浮,腹软,无宫缩,胎心140次/min,血红蛋白85 g/L,尿蛋白(±)。

四、临床诊治思路

1.妊娠晚期无痛性、无诱因阴道出血首先考虑为前置胎盘所致,除此以外,以下也可协助诊断:

(1)病史:子宫内膜病变或损伤、胎盘异常等。

(2)腹部检查:子宫软,无压痛,大小与妊娠周数相符。先露高浮,前置胎盘附着于子宫前壁时,耻骨联合上方可听到胎盘杂音。

(3)B型超声检查:可清楚显示子宫壁、胎盘、胎先露部及宫颈的位置。

(4)产后检查：胎膜破口距胎盘边缘距离<7 cm。但是也需要排除前置血管破裂、早产、宫颈病变所致孕晚期出血：①前置血管破裂，当不受脐带华通胶保护及胎盘组织支持的脐血管横越子宫下段，在胎先露之前跨过子宫颈口时，则成前置血管。其表现是妊娠中、晚期无痛性的阴道出血，也可以在产程中发生。前置血管一般在胎盘娩出后确诊，产前可经阴道超声伴超声多普勒诊断。②早产：临床表现主要为子宫不规则收缩，并常伴少量阴道血性分泌物。阴道内诊见宫颈管缩短，甚至宫口扩张。该患者虽有阴道出血，但如月经量，且无腹痛及坠胀感，检查头浮，腹软，无宫缩，无临产征兆，可排除早产。③宫颈病变：如息肉、糜烂、宫颈癌等均可致阴道出血，但其出血量少，反复发生，偶可多至月经量，阴道检查可见宫颈息肉、糜烂、溃疡改变，出血来自宫颈表面而非宫颈管内，B型超声检查胎盘位置正常可鉴别诊断。

2.该患者目前病情平稳，可行阴道检查观察宫颈表面有无病变、宫颈管有无消退、宫颈口是否扩张以判断是否早产或宫颈病变所致，但避免操作粗暴或颈管内指诊、肛查。

3.该患者阴道出血发生在孕35周，虽考虑前置胎盘，但可排外中央性前置胎盘，因前置胎盘出血多在妊娠28周左右。B型超声检查可明确前置胎盘类型，故应安排患者行超声检查以确诊。

五、课后复习题集

(一)名词解释

1.低置胎盘　2.边缘性前置胎盘　3.部分性前置胎盘　4.完全性前置胎盘
5.警戒性出血

(二)填空题

1.产后检查胎盘，如为前置胎盘，胎膜破口距胎盘边缘距离__________。

2.前置胎盘禁止__________。

(三)选择题

1.前置胎盘是指胎盘位于　(　)

A.子宫体部后壁　B.子宫体部前壁
C.子宫体部侧壁　D.覆盖宫颈内口
E.子宫体部后壁到侧壁

2.前置胎盘分类错误的是　(　)

A.按胎盘边缘与宫颈内口的位置关系分
B.胎盘边缘与宫颈内口的关系可随孕周不同而改变
C.边缘性前置胎盘指胎盘边缘达子宫下段，不超越宫颈内口
D.前置胎盘分类固定不变
E.孕28周前不能下前置胎盘诊断

3.前置胎盘阴道出血的特点是　(　)

A.无痛性阴道流血　B.宫缩时出血量可减少
C.出血量与前置胎盘的种类无关　D.破膜后胎先露下降仍不止血
E.出血时子宫下段胎盘附着处有压痛

4.前置胎盘的主要症状是　(　)

A.胎位异常　　B.胎先露高浮
C.子宫硬如板状　　D.无诱因，无痛性，反复阴道出血
E.阴道流血伴腹痛

5.妊娠末期无痛性阴道出血应首先考虑　（　）
A.胎盘早剥和羊水栓塞　　B.双胎
C.妊娠合并心脏病　　D.前置胎盘
E.羊水过多

6.关于前置胎盘，下列错误的是　（　）
A.主要症状是妊娠晚期无痛性阴道流血
B.出血次数、量、最初出血时间与前置胎盘类型有关
C.子宫大小与孕周相符
D.约15%并发胎位异常
E.必要时可做阴道检查及颈管内指诊

7.与前置胎盘的发生无关的是　（　）
A.妊娠高血压综合征　　B.双胎妊娠
C.多次刮宫　　D.胎盘面积过大
E.受精卵滋养层发育迟缓

8.前置胎盘需与下列情况鉴别，哪项例外　（　）
A.先兆子宫破裂出血　　B.脐带帆状附着前置血管破裂
C.胎盘边缘血窦破裂　　D.宫颈病变出血
E.阴道病变出血

9.确诊前置胎盘，下列首选的是　（　）
A.产后检查胎膜破口距胎盘边缘8 cm
B.腹部正位平片，子宫体部无胎盘阴影
C.窥器检查宫颈未见病变
D.B型超声检查可见胎盘阴影覆盖子宫颈内口
E.阴道穹隆扪诊，宫颈口周围有软组织

10.不属前置胎盘并发症的是　（　）
A.产后出血　　B.胎盘植入
C.产褥感染　　D.凝血功能障碍
E.围生儿病死率高

11.前置胎盘最安全可靠的检查方法是
A.阴道检查　　B.X线造影
C.X线平片　　D.B型超声检查
E.放射性同位素扫描

12.下列不符合中央性前置胎盘常见临床表现的是　（　）
A.胎位不正的发生率高　　B.先露高浮
C.第1次出血多在孕36周以后　　D.易发生出血性休克
E.较其他类型的前置胎盘易发生胎儿窘迫

13.与完全性前置胎盘无关的是 ( )

A.产后出血　　B.胎盘植入
C.产褥感染　　D.子宫胎盘卒中
E.席罕综合征

14.前置胎盘病例，仅适用阴道分娩的是 ( )

A.部分前置胎盘而胎儿为头位　　B.边缘性前置胎盘而胎儿为头位
C.部分前置胎盘而胎儿为臀位　　D.低置胎盘而胎儿为臀位
E.以上都不是

问题15、16

一停经30周孕妇，无痛性阴道流血3次，查：胎心尚好，子宫无压痛，阴道流血少于月经量。

15.诊断首先考虑 ( )

A.早产　　B.宫颈病变
C.胎盘早剥　　D.前置胎盘
E.脐带帆状附着前置血管破裂

16.其进一步处理下列错误的是 ( )

A.超声检查了解胎盘位置　　B.给予硫酸镁、舒喘灵治疗
C.备血　　D.抗生素预防感染
E.剖宫产终止妊娠

问题17、18

待产妇，28岁，停经37周，阴道多量流血7 h，血量约600 mL，无规律腹痛。血压11/8 kPa，心率108次/min，产科检查宫高30 cm，腹围90 cm，胎方位骶左前位(LSA)，胎心率166次/min。

17.该患者不应做的检查是 ( )

A.阴道检查　　B.肛查
C.血常规　　D.B型超声检查
E.胎心监护

18.患者的进一步处理方案是 ( )

A.期待疗法　　B.严密观察生命体征，等待自然临产
C.严密观察阴道流血，缩宫素引产　　D.积极抗休克，产钳牵引
E.积极术前准备，准备急诊剖宫产

(四)简答题

1.简述前置胎盘期待疗法具体的治疗原则。

2.前置胎盘阴道分娩的指征是什么？

六、复习题答案

(一)名词解释

1.低置胎盘：胎盘位于子宫下段，胎盘边缘极为接近但未达到宫颈内口，称为低置胎盘。

2.边缘性前置胎盘：胎盘附着于子宫下段，胎盘边缘到达宫颈内口，未覆盖宫颈内口，称为边缘性前置胎盘。

3.部分性前置胎盘：胎盘组织部分覆盖宫颈内口，称为部分性前置胎盘。

4.完全性前置胎盘：胎盘组织完全覆盖宫颈内口，称为完全性前置胎盘。

5.警戒性出血：完全性前置胎盘初次出血时间早，多在妊娠28周左右，称为警戒性出血。

(二)填空题

1.7 cm

2.肛查

(三)选择题

1.D 2.D 3.A 4.D 5.D 6.E 7.A 8.A 9.D 10.D 11.D 12.C 13.D 14.B 15.D 16.E 17.B 18.E

(四)简答题

1.应在保证孕妇安全的前提下尽可能延长孕周，以提高围生儿存活率。适用于妊娠<34周、胎儿体重<2000克、胎儿存活、阴道流血量不多、一般情况良好的孕妇。

患者应取左侧卧位，绝对卧床休息，血止后方可轻微活动，禁性生活；定时吸氧，保持心态平静，适当给予镇静剂；密切观察阴道流血量；禁止阴道检查及肛查；监护胎儿宫内情况，纠正孕妇贫血状况，给予广谱抗生素预防感染，应用宫缩抑制剂赢得时间。估计孕妇近日需终止妊娠者，若胎龄<34周，应用地塞米松促胎肺成熟。期待治疗至36周，各项指标均说明胎儿已成熟者，可适时终止妊娠。

2.边缘性前置胎盘、枕先露、阴道流血不多、无头盆不称和胎位异常，估计在短时间内能结束分娩者，可予试产。人工破膜后，胎头下降压迫胎盘前置部位而止血，并可促进子宫收缩加快产程。若破膜后胎先露部下降不理想，仍有出血或分娩进展不顺利，应立即改行剖宫产术。

第十二章　多胎妊娠与巨大胎儿

第一节　多胎妊娠

一、基本纲要

掌握：多胎妊娠的临床表现。

熟悉：双胎妊娠的并发症及处理。

了解：双胎妊娠对母儿的影响。

二、要点提示

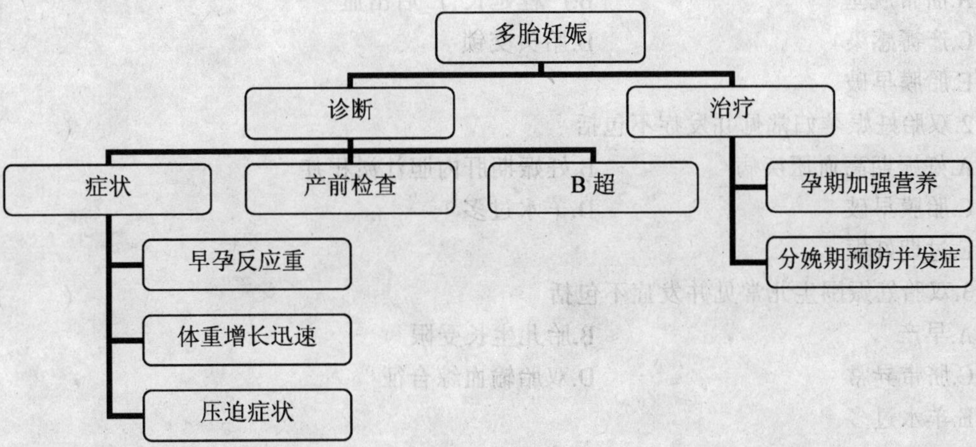

三、典型病案

患者，女，35岁，已婚，G_2P_1，8年前阴道分娩第一胎男婴4000 g，因意外事故夭折。后发现子宫内膜异位症及继发不孕2年，经试管婴儿(IVF)成功妊娠并诊断为双胎妊娠，现已孕37周，双头位。

四、临床诊治思路

1.单卵双胎原因不明，而双卵双胎多有家族史，孕前用促排卵药或体外受精多个胚胎移植病史。妊娠后早孕反应重；妊娠中期体重增加迅速，腹部增大明显，下肢水肿、静脉曲张等压迫症状出现早且明显；妊娠晚期常有呼吸困难，活动不便。产科检查子宫大于停经周数，妊娠中晚期腹部可触及多个小肢体或3个以上胎极；不同部位可听到两个胎心，其间有无音区，或同时听诊1 min，两个胎心率相差10次以上。早期确诊需借助超声检查。该患者为IVF成功妊娠，故考虑为双卵双胎。

2.双胎妊娠虽可通过临床表现、B型超声检查明确诊断，但在其出现压迫症状时常需与巨大儿、羊水过多鉴别。(1)巨大儿:孕妇多有巨大胎儿分娩史、糖尿病史或过期妊娠。孕妇孕期体重增加迅速,孕晚期出现呼吸困难,腹部沉重及两肋部胀痛症状。腹部明显膨隆,触诊胎体大,先露高浮。胎心清晰,但位置较高。B型超声检查常提示胎体大,胎头双顶径>10 cm。(2)羊水过多:孕妇感腹部胀痛,行动不便,表情痛苦,呼吸困难,甚至发绀,不能平卧。检查见腹壁皮肤紧绷发亮,严重者皮肤变薄。巨大子宫压迫下腔静脉,出现下肢及外阴部水肿及静脉曲张。子宫明显大于妊娠月份,胎位不清,胎心遥远或听不清。B型超声检查测量羊水最大暗区垂直深度>7 cm、羊水指数>18 cm,即可诊断为羊水过多。

五、课后复习题集

(一)名词解释

1.多胎妊娠　2.双胎输血综合征

(二)填空题

双羊膜囊单绒毛膜单卵双胎的严重并发症是__________。

(三)选择题

1.双胎妊娠最常见的并发症为　(　)

A.脐带脱垂　B.产程延长,产后出血

C.产褥感染　D.胎头交锁

E.胎膜早破

2.双胎妊娠孕妇常见并发症不包括　(　)

A.妊娠期高血压疾病　B.妊娠期肝内胆汁淤积症

C.胎膜早破　D.羊水过多

E.过期妊娠

3.双胎妊娠围生儿常见并发症不包括　(　)

A.早产　B.胎儿生长受限

C.脐带异常　D.双胎输血综合征

E.羊水过多

4.双胎妊娠最重要的并发症是　(　)

A.妊娠期高血压疾病　B.贫血

C.流产　D.胎头交锁

E.胎盘早剥

5.双胎妊娠的临床表现有　(　)

A.早孕反应重　B.中期妊娠后体重增加迅速

C.妊娠晚期常有呼吸困难　D.妊娠中晚期腹部可触及多个小肢体

E.以上均是

6.有关双胎,错误的是　(　)

A.双卵双胎发生率高,性别、血型可相同或不相同

B.单卵双胎与遗传种族及促排卵药有关

C.单卵双胎基因相同

D.孕晚期易并发妊娠期高血压疾病

E.临产后易发生宫缩乏力

7.初产妇,孕39周,双胎,第一胎儿臀位脐带脱垂,臀牵引娩出,第二胎儿头位自娩,产后20 min突然阴道出血200 mL,无胎盘剥离征象。此时的处理是　(　)

A.观察胎盘剥离迹象,协助胎盘娩出　B.牵引脐带,挤压宫底,迫使胎盘娩出

C.手取胎盘　D.检查软产道,除外损伤

E.输液,静脉注射缩宫素

问题8—13

双胎妊娠。第一胎儿自然经阴道娩出后8 min,第二胎儿娩出,10 min后娩出胎盘,随即出现阴道多量流血,数分钟内流血达500 mL。

8.本例最可能的诊断是　(　)

A.胎盘残留　B.副胎盘残留

C.宫缩乏力　D.宫颈裂伤

E.凝血功能障碍

9.为预防之,应　(　)

A.第二胎儿娩出后立即使用宫缩剂　B.第二胎儿娩出后立即手剥胎盘

C.剖宫产　D.第一胎儿娩出后,尽快娩出第二胎儿

E.第二胎儿娩出后立即建立静脉通道

10.对于双胎妊娠处置不当的是　(　)

A.孕期进食含高蛋白质、高维生素以及必需脂肪酸的食物

B.每3~4周一次B型超声检查监测胎儿生长情况

C.临产时应备血

D.产兆若发生在34周以前,应给予宫缩抑制剂

E.妊娠足月即应剖宫产

11.双胎妊娠终止妊娠的指征不包括　(　)

A.合并急性羊水过多,压迫症状明显　B.胎位异常

C.母亲有严重并发症,不允许继续妊娠时　D.已到预产期尚未临产,胎盘功能减退者

E.胎儿畸形

12.双胎妊娠产程中应注意　(　)

A.保证产妇足够的摄入量及睡眠

B.严密观察胎心变化

C.对胎头已衔接者,可在产程早期行人工破膜

D.第二产程必要时行会阴后—侧切开

E.以上均是

13.双胎妊娠剖宫产的指征不包括　(　)

A.第一胎儿为肩先露、臀先露

B.胎儿窘迫

C.联体双胎孕周>26周

D.宫缩乏力致产程延长,经保守治疗效果不佳

E.严重妊娠并发症需尽快终止妊娠

(四)简答题

双胎妊娠的母儿并发症有哪些?

六、复习题答案

(一)名词解释

1.多胎妊娠:一次妊娠宫腔内同时有两个或两个以上胎儿时,称为多胎妊娠。

2.双胎输血综合征:是双羊膜囊单绒毛膜单卵双胎的严重并发症。通过胎盘间的动—静脉吻合支,血液从动脉向静脉单向分流,使一个胎儿成为供血儿,另一个成为受血儿,造成供血儿贫血、血容量减少,致使生长受限、肾灌注不足、羊水过少,甚至因营养不良而死亡;受血儿血容量增多、动脉压增高、各器官体积增大、胎儿体重增加,可发生充血性心力衰竭、胎儿水肿、羊水过多。双羊膜囊单绒毛膜单卵双胎的两个胎儿体重相差≥20%、血红蛋白相差>50 g/L,提示双胎输血综合征。

(二)填空题

双胎输血综合征

(三)选择题

1.B 2.E 3.E 4.A 5.E 6.B 7.C 8.C 9.A 10.E 11.B 12.E 13.B

(四)简答题

1.双胎妊娠母儿常见的并发症包括以下方面:

孕妇:①妊娠期高血压疾病;②妊娠期肝内胆汁淤积症;③贫血;④羊水过多;⑤胎膜早破;⑥宫缩乏力;⑦胎盘早剥;⑧产后出血;⑨流产。

围生儿:①早产;②胎儿生长受限;③双胎输血综合征;④脐带异常;⑤胎头交锁及胎头碰撞;⑥胎儿畸形。

第二节 巨大胎儿

一、基本纲要

掌握:巨大胎儿的临床表现及诊断。

熟悉:巨大胎儿的并发症及处理。

了解:巨大胎儿对母儿的影响。

二、要点提示

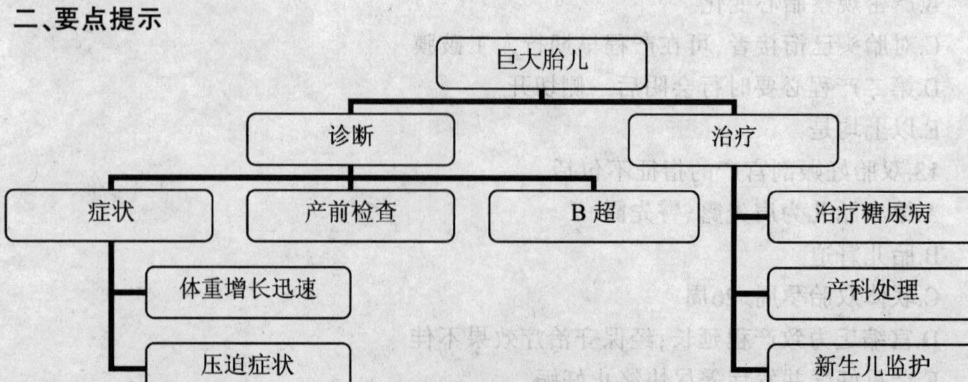

三、典型病案

患者，女，38岁，G_1P_1，孕40周，LOA，平产，胎盘娩出后阴道出血量多，色红，伴血块，胎盘肉眼观察完整，子宫较软。总产程18 h，第二产程1.5 h，新生儿Apgar评分9分，体重4100 g，血压90/50 mmHg，脉搏110次/min。

四、临床诊治思路

1.胎儿体重>4000 g即可诊断为巨大胎儿，孕期孕妇体重增加迅速、腹部明显膨隆，可行超声检测，如胎头双顶径>10 cm可考虑巨大胎儿诊断。该孕妇产前未明确诊断，产后测量新生儿体重4100 g，可补充诊断。

2.巨大胎儿对母儿影响有以下方面：①孕妇，头盆不称、肩难产、产后出血、尿瘘或粪瘘。②围生儿，颅内出血、锁骨骨折、臂丛神经损伤，严重时甚至死亡。肩难产是巨大胎儿经阴道分娩的主要危险，临床除在孕晚期行B型超声检查测胎头双顶径诊断巨大胎儿外，多同时测量胎儿肩径及胸径，若肩径及胸径大于头径者，发生难产的概率较高。产后出血是巨大胎儿常见的并发症，孕妇常因孕期子宫过度膨胀致产后宫缩乏力或致软产道损伤而发生产后出血。如胎儿娩出后立即发生阴道流血，色鲜红，应考虑软产道裂伤；胎盘娩出后阴道流血较多，应考虑子宫收缩乏力或胎盘、胎膜残留。该产妇胎盘娩出后阴道出血量多，色红，伴血块，胎盘肉眼观察完整，子宫较软，考虑为宫缩乏力所致产后出血。处理应静脉滴注缩宫素或使用麦角新碱加强宫缩，患者血压90/50 mmHg、脉搏110次/min，休克指数>1，应同时补充血容量。

五、课后复习题集

(一)名词解释

1.巨大胎儿　2.肩难产

(二)选择题

1.与巨大儿发生无关的是　（　　）

A.孕妇糖尿病　　B.父母身材高大

C.羊水过多　　D.过期妊娠

E.胎儿宫内发育迟缓

2.巨大儿对孕妇的影响不包括　（　　）

A.宫缩乏力　　B.产后出血

C.软产道损伤　　D.凝血障碍

E.子宫破裂

3.巨大儿经阴道分娩的主要危险是　（　　）

A.软产道损伤　　B.产后出血

C.肩难产　　D.子宫破裂

E.宫缩乏力

4.关于肩难产的描述，以下正确的是　（　　）

A.肩难产常发生于肩先露

B.头先露胎儿不会造成肩难产

C.估计胎儿过大娩肩困难者应及时行剖宫产

D.一旦发生肩难产应立即行剖宫产

E.一旦发生肩难产应立即行产钳助产

5.与肩难产有关因素有 (　　)

A.巨大胎儿

B.B型超声检查测定胎儿胸径大于胎头双顶径1.3 cm、胸围大于头围1.6 cm或肩围大于头围4.8 cm

C.糖尿病孕妇的巨大胎儿,其躯干比胎头长得更快

D.骨盆狭窄

E.以上均是

6.巨大儿对围生儿的影响不包括 (　　)

A.颅内出血　　B.锁骨骨折

C.臂丛神经损伤　　D.新生儿糖尿病

E.死亡

7.诊断巨大儿的主要依据是 (　　)

A.孕妇有巨大儿生育史　　B.产前检查孕妇宫高>35 cm

C.B型超声检查胎儿双顶径>10 cm　　D.孕妇糖尿病史

E.跨耻征阳性

8.关于巨大胎儿,下列说法不正确的是 (　　)

A.头盆不称的概率增加　　B.可经阴道分娩

C.易发生肩难产　　D.多见于经产妇

E.新生儿按照正常新生儿对待

9.宫内孕38周,宫高38 cm,腹围106 cm,B型超声检查提示胎头双顶径10.0 cm,胎心好,最可能的诊断为 (　　)

A.巨大胎儿　　B.胎儿宫内发育迟缓

C.胎儿发育正常　　D.脑积水

E.双胎

10.妊娠37^+周,近3 d自觉腹胀。检查:腹形较妊娠月份大,骨盆外测量正常,胎头浮,跨耻征阳性(+)。B型超声检查示胎儿双顶径11.3 cm,应诊断为 (　　)

A.巨大胎儿　　B.双胎妊娠

C.羊水过多　　D.胎儿宫内发育迟缓

E.胎头高直位

问题11、12

30岁初产妇,孕足月临产,产程进展顺利,宫口开全1 h后胎心100次/min,检查胎头在S+3,LOT位,行手转胎头,低位产钳娩出婴儿4000 g,随即有阴道活动性新鲜血流出,约200 mL,胎盘胎膜自娩,检查完整,但阴道持续出血,伴血块约300 mL。

11.最可能的诊断为 (　　)

A.宫缩乏力　　B.软产道损伤

C.凝血功能障碍　　D.第二产程延长

E.胎盘残留

12.应立即行何项处理 ( )

A.导尿,排空膀胱 B.测血压、查凝血功能

C.按摩子宫刺激宫缩 D.静脉给予止血药

E.检查软产道,若有裂伤立即缝合

13.经产妇,临产后产程进展顺利,自然分娩4000 g男婴,胎儿娩出后半小时胎盘仍未排出,手取胎盘成功,检查胎盘胎膜完整,此后阴道阵发性较多量出血,有凝血块,产后出血的最可能原因是 ( )

A.胎膜残留 B.胎盘残留

C.宫缩乏力 D.产道裂伤

E.凝血障碍

六、复习题答案

(一)名词解释

1.巨大胎儿:胎儿体重达到或超过4000 g称为巨大胎儿。

2.肩难产:凡胎头娩出后,胎儿前肩被嵌顿在耻骨联合上方,用常规助产方法不能娩出胎儿双肩,称为肩难产。

(二)选择题

1.E 2.D 3.C 4.C 5.E 6.D 7.C 8.E 9.A 10.A 11.B 12.E 13.C

第十三章　羊水量异常

第一节　羊水过多

一、基本纲要

掌握：羊水过多的诊断要点。

熟悉：羊水过多的处理原则。

了解：羊水过多的病因。

二、要点提示

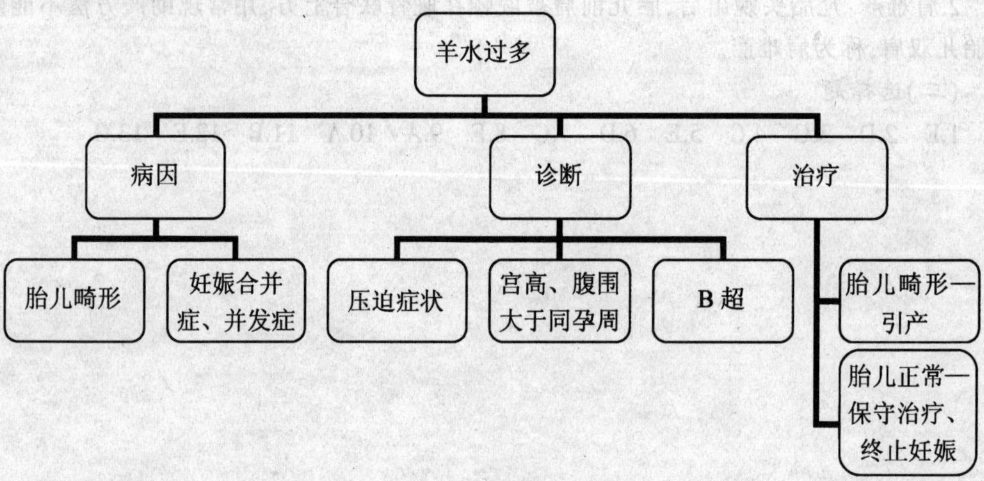

三、典型病案

患者，女，29岁，G_1P_0，孕37周，胸闷、气急、行走不便2 d。体格检查：血压120/80 mmHg，脉搏82次/min。腹壁皮肤发亮、变薄，下肢静脉曲张。触诊时感到皮肤张力大，有液体震颤感，宫底位于剑突下一横指，胎位不清，扪及胎儿有浮沉感，胎心遥远，胎心、胎位不清。

四、临床诊治思路

1.孕晚期出现压迫症状常考虑为羊水过多、巨大儿或双胎妊娠。羊水过多的诊断主要依赖B型超声检查：如最大羊水暗区垂直深度>7 cm，羊水指数>18 cm，即可诊断。根据该孕妇的病史、临床表现，考虑为羊水过多，应行B型超声检查明确诊断。

2.羊水过多孕妇中约25%合并胎儿畸形，以中枢神经系统和消化道畸形最常见，除此还与妊娠合并症、并发症有关。故该患者尚应进行以下检查排除胎儿畸形及合并症、并发症：①B型超声检查，能了解胎儿情况，如无脑儿、脊柱裂、胎儿水肿及双胎等。②甲胎蛋白(AFP)测定，母血、羊水中AFP明显增高提示胎儿畸形。③孕妇血糖检查，必要时行葡萄糖耐量试验，以排除妊娠期糖尿病。④孕妇血型检查，胎儿水肿应检查孕妇Rh、ABO血型，排除母儿血型不合。⑤胎儿染色体检查，羊水细胞培养或采集胎儿血培养，了解染色体数目、结构有无异常。

3.羊水过多，一经确诊胎儿畸形、染色体异常，应及时终止妊娠，或人工破膜引产，或羊膜腔穿刺放出适量羊水后，注入依沙吖啶50~100 mg引产。

羊水过多合并正常胎儿：孕周<37周、胎肺不成熟者，应尽最延长孕周。轻者低盐饮食，予镇静剂。重者应经腹羊膜腔穿刺放羊水、使用吲哚美辛（有抗利尿作用，因吲哚美辛有使胎儿动脉导管闭合的作用，不宜长期应用）、病因治疗。妊娠足月或自然临产，人工破膜终止妊娠。

该孕妇孕周已达37周，只要胎儿发育成熟，无论有无胎儿畸形均可行人工破膜，终止妊娠。

五、课后复习题集

（一）名词解释

羊水过多

（二）填空题

羊膜腔穿刺放羊水时，每次不应超过________。

（三）选择题

1.妊娠后半期羊水的重要来源是　（　　）

A.母血清经胎膜进入羊膜腔的透析液　B.胎儿皮肤

C.胎儿肺　D.胎膜

E.胎儿尿液

2.关于羊水过多，下列错误的是　（　　）

A.妊娠任何时期内，羊水量超过2000 mL为羊水过多

B.羊水最大暗区>7 cm为羊水过多

C.羊水指数>18 cm为羊水过多

D.羊水过多合并神经管缺损时，羊水中AFP值明显升高

E.羊水过多不宜引起产后出血

3.羊水过多的并发症不包括　（　　）

A.妊娠期高血压疾病　B.胎位异常

C.早产　D.胎盘早剥

E.胎儿畸形

4.羊水过多最常见的病因是　（　　）

A.胎儿畸形　B.双胎妊娠

C.孕妇糖尿病　D.母儿血型不合

E.妊娠期高血压疾病

5.羊水过多是指　（　　）

A.羊水量超过800 mL　B.羊水量超过1000 mL

C.妊娠中期时羊水量超过2000 mL　D.妊娠任何时期羊水量超过2000 mL

E.妊娠晚期羊水量超过3000 mL

6.羊膜腔穿刺放羊水时，每次不应超过 ( )

A.300 mL B.500 mL

C.800 mL D.1000 mL

E.1500 mL

问题7—9

患者，女，23岁。妊娠26周，腹胀2 d入院。体格检查：血压130/90 mmHg，痛苦表情，发绀，不能平卧。产科检查：宫高36 cm，腹围102 cm，胎位不清，胎心未听到。

7.最可能的诊断是 ( )

A.妊娠合并心脏病 B.妊娠期高血压疾病

C.死胎 D.羊水过多

E.双胎妊娠

8.为明确诊断，最需做的辅助检查是 ( )

A.B型超声检查 B.胎心监护

C.生物物理评分 D.羊膜囊造影

E.羊膜腔穿刺

9.进一步检查结果为：B型超声检查示最大羊水池深度为9.6 cm，胎儿无畸形。应如何治疗 ( )

A.引产 B.高位破膜

C.低盐饮食 D.立即剖宫产

E.羊膜腔穿刺放羊水

六、复习题答案

(一)名词解释

羊水过多：妊娠任何时期羊水量超过2000 mL者，称为羊水过多。

(二)填空题

1500 mL

(三)选择题

1.E 2.E 3.E 4.A 5.D 6.E 7.D 8.A 9.E

第二节 羊水过少

一、基本纲要

掌握：羊水过少的诊断要点。

熟悉：羊水过少的处理原则。

了解：羊水过少的病因。

二、要点提示

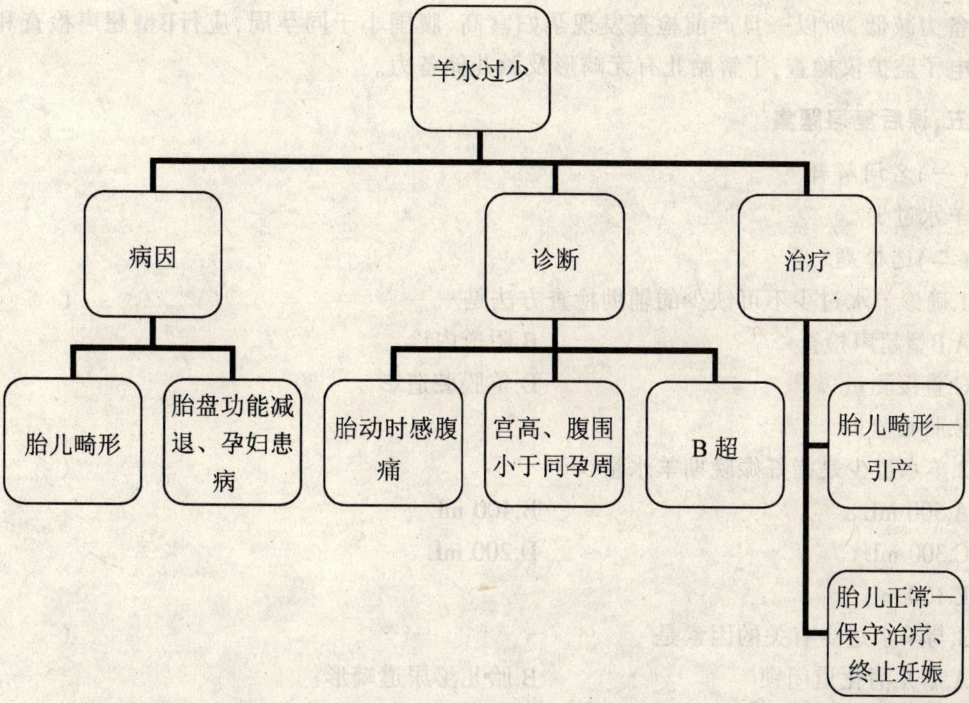

三、典型病案

患者，女，22岁，G_1P_0，现妊娠38周，胎动时腹痛明显。产前检查：宫高28 cm，腹围85 cm，子宫敏感，ROA，胎心142次/min。B型超声检查示最大羊水指数为3.3 cm，双顶径9.0 cm，胎盘Ⅱ+度。

四、临床诊治思路

1.孕晚期宫高、腹围小于同孕周，常见于羊水过少、胎儿生长受限(FGR)。如孕妇子宫长度、腹围值连续3周测量均在第10百分位数以下者，为筛选FGR指标，胎儿发育指数小于-3提示可能为FGR；孕晚期，孕妇体重增长停滞或增长缓慢时，可能为FGR。B型超声检查测量可协助诊断：①测头围与腹围比值，比值小于正常同孕周平均值的第10百分位数，即应考虑FGR可能。②测量胎儿双顶径(BPD)，每周增长<2.0 mm，或每3周增长<4.0 mm，或每4周增长<6.0 mm，于妊娠晚期双顶径每周增长<1.7 mm，均应考虑有FGR的可能。③羊水量与胎盘成熟度，多数FGR出现羊水过少、胎盘老化。④彩色多普勒超声检查，脐血S/D值升高时，也应考虑有FGR的可能。而羊水过少的诊断依据为：①临床表现，孕妇于胎动时感腹痛，胎盘功能减退时常有胎动减少。检查见宫高腹围较同期妊娠小，有子宫紧裹胎儿感。子宫敏感，轻微刺激可引发宫缩，临产后阵痛明显，宫缩多不协调。阴道检查时，前羊膜囊不明显，胎膜紧贴胎儿先露部，破膜时羊水量极少。②B型超声检查，是确诊羊水过少不可缺少的辅助检查方法，妊娠晚期羊水最大暗区垂直深度≤2 cm为羊水过少，羊水指数≤5 cm诊断为羊水过少。③直接测量，破膜时羊水量少于300 mL即可诊断羊水过少。该孕妇

根据病史、临床表现、辅助检查即可诊断羊水过少。

2.羊水过少常见原因为胎儿畸形、胎盘功能减退等，主要威胁是脐带及胎盘受压使胎儿储备力减低，所以一旦产前检查发现孕妇宫高、腹围小于同孕周，应行B型超声检查和胎心电子监护仪检查，了解胎儿有无畸形及胎儿储备力。

五、课后复习题集

(一)名词解释

羊水过少

(二)选择题

1.确诊羊水过少不可缺少的辅助检查方法是 ( )

A.B型超声检查　　B.阴道内诊

C.直接测量　　D.羊膜腔造影

E.胎心监护

2.羊水过少是指妊娠晚期羊水量少于 ( )

A.500 mL　　B.400 mL

C.300 mL　　D.200 mL

E.100 mL

3.与羊水过少有关的因素是 ( )

A.胎儿消化道闭锁　　B.胎儿泌尿道畸形

C.妊娠合并糖尿病　　D.胎儿无脑畸形

E.双胎妊娠

4.下列关于羊水过少的论述错误的是 ( )

A.妊娠晚期羊水最大暗区垂直深度≤2 cm为羊水过少

B.妊娠晚期羊水最大暗区垂直深度≤1 cm为严重羊水过少

C.羊水指数≤8 cm为可疑羊水过少

D.羊水指数≤5 cm诊断为羊水过少

E.妊娠晚期羊水量少于400 mL为羊水过少

问题5、6

患者，女，28岁。既往月经周期30 d，现妊娠40周，胎动时腹痛明显。产前检查：血压120/80 mmHg，宫高30 cm，腹围88 cm，子宫敏感，胎位LOA，胎心142次/min。进一步检查结果为：B型超声检查示最大羊水池深度为1.3 cm，双顶径9.3 cm，胎盘Ⅲ度，胎儿无畸形。

5.首先考虑 ( )

A.羊水过少　　B.胎儿生长受限

C.胎盘老化　　D.胎儿窘迫

E.胎盘早剥

6.首要的治疗方案是 ( )

A.缩宫素引产　　B.剖宫产终止妊娠

C.人工破膜引产　　D.羊膜腔穿刺

E.等待自然临产

(三)简答题

羊水量过少的处理原则是什么?

六、复习题答案

(一)名词解释

羊水过少:妊娠晚期羊水量少于300 mL者,称为羊水过少。

(二)选择题

1.A 2.C 3.B 4.E 5.A 6.B

(三)简答题

根据胎儿有无畸形和孕周大小选择治疗方案:

(1)羊水过少合并胎儿畸形:一经确诊胎儿畸形,应尽早终止妊娠。多选用经腹羊膜腔穿刺注入依沙吖啶引产。

(2)羊水过少合并正常胎儿:①终止妊娠。妊娠已足月,应终止妊娠。合并胎盘功能不良、胎儿窘迫或破膜时羊水少且胎粪严重污染,估计短时间不能结束分娩,应行剖宫产术。胎儿贮备力尚好,无明显宫内缺氧,人工破膜后密切观察产程进展,连续监测胎心变化,观察羊水性状。②增加羊水量期待治疗。妊娠未足月,胎肺不成熟,应行增加羊水量期待治疗,延长孕周。

第十四章　胎儿发育异常及死胎

第一节　胎儿生长受限

一、基本纲要

掌握：胎儿生长受限的定义、病因、分类、诊断及治疗。

熟悉：胎儿生长受限的临床表现。

了解：胎儿生长受限的预防。

二、要点提示

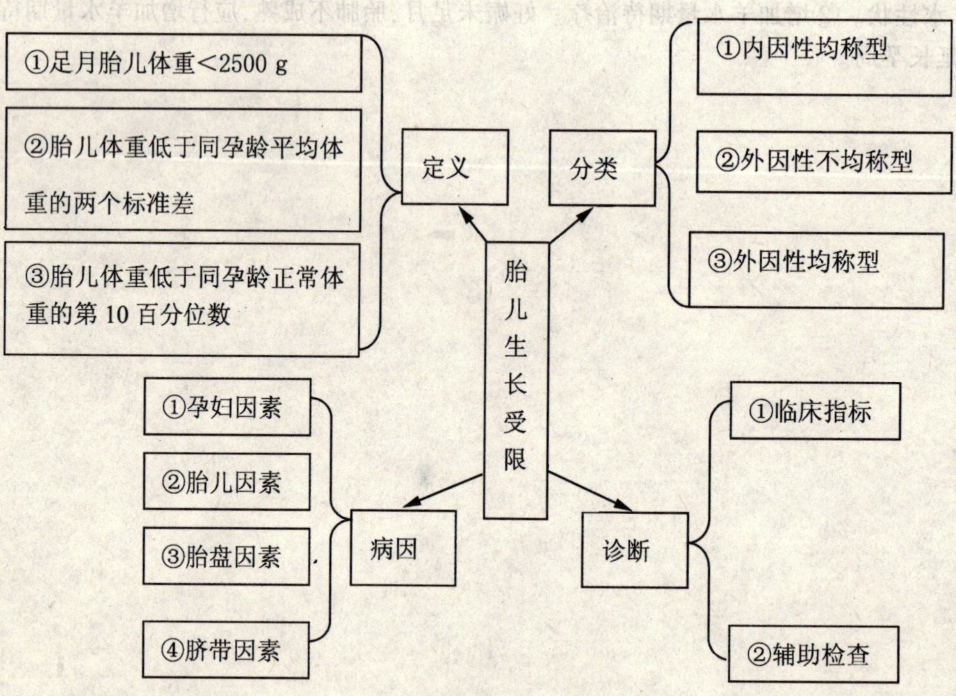

三、典型病案

患者，女，29岁，已婚，G_1P_0，平素月经规则，末次月经2010年7月15日，行经如常。停经早期有恶心、呕吐，孕11周行B型超声提示胎儿发育符合孕周。孕5个月B型超声示：胎儿偏小15 d左右，孕5个月自觉胎动至今，近日自觉腹形较同孕周孕妇偏小，体重无增加，故于3月1日来院就诊。查体：体温36.8°C，脉搏84次/min，呼吸20次/min，血压110/70 mmHg，产科检查：宫高25 cm，腹围82 cm，LOA，胎心140次/min，无腹痛，无阴道流水及见红。B型超声示：双顶径6.9 cm，股骨5.2 cm，胎盘Ⅱ⁺级，羊水指数8.3 cm。辅助检查：血常规示：血红蛋白97 g/L。胎心监护正常。如何诊治？

四、临床诊治思路

1.患者为产科门诊就诊孕妇，常规推算预产期为：2011年4月22日。该孕妇现孕32+3周。

2.该孕妇病史较为简单，就诊的主要原因为“自觉腹形较同孕周孕妇偏小”，余无不适。造成孕中晚期孕妇腹形偏小的临床常见疾病为“胎儿生长受限”或“胎死宫内”。该患者B型超声检查未提示胎死宫内。所以主要的临床思维集中在胎儿是否偏小，是否可以诊断为FGR。如何来诊断呢？(1)病史：该孕妇血常规示血红蛋白97 g/L，为轻度贫血，可引起胎盘血流量减少，有引起胎儿生长受限的母体因素。孕11周行B型超声检查提示胎儿发育符合孕周，但到孕5个月B型超声检查示：胎儿偏小15 d左右，孕5个月自觉胎动至今，都显示胎儿发育迟缓。另外病案中个人史不完善，如果有吸烟、吸毒及酗酒等不良嗜好均是危险因素，应继续完善病史。(2)临床指标：测量宫高、腹围、体重，推测胎儿大小。可通过计算胎儿发育指数来判断：胎儿发育指数=子宫长度(cm)－3×(月份+1)，指数在－3到+3之间正常，小于－3提示可能为FGR。该孕妇指数为－2。孕晚期孕妇每周增加体重0.5 kg，若体重增长停滞或增长发育慢时可能为胎儿生长受限。(3)辅助检查：①B型超声检查测头围与腹围的比值，该孕妇应测量上述两值，如比值小于正常同孕周平均值的第10百分位数，考虑为FGR。②测量胎儿双顶径，B型超声检查示双顶径6.9 cm，小于同孕周两个标准差，考虑FGR。③羊水量与胎盘成熟度，该孕妇出现羊水过少、胎盘老化的超声图像。(4)在临床中还可以借助超声多普勒检查，妊娠晚期脐动脉血S/D值≤3为正常，脐动脉血S/D值升高时指示胎儿生长受限；另外胎儿生物物理评分、化验检查，如胎盘功能检测、尿E3和E/C比值、胎盘生乳素等也有诊断价值。本病案诊断：①孕32^{+3}周，G_1P_0，LOA，待产；②胎儿生长受限。

3.(1)一般治疗：①卧床休息，均衡饮食，吸氧，左侧卧位；②补充营养物质。(2)药物治疗：β－肾上腺素、硫酸镁、丹参。(3)该孕妇妊娠未足月，孕妇无妊娠合并症及并发症，胎儿监护情况良好，胎盘功能正常，符合继续妊娠指征，可在密切监护下继续妊娠至足月，但不应超过预产期。

五、课后复习题集

(一)名词解释

胎儿生长受限

(二)填空题

1.胎儿生长受限的病因，最常见的是________因素，占50%~60%。

2.胎儿生长受限常出现羊水______和胎盘______的B型超声图像。

(三)选择题

1.关于胎儿生长受限的说法错误的是　　(　　)

A.是指孕37周后，新生儿体重小于2500 g

B.胎儿出生体重低于同孕龄平均体重的2个标准差

C.出生体重低于同孕龄正常体重第10百分位数

D.出生体重低于同孕龄正常体重第100百分位数

E.是围生期主要并发症之一

2.关于胎儿生长受限的病因,下列因素错误的是 ( )

A.孕妇偏食、妊娠剧吐　B.摄入蛋白质及维生素不足

C.胎儿宫内感染　D.胎儿本身发育缺陷所致

E.出生体重与母体血糖水平呈负相关

3.关于外因性不均称型FGR的特点正确的是 ( )

A.外表呈营养不良表现　B.属于原发性生长发育不良

C.各器官的细胞数均减少　D.各器官细胞体积正常

E.胎盘体积常增大

4.下列检查结果均提示存在FGR可能,哪项除外 ( )

A.头围与腹围比值小于正常同孕龄平均数的第10 百分位数

B.羊水过少、胎盘老化

C.妊娠晚期双顶径(BPD)每周增长2.2 mm

D.胎儿发育指数为0

E.妊娠晚期脐动脉S/D值为3.8

5.关于胎儿宫内发育迟缓的治疗方法不正确的是 ( )

A.治疗越早,效果越好　B.小于32孕周开始治疗疗效佳

C.孕36周后治疗效果差　D.治疗无改善超过2周可考虑终止妊娠

E.治疗中胎儿情况良好,可期待至自然临产

6.24岁初孕妇,既往有贫血病史,31周首次产前检查,测得宫高23 cm,腹围74 cm。B型超声检查测胎儿双顶径7.0 cm,临床上应考虑 ( )

A.营养过剩胎儿　B.正常发育

C.羊水过少　D.胎儿生长受限

E.巨大胎儿

(四)简答题

1.胎儿生长受限终止妊娠的指征是什么?

2.试述胎儿生长受限的分类。

复习题答案

(一)名词解释

胎儿生长受限:孕37周后,新生儿出生体重小于2.5 kg,或低于同孕龄平均体重的2个标准差,或低于同孕龄正常体重第10百分位数,称为胎儿生长受限。

(二)填空题

1.孕妇

2.过少　老化

(三)选择题

1.D　2.E　3.A　4.D　5.E　6.D

(四)简答题

1.(1)经治疗FGR无好转,电子监护反应差,胎儿生物物理评分4~6分;(2)治疗中发现羊水渐减少,胎儿停止生长3周以上,孕妇自觉胎动明显减少;(3)妊娠合并症、并发症治疗中病情加重;(4)胎儿未成熟,但有存活能力。

2.胎儿生长受限根据其发生时间、胎儿体重及病因分为3类:(1)内因性均称型:抑制生长因素在受孕时或胚胎早期,新生儿体重、身长、头径相称,但小于该孕龄正常值,各器官细胞数均减少,半数有先天畸形,预后不良。(2)外因性不均称型:孕早期胚胎发育正常,至孕晚期受有害因素影响,致使胎盘功能不良。新生儿发育不匀称,体重偏低,各器官细胞数正常,但细胞体积小,常伴有低血糖。(3)外因性均称型:为上述两型的混合型,致病因素有母儿双方因素,但孕期受影响。新生儿身长、体重、头径相称,但均较小,各器官体积均缩小,常有生长和智力障碍。

第二节　胎儿先天畸形

一、基本纲要

掌握:常见的胎儿先天畸形及处理原则。

熟悉:常见的胎儿先天畸形的诊断。

二、要点提示

1.无脑儿是先天畸形胎儿中最常见的一种,其次为脑积水、开放性脊柱裂、脑脊膜膨出等。

2.处理原则为尽早终止妊娠。

三、课后复习题集

(一)填空题

1.脑积水儿常伴有________、______等畸形。

2.无脑儿是先天畸形胎儿中最常见的一种,______胎比______胎多4倍。

(二)选择题

38岁经产妇,妊娠36周,孕期未行产前检查。近一周常感腹胀,B型超声检查提示:胎儿双顶径11.6 cm,侧脑室4 cm,首选考虑　(　　)

A.营养过剩胎儿

B.胎儿脑积水

C.羊水过少

D.胎儿生长受限

E.巨大胎儿

复习题答案

(一)填空题

1.脊柱裂　足内翻

2.女　男

(二)选择题

B

第三节 死胎

一、基本纲要

掌握:死胎的临床表现、诊断及处理。

熟悉:死胎的病因。

二、要点提示

1.死胎的诊断依据是B型超声检查胎心和胎动消失。

2.死胎一经确诊,应尽早引产。胎儿死亡4周未排出者,应查凝血功能。

三、课后复习题集

(一)名词解释

死胎

(二)填空题

1.死胎在宫腔内停留过久,能引起母体________。

2.________是造成死胎最常见的原因。

(三)选择题

1.关于死胎的说法不正确的是 ( )

A.死胎在宫腔内停留过久,能引起母体凝血功能障碍

B.胎儿死亡后的80%在2~3周内自然娩出

C.B型超声发现胎心和胎动消失是诊断死胎的可靠依据

D.发现死胎后,需等待2~3周后,再行处理

E.死胎一确诊,应予引产

问题2、3

初孕妇,27岁,妊娠30+周,近一周自觉胎动消失,体重下降,来院就诊。

2.为明确诊断,首选的辅助检查是 ( )

A.腹部透视　　B.宫腔镜

C.羊膜镜　　D.B型超声

E.测宫高、腹围

3.明确诊断后,处理前最需要完善的检查是 ( )

A.凝血功能　　B.血常规

C.雌二醇　　D.血HCG

E.腹部透视

(四)简答题

1.确诊为死胎的依据有哪些?

2.试述死胎的处理原则。

复习题答案

(一)名词解释

死胎：妊娠20周后胎儿在子宫内死亡。

(二)填空题

1.凝血功能障碍

2.胎盘及脐带因素

(三)选择题

1.D　2.D　3.A

(四)简答题

1.确诊为死胎的依据有：孕妇自觉胎动停止，子宫停止增长，检查时听不到胎心。经B型超声检查见胎动、胎心消失是诊断死胎的可靠依据。若胎儿死亡时间过久，可见胎头颅板塌陷、颅骨重叠，使胎头呈袋状变形。

2.一经确诊为死胎，应尽快终止妊娠。通常行依沙吖啶羊膜腔内注入引产法或地诺前列酮引产，成功率很高。也可在促宫颈成熟的基础上行缩宫素静脉滴注引产；当发现胎死宫内已4周尚未排出时，则应行凝血功能检查，以防退行性变的胎盘绒毛自溶和羊水释放大量凝血活酶进入血循环而引起DIC，消耗血中纤维蛋白原和血小板。若血纤维蛋白原<1.5 g/L、血小板计数$<100\times10^9$/L可用肝素治疗。

第十五章　胎儿窘迫与胎膜早破

第一节　胎儿窘迫

一、基本纲要

掌握：胎儿窘迫的临床表现及诊断和防治方法。

熟悉：胎儿窘迫的概念、原因、分类及其防治。

了解：降低围产儿死亡的意义。

二、要点提示

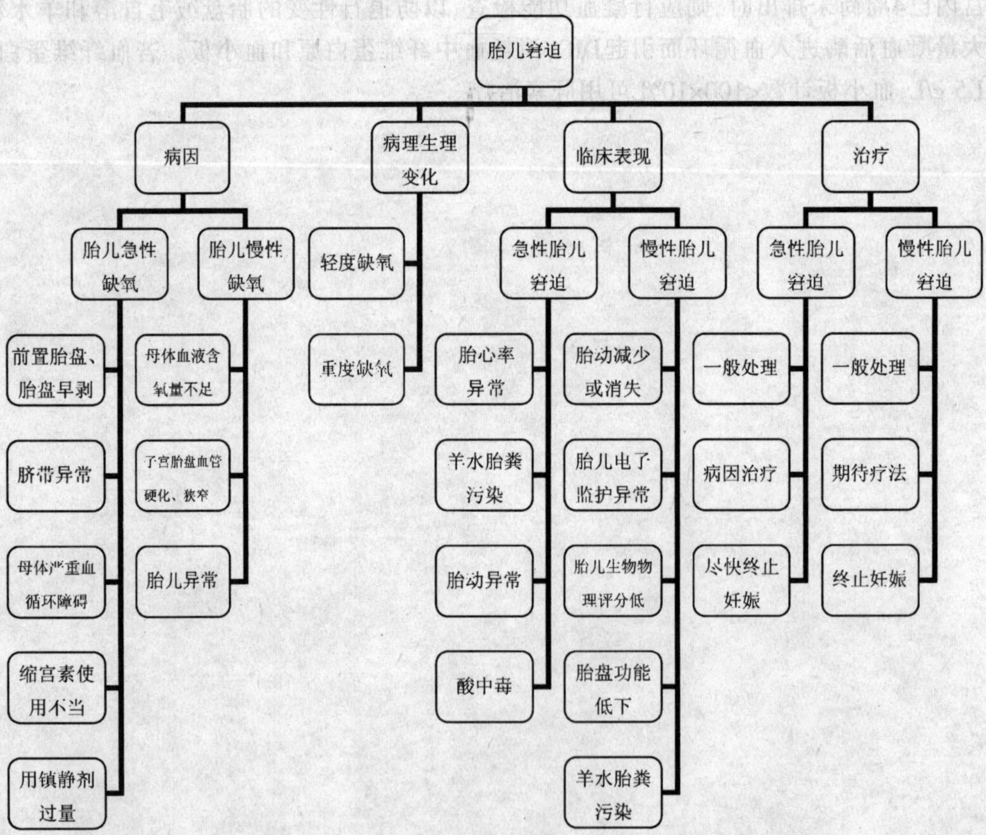

三、典型病案

患女，26岁，G_1P_0，因"停经38周，胎动减少2 d"于2009年4月26日入院。平素月经周期规则，末次月经2008年8月3日。预产期2009年5月10日。妊娠期间经过顺利。入院前2 d无明显诱因出现胎动减少。血压120/80 mmHg，产科检查：宫高34 cm，腹围90 cm，LOA，胎心120次/min，无宫缩。宫口未开，宫颈管长2 cm，质硬，居中，S–2.5。辅助检查：B型超声检查示胎头双顶径9.3 cm，胎盘后壁附着，Ⅱ级，羊水平段6.0 cm，未见胎盘早剥征象。胎心监护：胎心120次/min，监测40 min无胎动，胎心率基线变异明显减少，无激惹试验无反应型。血常规、尿常规正常。

四、临床诊治思路

该孕妇于妊娠38周出现胎动减少2 d，不伴腹痛及阴道流血，查体无明显阳性体征。胎心监护提示胎心120次/min，监测40 min无胎动，胎心率基线变异明显减少，无应激试验无反应型，考虑胎儿窘迫。询问病史患者有无腹痛、腹胀、阴道流血及流液，有无头痛、头晕及发热，有无腹部外伤、性交后阴道流血。检查患者血压及子宫松弛情况，查找可能导致胎儿窘迫的原因。患者胎动减少前无性生活、无外伤及腹部外力作用，不伴头晕及其他不适，考虑脐带异常的可能性大。胎心率基线变异是反映胎儿心脏功能储备的重要指标，胎动减少为胎儿缺氧的重要表现，临床常见胎动消失24 h后胎心消失。胎儿窘迫初期，胎儿有一定耐受力，一旦对缺氧失去耐受力就可造成胎儿重要脏器缺氧，出生后出现新生儿死亡或永久性功能损害。对胎儿窘迫要及时处理，去除病因，适时终止妊娠。有些胎儿窘迫经保守治疗，能够改善胎儿缺氧状况。本例患者经过左侧卧位、间断吸氧及改善胎盘血运等措施处理后，胎心率仍无改善，胎动不恢复，考虑胎儿可能存在采用保守治疗难以逆转的缺氧因素。此时未临产，就已存在胎儿窘迫，一旦进入产程，胎儿更加不能承受子宫收缩所造成的胎盘血供进一步减少，且妊娠已足月，胎儿已成熟，以剖宫产终止妊娠为宜。若选择期待治疗，不及时行剖宫产终止妊娠，可能会导致胎死宫内、新生儿窒息、新生儿死亡等不良后果。无论阴道分娩或剖宫产，均需做好新生儿窒息的抢救准备。

五、课后复习题

(一)名词解释

胎儿窘迫

(二)填空题

1.胎动次数每12 h小于________，则提示胎儿窘迫。

2.急性胎儿窘迫多发生在______期，慢性胎儿窘迫多发生在____期。

(三)选择题

1.估计胎儿安危，最简便的方法是 ( )

A.胎心音计数　B.缩宫素激惹试验

C.胎儿镜检查　D.胎动计数

E.胎儿头皮血pH测定

2.导致慢性胎儿窘迫的最常见原因是 ( )

A.脐带受压　B.胎盘早期剥离

C.孕妇休克　D.胎盘功能不全

E.宫缩过强

3.临产后，胎儿窘迫最常见于 ( )

A.羊水过少　　B.羊水过多

C.臀先露　　D.枕先露

E.宫缩强且频

4.胎儿缺氧的早期表现为　（　）

A.胎动频繁　　B.胎动次数减少

C.胎动次数略增加　　D.胎动减弱

E.胎动消失

5.诊断胎儿窘迫，胎儿头皮血pH应为　（　）

A.7.30~7.34　　B.7.20~7.24

C.7.25~7.29　　D.<7.20

E.7.35~7.39

6.第二产程期间诊断胎儿窘迫，最有价值的方法是　（　）

A.用听筒听取胎心率并计数　　B.测胎儿头皮血pH

C.B型超声检查羊水平段　　D.测定孕妇尿雌三醇值

E.羊膜镜观察羊水性状

7.与胎儿窘迫的病因无关的是　（　）

A.妊娠合并严重的心肺疾病　　B.急性失血及重度贫血

C.子宫胎盘血管硬化　　D.脐带异常

E.胎儿肺发育不成熟

8.对宫口未开全者，不是急性胎儿窘迫立即剖宫产指征的是　（　）

A.胎心率<120次/min或>180次/min，伴羊水Ⅱ度污染

B.羊水Ⅲ度污染伴羊水过少

C.胎儿电子监护出现频繁的晚期减速或重度变异减速

D.胎儿头皮血pH<7.20

E.胎动频繁

问题9—11

24岁初孕妇，妊娠43周，自觉胎动减少已2 d。血压110/70 mmHg，枕左前位，无头盆不称征象。

9.该孕妇最重要的检查项目是　（　）

A.胎儿监护仪检测胎心变化、血常规、Bishop宫颈成熟度评分

B.测量子宫长度和腹围、超声多普勒测胎心数

C.B型超声检测、四部触诊、胎儿监护仪检测胎心变化、Bishop宫颈成熟度评分

D.Bishop宫颈成熟度评分、超声多普勒测胎心数

E.超声多普勒测胎心数

10.为了解胎盘功能，最重要的检查项目是　（　）

A.测孕妇尿液雌激素/肌酐值　　B.测羊水胆红素类物质值

C.测羊水磷脂酰胆碱/鞘磷脂值　　D.测羊水肌酐值

E.测羊水脂肪细胞百分率

11.经上述检查证实胎盘功能减退，恰当的处理是　（　）

A.静滴缩宫素使其经阴道分娩　　B.左侧卧位，吸氧，等待自然分娩
C.行剖宫产术结束分娩　　D.刺激乳头诱发宫缩
E.静滴维生素C，吸氧，等待自然分娩

(四)问答题

1.简述急、慢性胎儿窘迫的临床表现。

2.简述急、慢性胎儿窘迫的处理。

六、复习题答案

(一)名词解释

胎儿窘迫：胎儿在宫内有缺氧征象危及胎儿健康和生命者，称为胎儿窘迫。

(二)填空题

1.10次

2.分娩　妊娠末

(三)选择题

1.D　2.D　3.E　4.A　5.D　6.B　7.E　8.E　9.C　10.A　11.C

(四)简答题

1.急性胎儿窘迫：(1)胎心率异常。缺氧早期，胎心率于无宫缩时加快，>160次/min；缺氧严重时胎心率<120次/min。胎儿电子监护可出现多发晚期减速、重度变异减速；胎心率<100次/min，基线变异<5次/min，伴频繁晚期减速提示胎儿缺氧严重，可随时胎死宫内。(2)羊水胎粪污染。(3)胎动异常。缺氧初期为胎动频繁，继而减弱及次数减少，进而消失。(4)酸中毒。采集胎儿头皮血进行血气分析，若pH<7.20(正常值7.25~7.35)，PO_2<10 mmHg(正常值15~30 mmHg)，PCO_2>60 mmHg(正常值35~55 mmHg)。

慢性胎儿窘迫：(1)胎动减少或消失。胎动<10次/12h为胎动减少。(2)胎儿电子监护异常。①NST无反应型：即持续监护20~40 min，胎动时胎心率加速≤15次/min，持续时间≤15 s；②在无胎动与宫缩时，胎心率>180次/min或<120次/min持续10 min以上；③基线变异频率<5次/min；④OCT可见频繁重度变异减速或晚期减速。(3)胎儿生物物理评分低。≤3分提示胎儿窘迫，4~7分为胎儿可疑缺氧。(4)胎盘功能低下。24 h尿雌三醇(E3)<10 mg或连续监测减少>30%，尿雌激素/肌酐值<10；妊娠特异β1糖蛋白(SP1)<100 mg/L；胎盘生乳素<4 mg/L。(5)羊水胎粪污染。羊膜镜检查见羊水呈浅绿色、深绿色及棕黄色。

2.急性胎儿窘迫：(1)一般处理。左侧卧位。应用面罩或鼻导管给氧，10 L/min，吸氧30 min/次，间隔5 min。纠正脱水、酸中毒及电解质紊乱。(2)病因治疗。若为不协调性子宫收缩过强，因缩宫素使用不当，应停用缩宫素，并给予单次静脉或皮下注射特布他林，或哌替啶100 mg肌内注射，也可给予硫酸镁肌内注射或静脉滴注抑制宫缩。若为羊水过少，有脐带受压征象，可经腹羊膜腔输液。(3)尽快终止妊娠。宫口未开全：应立即行剖宫产，指征有：①胎心率<120次/min或>180次/min，伴羊水污染Ⅱ度；②羊水污染Ⅲ度，伴羊水过少；③胎儿电子监护CST或OCT出现频繁晚期减速或重度变异减速；④胎儿头皮血pH<7.20。宫口开全：骨盆各径线正常，胎头双顶径已达坐骨棘平面以下，应尽快经阴道助娩。

慢性胎儿窘迫：根据孕周、胎儿成熟度及胎儿缺氧程度决定处理。(1)一般处理：左侧卧位。定时吸氧，每日2~3次，每次30 min。(2)期待疗法：孕周小，尽量保守治疗以期延长胎

龄,同时促胎肺成熟,争取胎儿成熟后终止妊娠。(3)终止妊娠:妊娠近足月,胎动减少,OCT出现频繁晚期减速或重度变异减速、胎儿生物物理评分<3分者,均应行剖宫产术终止妊娠。

第二节 胎膜早破

一、基本纲要

掌握:胎膜早破的临床表现及诊断和防治方法。

熟悉:胎膜早破的概念、原因、分类及其防治。

二、要点提示

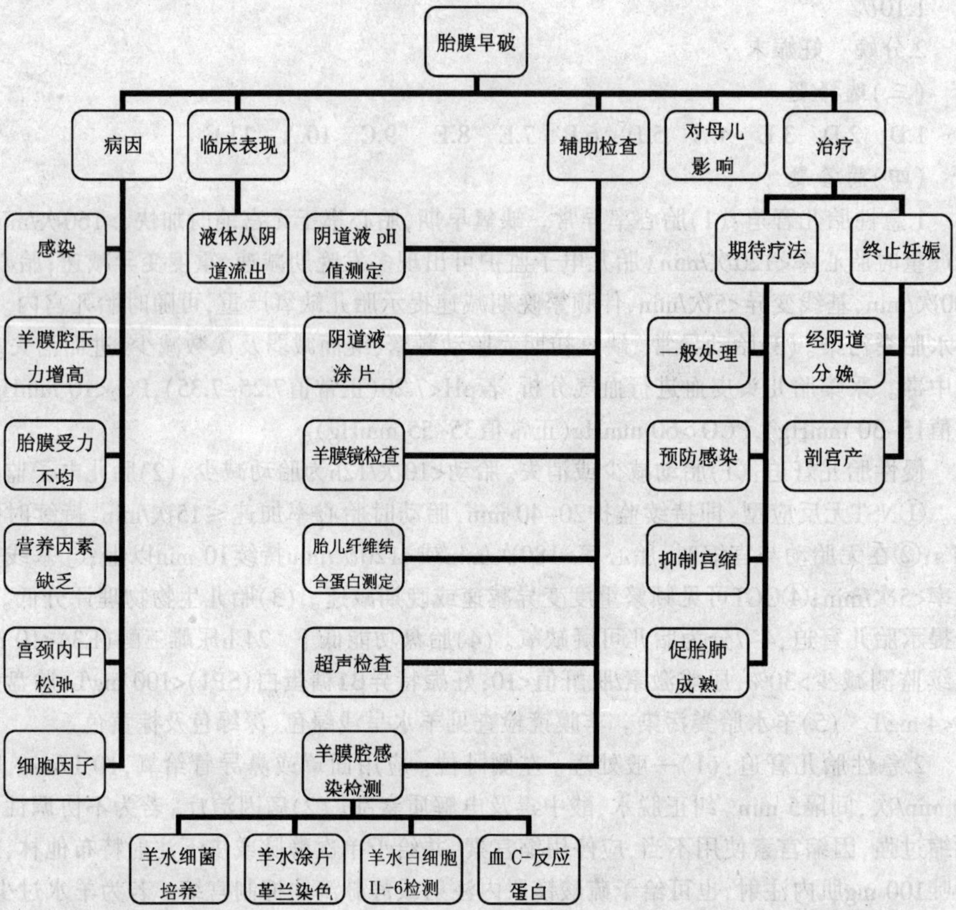

三、典型病案

患者,女,30岁。G_1P_0,因“停经38周,阴道流液12 h,伴不规律下腹部胀痛2 h”于2009年10月13日急诊入院。患者平素月经规则,末次月经2009年1月20日。孕期经过顺利,12 h前无诱因出现阴道流液,色清,伴不规律下腹胀痛2 h,无阴道流血。体格检查:体温37.2 ℃,

血压90/60 mmHg。产科检查：宫高36 cm，腹围102 cm，ROA，胎心136次/min，胎头衔接。宫缩不规律，胎头跨耻征阴性。宫颈口流出少量液体，色清，乳白色胎脂。宫颈管消退约50%，长约1 cm，软，居中，S–2。辅助检查：血常规、尿常规正常，阴道流液pH7.0。胎心监护：胎心率基线130次/min，变异幅度15~20次/min，胎动后胎心加速10~20次/min，无减速。B型超声检查示胎头双顶径9.2 cm，股骨长7.8 cm，羊水指数7.5 cm，胎盘位于后壁，Ⅱ~Ⅲ级。

四、临床诊治思路

本病例具有典型的胎膜早破的临床表现：停经38周，临产前出现阴道流液，阴道内流出少量液体，色清，乳白色胎脂。阴道流液pH7.0。诊断妊娠足月胎膜早破成立。同时出现不规律下腹胀痛，宫颈管消退约50%，故考虑患者先兆临产。胎膜早破诊断并不困难，关键在于正确处理，重点在于及时应用抗生素预防感染，适时终止妊娠。胎膜早破可引起早产、脐带脱垂及母儿感染。预防性抗感染治疗，目的在于预防宫腔感染、产褥感染，预防胎儿宫内感染。破膜>12 h，主张给予抗生素预防感染。如果破膜时间长，有感染的可能，进行羊膜腔感染检测：①羊水细菌培养；②羊水涂片革兰染色检查细菌；③羊水白细胞IL–6测定，IL–6≥7.9 ng/mL，提示羊膜腔感染；④血C–反应蛋白>8 mg/L，提示羊膜腔感染。

本例患者为妊娠足月孕妇，入院时破膜已12 h，体温正常，阴道流液无异味，血象正常。已有不规律宫缩，宫颈已近成熟，故未采用缩宫素引产。给予抗生素预防感染，等待产程自然发动。

五、课后复习题

(一)名词解释

胎膜早破

(二)填空题

1.预防胎膜早破，对宫颈内口松弛者，应于妊娠______行宫颈环扎术并卧床休息。

2.胎膜早破超过______h，应给予抗生素预防感染。

3.羊水内白细胞IL–6≥______提示羊膜腔感染。

4.阴道液干燥片可见羊齿状结晶，提示______。

(三)选择题

1.关于胎膜早破，下述哪项错误 ( )

A.可诱发早产和宫内感染　　B.胎头高浮或臀位应预防脐带脱垂

C.对孕妇感染率无明显影响　　D.破膜后阴道pH值升高

E.阴道液干燥片可见羊齿状结晶

2.阴道液的pH为何值时可提示胎膜早破 ( )

A.pH≥3.5　　B.pH≥4.5

C.pH>5.5　　D.pH≥6.5

E.pH≥7.5

3.不是胎膜早破的常见病因的是 ( )

A.瘢痕子宫　　B.生殖道上行性感染

C.羊膜腔压力升高　　D.胎先露部高浮

E.维生素C，锌、铜缺乏

问题4—6

经产妇，宫内妊娠40周，G_2P_1，头位。规律宫缩5 h，自然破水，羊水10 mL，Ⅲ度污染。胎心140~150次/min。

4.重要的处理是 ( )

A.持续吸氧，左侧卧位

B.加强宫缩，争取短时间内阴道分娩

C.胎心监护

D.消毒后内诊检查，了解宫口扩大情况

E.抗生素预防感染

5.检查宫口开全，先露部已达坐骨棘平面以下3 cm。正确的处理是 ( )

A.剖宫产并做好新生儿抢救准备

B.持续吸氧，指导产妇屏气用力，阴道助产，做好新生儿抢救准备

C.指导产妇屏气用力，开放静脉，纠正产妇酸中毒

D.阴道助产，开放静脉，纠正产妇酸中毒

E.开放静脉，纠正产妇酸中毒

6.检查宫口开3 cm，先露部达坐骨棘平面以下1 cm。正确的处理是 ( )

A.剖宫产并做好新生儿抢救准备

B.持续吸氧，指导产妇屏气用力，阴道助产，做好新生儿抢救准备

C.指导产妇屏气用力，开放静脉，纠正产妇酸中毒

D.阴道助产，开放静脉，纠正产妇酸中毒

E.开放静脉，纠正产妇酸中毒

问题7—9

34岁初产妇，胎膜已破24 h，临产8 h，胎动明显减少1 d。住院后查体：体温39 ℃，脉搏120次/min，血压90/60 mmHg，枕右前位，先露S+2，胎心100次/min。胎心监测出现多个晚期减速。宫体压痛，宫口开大3 cm。血象：白细胞计数18×10^9/L，中性粒细胞95%，淋巴细胞5%。

7.本例正确的诊断是 ( )

A.胎膜早破、胎儿窘迫、产时感染　　B.高龄初产

C.产时感染、先兆子宫破裂　　D.先兆子宫破裂、胎儿窘迫

E.胎儿窘迫、先兆子宫破裂

8.本例正确的处理是 ( )

A.10%葡萄糖液内加维生素C静滴、静注缩宫素促进产程进展

B.静脉滴注广谱抗生素、静注缩宫素促进产程进展

C.促胎肺成熟

D.静注缩宫素促进产程进展

E.吸氧、静脉滴注广谱抗生素、行剖宫产术

9.2 h后产妇体温更高达40 ℃，心率140次/min，血压66/40 mmHg，子宫压痛明显，下腹反跳痛轻度，此时正确的处理是 ( )

A.静滴大剂量广谱抗生素抗感染　　B.使用肾上腺皮质激素抗休克

C.抗休克抗感染同时行剖宫产术　　D.抗休克抗感染同时输注白蛋白

E.纠正酸中毒和抗感染

问题10、11

26岁初产妇，妊娠41周，宫口开全1 h 30 min，胎心114次/min，胎膜已破，羊水浑浊绿色，胎头S+4，枕右前位。

10.本例正确的诊断是　（　）

A.胎膜早破、胎儿窘迫、羊水污染　　B.胎儿窘迫

C.胎儿窘迫、羊水污染　　D.胎膜早破、胎儿窘迫

E.胎膜早破

11.此时恰当的处理是　（　）

A.吸氧，等待自然分娩　　B.产钳术助娩

C.胎头吸引术助娩　　D.静脉滴注缩宫素加速产程进展

E.立即行剖宫产术

问题12、13

患者，女，23岁，孕34周，咳嗽3 d，剧咳后突感外阴水样物流出12 h，测体温37.8 ℃，胎心140次/min，胎动好。B型超声检查羊水池深度3.5 cm。

12.判断有否羊膜腔感染，下述检查价值较小的是　（　）

A.测体温　　B.羊水培养

C.羊水涂片革兰染色检查细菌　　D.羊水白细胞介素-6≥7.9 ng/mL

E.血C反应蛋白>8 mg/L

13.下述处理错误的是　（　）

A.绝对卧床　　B.抗生素预防感染

C.经腹羊膜腔输液　　D.抑制子宫收缩

E.促进胎儿肺成熟

问题14、15

25岁孕妇，孕36周，性交后阴道突然流水，考虑为胎膜早破。

14.下述检查结果不符合胎膜早破的是　（　）

A.阴道液pH值6.3

B.肛诊将胎先露部上推，见阴道流液量增加

C.阴道液涂片干燥后可见羊齿状结晶

D.苏丹染色见黄色脂肪小粒

E.羊膜镜检查看不到前羊膜囊

15.如确诊胎膜早破，下述处理正确的是　（　）

A.立即静脉滴注硫酸镁保胎　　B.给予抗生素预防感染

C.立即剖宫产　　D.等待足月自然分娩

E.胎儿肺成熟，宫颈成熟者给予引产

（四）问答题

1.胎膜早破的诊断方法是什么？

2.胎膜早破的治疗原则是什么？

六、复习题答案

(一)名词解释

胎膜早破:在临产前胎膜破裂,称为胎膜早破。

(二)填空题

1.14~16周

2.12

3.7.9 ng/mL

4.胎膜早破

(三)单项选择题

1.C 2.D 3.A 4.D 5.B 6.A 7.A 8.E 9.C 10.A 11.D 12.A 13.C 14.A 15.B

(四)简答题

1.孕妇突感有较多液体从阴道流出,可混有胎脂及胎粪,无腹痛等其他产兆。阴道窥器检查见阴道后穹隆有羊水积聚或有羊水自宫口流出,即可确诊胎膜早破。辅助检查:(1)阴道液pH值测定,羊水pH≥6.5,提示胎膜早破。(2)阴道液涂片检查,镜检可见羊齿植物叶状结晶为羊水。用0.5%硫酸尼罗蓝染色,于镜下见橘黄色胎儿上皮细胞,用苏丹Ⅲ染色见黄色脂肪小粒,均可确定为羊水。(3)羊膜镜检查,可直视胎先露部,看不到前羊膜囊,即可诊断为胎膜早破。(4)胎儿纤维结合蛋白>0.05 mg/L,易发生胎膜早破。

2.(1)期待疗法:适用于妊娠28~35周、胎膜早破不伴感染、羊水平段≥3 cm者。①一般处理:绝对卧床,保持外阴清洁,避免不必要的肛诊及阴道检查,密切观察产妇体温、心率、宫缩、阴道流液性状和血白细胞计数。②预防性应用:破膜超过12 h,应给予抗生素预防感染。③子宫收缩抑制剂的应用:有宫缩者,静脉滴注硫酸镁等。④促胎肺成熟:妊娠35周前,应给予倍他米松12 mg,静脉滴注,每日1次,共2次,或地塞米松10 mg静脉滴注,每日1次,共2次。(2)终止妊娠。①经阴道分娩:妊娠35周后,胎肺成熟,宫颈成熟,无禁忌证可引产。②剖宫产:胎头高浮,胎位异常,宫颈不成熟,胎肺成熟,明显羊膜腔感染,伴有胎儿窘迫,抗感染同时行剖宫产术终止妊娠,做好新生儿复苏准备。

第十六章 妊娠合并内科疾病

第一节 心脏病

一、基本纲要

掌握：妊娠合并心脏病的临床表现及处理。

熟悉：心功能分级及心脏病患者的孕前咨询。

了解：妊娠与心脏病的互相影响。

二、要点提示

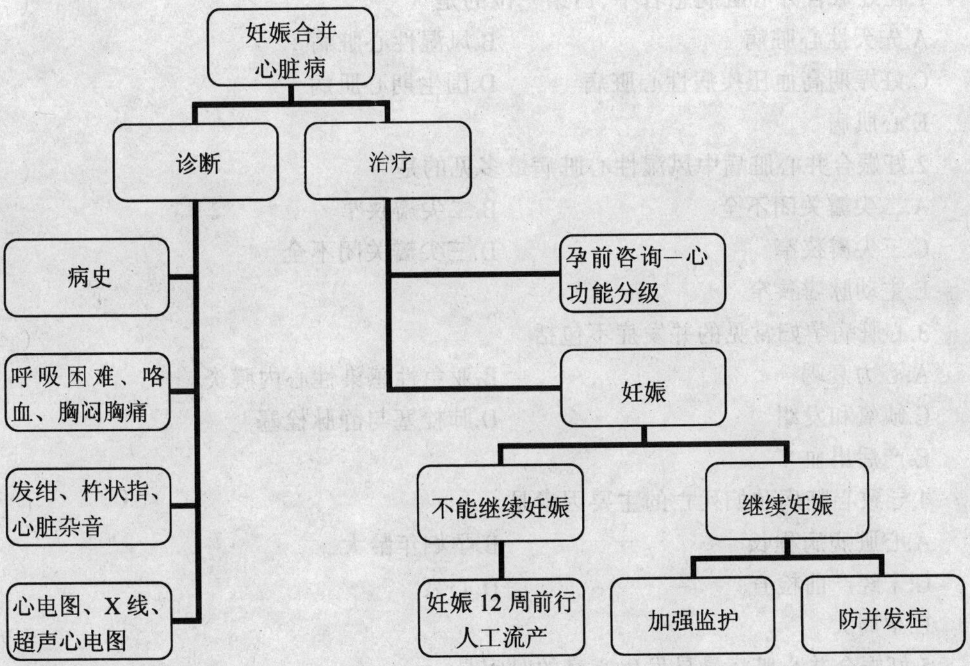

三、典型病案

患者，女，27岁，已婚，G_1P_0，孕36周，因爬坡、上楼时心悸气促就诊。体格检查：脉搏88次/min，呼吸22次/min，叩诊心稍向左扩大，听诊心尖区及肺动脉瓣区均有Ⅱ级收缩期吹风性杂音，左肺基底部偶有啰音，下肢水肿(+)。

四、临床诊治思路

1.孕妇出现心悸、气促应考虑妊娠合并心脏病，其有意义的诊断依据为：①妊娠前有心悸、气短、心力衰竭史，或曾有风湿热病史，或曾被诊断有器质性心脏病。②呼吸困难。③发绀、杵状指、持续性颈静脉怒张。心脏听诊有舒张期2级以上或粗糙的全收缩期3级以上杂音。有心包摩擦音、舒张期奔马律和交替脉等。④心电图有严重心律失常。⑤X线检查显示心脏显著扩大。超声心动图检查示心肌肥厚、瓣膜运动异常、心内结构畸形。而该孕妇孕36周，爬坡、上楼时心悸气促，脉搏88次/min，呼吸22次/min，叩诊心稍向左扩大，听诊心尖区及肺动脉瓣区均有Ⅱ级收缩期吹风性杂音，左肺基底部偶有啰音，下肢水肿(+)，考虑为正常妊娠改变，因妊娠后期膈肌升高，心脏向左、上、前方移位，更贴近胸壁。心尖搏动左移1~2 cm，心浊音界稍扩大。心脏移位使大血管轻度扭曲，加之血流量增加及血流速度加快，多数孕妇心尖区可听及I~Ⅱ级柔和吹风样收缩期杂音，产后逐渐消失。为明确诊断可行心电图检查及超声心动图检查，动态观察。

五、课后复习题集

(一)填空题

妊娠合并心脏病易发生心衰的时间是______、______、______。

(二)选择题

1.在妊娠合并心脏病患者中，占第一位的是 (　　)

A.先天性心脏病　　B.风湿性心脏病

C.妊娠期高血压疾病性心脏病　　D.围生期心肌病

E.心肌病

2.妊娠合并心脏病中风湿性心脏病最多见的是 (　　)

A.二尖瓣关闭不全　　B.二尖瓣狭窄

C.三尖瓣狭窄　　D.三尖瓣关闭不全

E.主动脉瓣狭窄

3.心脏病孕妇常见的并发症不包括 (　　)

A.心力衰竭　　B.亚急性感染性心内膜炎

C.缺氧和发绀　　D.肺栓塞与静脉栓塞

E.产后出血

4.导致心脏病孕妇死亡的主要因素是 (　　)

A.心脏病病程长　　B.孕妇年龄大

C.未经产前检查　　D.心衰

E.孕周大

5.妊娠合并心脏病最易发生心衰的时间是 (　　)

A.32~34周　　B.产后7 d

C.第一产程　　D.第二产程

E.产后3 d内

6.孕早期心脏病患者，决定是否能继续妊娠的重要依据是 (　　)

A.心脏病种类　　B.心脏病变部位

C.心功能分级　　D.症状严重程度

E.是否有以往生育史

7.妊娠合并风湿性心脏病,是早期心衰的可靠诊断依据的体征是 ( )

A.心界扩大 B.心尖部闻及Ⅱ级收缩期杂音

C.肺底部持续性湿啰音 D.休息时心率>110次/min

E.下肢凹陷性水肿

8.关于妊娠合并心脏病的处理下列错误的是 ( )

A.发绀型心脏病患者经手术矫治,心功能改善为Ⅰ~Ⅱ级者,可以妊娠

B.早孕期有心衰发作者,应于心衰控制后终止妊娠

C.换瓣手术的心脏病妇女,由于凝血功能的特殊要求,不宜妊娠

D.单纯因二尖瓣病变而心功能恶化的孕期妇女,可以孕期做心脏矫治手术后继续妊娠

E.心功能Ⅲ级以上者,产后不宜哺乳,应于产褥早期回乳

9.妊娠合并心脏病,早期心衰的预防下述错误的是 ( )

A.积极治疗贫血 B.防治妊娠期高血压疾病

C.防治上呼吸道感染 D.充足睡眠避免过劳

E.饮食宜富于营养不必限盐

10.28岁,女性,风湿性心脏病、二尖瓣狭窄病史5年,平时不用药,登三楼无明显不适。孕5月起活动时常有轻度心慌、气促。现孕38周,因心悸、咳嗽、夜间不能平卧、心功能Ⅲ级而急诊入院。在制订治疗计划时,最佳的方案是 ( )

A.积极控制心衰后终止妊娠 B.积极控制心衰,同时行剖宫产术

C.积极控制心衰,同时行引产术 D.适量应用抗生素后继续妊娠

E.纠正心功能,等待自然临产

11.心脏病产妇胎儿娩出后应立即 ( )

A.腹部放置沙袋 B.静注麦角新碱

C.鼓励下床活动 D.抗感染

E.行绝育手术

问题12—14

经产妇,30岁,孕38周,妊娠合并心脏病,心功能Ⅲ级,腹围112 cm,宫高37 cm,临产后潜伏期10 h,外院转入,肛查宫口开2 cm,先露S-3,未破膜。

12.最恰当的处理是 ( )

A.严密监护分娩 B.立即剖宫产

C.给镇静剂 D.人工破膜

E.催产素静滴,加强宫缩

13.如行剖宫产,下列处置方式正确的是 ( )

A.选择连续硬膜外阻滞麻醉 B.麻醉剂中不应加用肾上腺素

C.术中、术后应严格限制输液量 D.可同时行输卵管结扎术

E.以上均正确

14.产后注意事项不包括 ( )

A.产褥期产后3 d内,尤其产后24 h内,产妇必须充分休息并密切监护

B.应重点预防产后出血、感染和血栓栓塞

C.不宜哺乳

D.产后1周行绝育术

E.限制液体输液量

(三)简答题

1.为什么说心脏病孕妇极易在分娩期发生心力衰竭?

2.试述心脏病孕妇的心功能分级。

六、复习题答案

(一)填空题

妊娠32~34周　分娩期　产后3 d内

(二)选择题

1.A　2.B　3.E　4.D　5.A　6.C　7.D　8.C　9.E　10.A　11.A　12.B　13.E　14.D

(三)简答题

1.分娩期为心脏负担最重的时期。子宫收缩使孕妇动脉压与子宫内压之间压力差减小,且每次宫缩时有250~500 mL液体被挤入体循环,因此全身血容量增加;每次宫缩时心排血量约增加24%,同时血压增高、脉压增宽及中心静脉压升高。第二产程时由于孕妇屏气,先天性心脏病孕妇有时可因肺循环压力增加,使原来左向右分流转为右向左分流而出现发绀。胎儿胎盘娩出后,子宫突然缩小,胎盘循环停止,回心血量增加。另外,腹腔内压骤减,大量血液向内脏灌注,造成血流动力学急剧变化。此时,患心脏病孕妇极易发生心力衰竭。

2.心脏功能有两种分级方法,第一种依据患者生活能力状况,将心脏病孕妇心功能分为4级。Ⅰ级:一般体力活动不受限制。Ⅱ级:一般体力活动轻度受限制,活动后心悸、轻度气短,休息时无症状。Ⅲ级:一般体力活动明显受限制,休息时无不适,轻微日常工作即感不适、心悸、呼吸困难,或既往有心力衰竭史者。Ⅳ级:一般体力活动严重受限制,不能进行任何体力活动,休息时有心悸、呼吸困难等心力衰竭表现。

第二种是根据客观检查手段(心电图、负荷试验、X线、超声心动图等)来评估心脏病严重程度。A级:无心血管病的客观依据。B级:客观检查表明属于轻度心血管病患者。C级:客观检查表明属于中度心血管病患者。D级:客观检查表明属于重度心血管病患者。

第二节　急性病毒性肝炎

一、基本纲要

掌握:妊娠合并肝炎的临床表现及诊断要点。

熟悉:妊娠合并乙肝的严重性,妊娠和乙肝两者的相互影响,乙肝与妊娠期肝内胆汁淤积症的鉴别。

了解:乙肝在我国的高发地区,乙肝或乙肝病毒携带者在妊娠期母婴垂直感染的危害性,对新生儿常规接种乙肝疫苗的重要意义。

二、要点提示

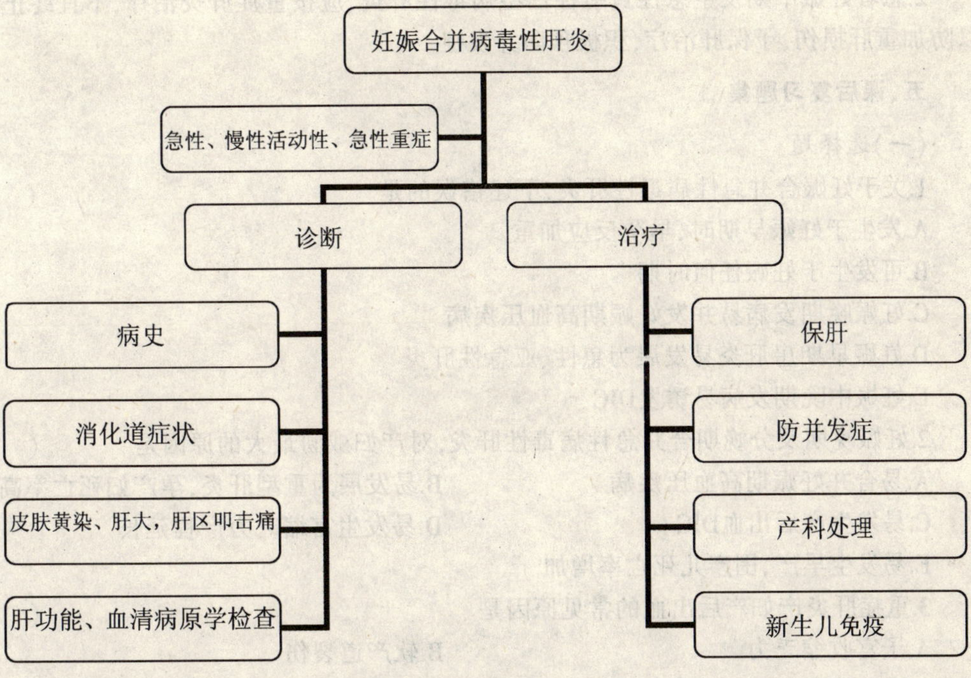

三、典型病案

患者，女，32岁，已婚，G_1P_0，孕3月余。近一周出现畏寒、发热、食欲减退、恶心、呕吐、乏力，自认为妊娠反应未重视，晨起发现巩膜黄染、尿色深黄，遂来就诊。体格检查：巩膜、全身皮肤黏膜轻度黄染，肝大、肝区叩击痛，宫底于耻骨联合上缘1横指可及。辅助检查：多普勒闻及胎心142次/min。肝功示ALT 420 U/L，血清胆红素1.21 mg/dL，HBsAg阳性。

四、临床诊治思路

1.孕期出现恶心、呕吐、乏力等消化道症状及肝功能异常考虑为妊娠剧吐引起的肝损害、妊娠合并病毒性肝炎、妊娠期肝内胆汁淤积症、妊娠期急性脂肪肝。(1)妊娠合并病毒性肝炎：患者与病毒性肝炎患者有密切接触史，或半年内输血、注射血制品史。有食欲减退、恶心、呕吐、腹胀、肝区痛等消化道症状，部分患者有皮肤巩膜黄染、尿色深黄。妊娠早、中期可触及肝大，并有肝区叩击痛。血清ALT增高，血清胆红素在17 μmol/L(1 mg/dL)以上，尿胆红素阳性，血清病原学检测阳性即可诊断。(2)妊娠期肝内胆汁淤积症：是发生在妊娠晚期、以瘙痒及黄疸为特点的疾病。实验室检查胆酸明显升高，转氨酶轻度升高，胆红素正常或升高，血清病毒学检查抗原和抗体均阴性，肝活检主要为胆汁淤积。(3)妊娠期急性脂肪肝：多见于妊娠30周以上，尤其是妊娠36~40周，以初孕妇居多。起病时常有上腹部疼痛、恶心、呕吐等消化道症状，进一步发展出现凝血功能障碍、出血倾向、低血糖、黄疸、肝性脑病等。肝功能检查转氨酶升高，直接胆红素和间接胆红素均升高，但尿胆红素常阴性。肝脏活检示肝细胞严重脂肪变性为确诊依据。(4)妊娠剧吐引起的肝损害：妊娠剧吐可致肝功能轻度异常，严重病例可引起肝肾功能受损。纠正酸碱失衡与水、电解质紊乱后病情迅速好转，肝功能可以完全恢复。肝炎病毒血清标志物阴性有助于鉴别诊断。

2.患者妊娠中期发生急性黄疸性乙型病毒性肝炎，应按重症肝炎治疗，不宜终止妊娠以防加重肝损伤，予保肝治疗，积极预防并发症。

五、课后复习题集

(一)选择题

1.关于妊娠合并急性病毒性肝炎，下述错误的是 ( )

A.发生于妊娠早期时，早孕反应加重

B.可发生于妊娠任何时期

C.妊娠晚期发病易并发妊娠期高血压疾病

D.妊娠早期患肝炎易发展为急性、亚急性肝炎

E.妊娠中晚期发病易诱发DIC

2.妊娠晚期及分娩期合并急性病毒性肝炎，对产妇威胁最大的原因是 ( )

A.易合并妊娠期高血压疾病

B.易发展为重型肝炎，孕产妇死亡率高

C.易发生产后出血DIC

D.易发生宫缩乏力产程延长

E.易发生早产，围产儿死亡率增加

3.重症肝炎产妇产后出血的常见原因是 ( )

A.子宫收缩乏力

B.软产道裂伤

C.胎盘粘连

D.胎盘残留

E.凝血功能障碍

4.妊娠合并重症病毒性肝炎时，口服新霉素是为了 ( )

A.预防感染

B.减少游离氨及其他毒素的形成

C.消除肠道内感染灶

D.控制重症肝炎进展

E.抑制需氧菌和厌氧菌

5.乙型肝炎母婴传播途径中不正确的是 ( )

A.经胎盘传播

B.分娩时经血或羊水传播

C.产后接触母唾液或汗液

D.乳汁传播

E.粪便传播

6.确诊妊娠期病毒性肝炎的根据是 ( )

A.蛋白尿和水肿

B.皮肤瘙痒和黄疸

C.黄疸，嗜睡，昏迷

D.上腹疼痛，吐咖啡样物

E.血ALT升高，HBsAg阳性

7.妊娠合并急性病毒性肝炎的治疗，错误的是 ( )

A.早孕期应治疗后行人工流产

B.孕中、晚期尽量避免终止妊娠

C.妊娠继续时，防治妊娠期高血压疾病

D.分娩时缩短第二产程及防治产后出血

E.产后不宜哺乳者给予口服雌激素退奶

8.一高龄经产妇，孕32周，早孕中孕期检查无明显异常，最近食欲减退且伴恶心、呕吐、乏力、皮肤黄染来诊。检查血压130/90 mmHg，查ALT为324 U/L，胆红素轻度升高。最可能的诊断是 ( )

A.急性病毒性肝炎　　B.HELLP综合征

C.急性妊娠脂肪肝　　D.妊娠期胆汁淤积症

E.妊娠剧吐引起的肝损害

9.30岁初产妇，孕38周，诊断为急性病毒性肝炎，经1周的治疗无明显好转从外院转来。查血压140/90 mmHg，血清ALT 380 U/L，血清胆红素1 mg/dL，对其处理不妥的是（　）

A.积极控制24 h后剖宫产　　B.若宫颈条件好，可经阴道分娩，避免滞产

C.产后应用广谱抗生素预防感染　　D.新生儿出生后应注射乙肝疫苗

E.产后不易母乳喂养

10.病毒性肝炎对妊娠的影响，下述错误的是（　）

A.妊娠早期患肝炎致畸发生率高

B.妊娠早期患肝炎易发展为急性、亚急性肝炎

C.妊娠晚期发病易并发妊娠期高血压疾病

D.妊娠中、晚期发病易诱发DIC

E.妊娠期发生病毒性肝炎致围生儿死亡率高

问题11—14

28岁经产妇，孕36周，近5 d感疲乏逐渐加重，出现食欲极度减退、频繁呕吐、腹胀、腹水等，黄疸迅速加深，出现肝臭气味，肝脏进行性缩小。肝功能检测：酶胆分离，白蛋白/球蛋白倒置。

11.该病诊断为（　）

A.急性重症肝炎　　B.慢性活动型肝炎

C.淤胆型肝炎　　D.急性黄疸型肝炎

E.妊娠急性脂肪肝

12.正确的处理是（　）

A.积极治疗肝炎，避免终止妊娠

B.治疗肝炎同时终止妊娠

C.积极治疗肝炎，等待自然临产

D.经积极控制24 h后迅速终止妊娠

E.积极治疗肝炎，等胎肺成熟后终止妊娠

13.孕妇于妊娠早期患重症肝炎，正确的处理应是（　）

A.药物治疗重症肝炎　　B.肝炎好转后继续妊娠

C.先行人工流产术　　D.治疗肝炎的同时行人工流产术

E.治疗肝炎，待病情好转行人工流产术

14.妊娠合并肝炎，关于终止妊娠的说法正确的是（　）

A.经阴道分娩增加胎儿感染病毒概率，妊娠合并肝炎是剖宫产的绝对指征

B.应用抗生素可加重肝负担，应尽量避免使用

C.终止妊娠前孕妇肌注维生素K_1防产后出血

D.经阴道分娩产妇体力消耗大，不宜阴道分娩

E.胎儿娩出后立即使用缩宫素，以防宫缩乏力致产后出血

(二)简答题

急性重症肝炎的临床表现有哪些?

六、复习题答案

(一)选择题

1.D 2.B 3.E 4.B 5.E 6.E 7.E 8.A 9.B 10.B 11.A 12.D 13.E 14.C

(二)简答题

急性肝炎的症状明显加重,出现食欲极度减退、频繁呕吐、腹胀、腹水等,黄疸迅速加深,出现肝臭气味,肝脏进行性缩小。肝功能明显异常:酶胆分离,白蛋白/球蛋白倒置,血清总胆红素值>171 μmol/L(10 mg/dL)。

第三节 糖尿病

一、基本纲要

掌握:妊娠合并糖尿病的临床表现、辅助检查及处理要点。

熟悉:糖尿病与妊娠的相互影响。

了解:妊娠合并糖尿病的分期。

二、要点提示

妊娠合并糖尿病分为糖尿病合并妊娠与妊娠期糖尿病。根据病史、临床表现、空腹血糖测定确定诊断。治疗以饮食治疗与药物治疗为主。

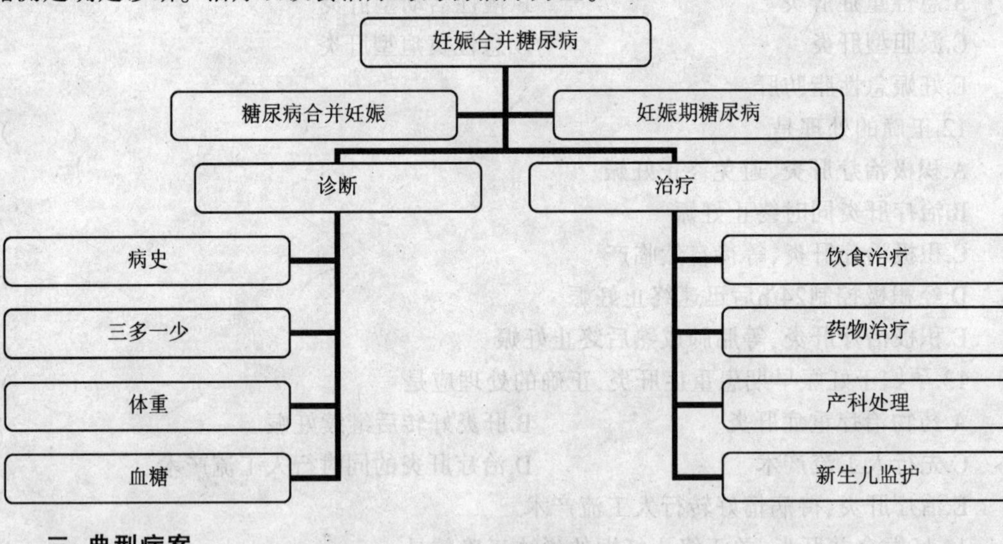

三、典型病案

患者,女,31岁,已婚,G_1P_0,妊娠5个月。发现尿糖(+),口服葡萄糖耐量试验结果:空腹血糖6.6 mmol/L,2 h血糖10.6 mmol/L。既往无糖尿病史。

四、临床诊治思路

1.妊娠期若出现尿糖(+),首先考虑为妊娠生理性糖尿,这是因为妊娠期肾脏GFR增加，肾小管对葡萄糖再吸收能力不能相应增加，约15%孕妇饭后出现生理性糖尿。但妊娠期胰岛功能旺盛，血胰岛素增加，故孕妇空腹血糖值稍低于非孕妇女。如尿糖(+)同时空腹血糖升高就应考虑为妊娠合并糖尿病，其诊断依据包括：①具有糖尿病家族史、年龄>30岁、肥胖、巨大儿分娩史、无原因反复流产史、死胎、死产、足月新生儿呼吸窘迫综合征儿分娩史、胎儿畸形史等糖尿病高危因素。②妊娠期有三多症状，或外阴阴道假丝酵母菌感染反复发作，孕妇体重>90 kg。③实验室检查：a.尿糖阳性。b.两次或两次以上空腹血糖≥5.8 mmol/L者。c.糖筛查试验阳性。d.糖耐量试验两项或两项以上达到或超过正常值。据此，该患者诊断为妊娠合并糖尿病。

2.妊娠合并糖尿病分为糖尿病合并妊娠与妊娠期糖尿病。妊娠前已有糖尿病的患者妊娠，为糖尿病合并妊娠；妊娠期糖尿病是妊娠后才发生或首次发现的糖尿病。该患者既往无糖尿病史，妊娠5个月，发现尿糖(+)，口服葡萄糖耐量试验结果阳性，为妊娠期糖尿病。

五、课后复习题集

(一)名词解释

1.糖尿病合并妊娠　2.妊娠期糖尿病

(二)选择题

1.孕妇长时间空腹易发生低血糖及酮症酸中毒的病理基础是　(　　)

A.孕妇空腹血糖较非孕妇低　　B.孕妇对胰岛素敏感

C.孕期肾小管对糖没有再吸收　　D.雌激素增加母体对葡萄糖的利用

E.孕激素增加母体对葡萄糖的利用

2.妊娠合并糖尿病发生糖尿病酮症酸中毒的常见诱因不包括　(　　)

A.妊娠期糖尿病未得到及时诊断而导致血糖过高

B.糖尿病患者未及时治疗或血糖控制不满意时妊娠，随孕周增加胰岛素用量未及时调整

C.使用肾上腺皮质激素和β-肾上腺素能受体兴奋剂干扰糖代谢

D.合并感染时胰岛素未及时调整用量

E.并发妊娠期高血压疾病

3.糖尿病对胎婴儿的影响，下述错误的是　(　　)

A.畸胎儿发生率高　　B.胎儿胰岛素分泌减少

C.新生儿易发生反应性低血糖症　　D.围产儿死亡率高

E.新生儿常规按早产婴护理

4.妊娠合并糖尿病终止妊娠时间最好是　(　　)

A.妊娠<35周　　B.妊娠<36周

C.妊娠36~37周　　D.妊娠38~39周

E.妊娠39~40周

5.糖尿病对孕妇的影响，错误的是　(　　)

A.抵抗力下降，合并呼吸道感染最常见　　B.妊娠高血压疾病发生率达50%

C.羊水过多发生率比非糖尿病孕妇高10倍　　D.高血糖孕妇流产率可达15%~30%

E.难产、产道损伤、手术产的几率增高

6.糖尿病对胎婴儿的影响，错误的是 （ ）

A.巨大胎儿发生率为25%~42% B.胎儿畸形发生率为6%~8%

C.早产发生率为10%~25% D.胎儿生长受限发生率低

E.新生儿RDS发生率高

7.关于妊娠期糖尿病（GDM）的筛查与诊断，错误的是 （ ）

A.GDM孕妇空腹血糖可能正常，容易漏诊

B.高龄、肥胖的孕妇，为GDM高危因素

C.GDM孕妇常较早出现三多一少症状

D.50 g葡萄糖筛查≥7.8 mmol/L，为糖筛查阳性

E.OGTT试验，2项或2项以上异常，GDM诊断成立

8.妊娠合并糖尿病的说法，下列错误的是 （ ）

A.如为糖尿病患者血糖控制正常后方可妊娠 B.孕期加强监护

C.OGTT筛查时间为22~24周 D.D、F、R级糖尿病不宜妊娠

E.妊娠合并糖尿病再次妊娠复发率高

问题9、10

32岁妇女，G_1P_0，现停经8周。24岁体检时发现糖尿病，用药物控制病情稳定，最近检查空腹血糖6.1 mmol/L。

9.按White分类法，该孕妇糖尿病的分期为 （ ）

A.A1级 B.A2级

C.B级 D.C级

E.D级

10.是否可以继续妊娠 （ ）

A.行人工流产终止妊娠 B.血糖控制满意后行人工流产

C.行药物流产 D.血糖控制满意后行药物流产

E.积极治疗，严密监护下继续妊娠

（三）简答题

1.糖尿病如何分期？

2.妊娠期血糖控制满意标准是什么？如何控制血糖？

六、复习题答案

（一）名词解释

1.糖尿病合并妊娠：妊娠前已有糖尿病的患者妊娠，称为糖尿病合并妊娠。

2.妊娠期糖尿病：妊娠前糖代谢正常或有潜在糖耐量减退，妊娠期才出现或发现糖尿病，称为妊娠期糖尿病。

（二）选择题

1.A 2.E 3.B 4.D 5.A 6.D 7.C 8.C 9.C 10.E

（三）简答题

1.依据患者发生糖尿病的年龄、病程以及是否存在血管并发症等进行分期（White分

类法)，有助于判断病情的严重程度及预后。A级：妊娠期出现或发现的糖尿病。A1级：经控制饮食，空腹血糖<5.8 mmol/L，餐后2 h血糖<6.7 mmol/L。A2级：经控制饮食，空腹血糖≥5.8 mmol/L，餐后2 h血糖≥6.7 mmol/l。B级：显性糖尿病，20岁以后发病，病程<10年。C级：发病年龄10~19岁或病程达10~19年。D级：10岁前发病，或病程≥20年，或合并单纯性视网膜病。F级：糖尿病性肾病。R级：眼底有增生性视网膜病变或玻璃体出血。H级：冠状动脉粥样硬化性心脏病。T级：有肾移植史。

2.妊娠期血糖控制满意标准：孕妇无明显饥饿感，空腹血糖控制在3.3~5.6 mmol/L；餐前30 min血糖3.3~5.8 mmol/L；餐后2 h血糖4.4~6.7 mmol/L；夜间血糖4.4~6.7 mmol/L。可通过控制饮食及药物治疗控制血糖，多数妊娠期糖尿病患者经合理饮食控制和适当运动治疗，均能控制血糖在满意范围。药物治疗时胰岛素是主要的治疗药物。

第四节　贫　血

一、基本纲要

掌握：妊娠合并贫血的临床表现及诊治。

熟悉：贫血对妊娠的影响及分类。

了解：妊娠合并贫血的病因。

二、要点提示

妊娠合并贫血分为缺铁性、巨细胞性、再生障碍性贫血，诊断依靠临床表现、辅助检查。治疗以针对原因治疗为主。

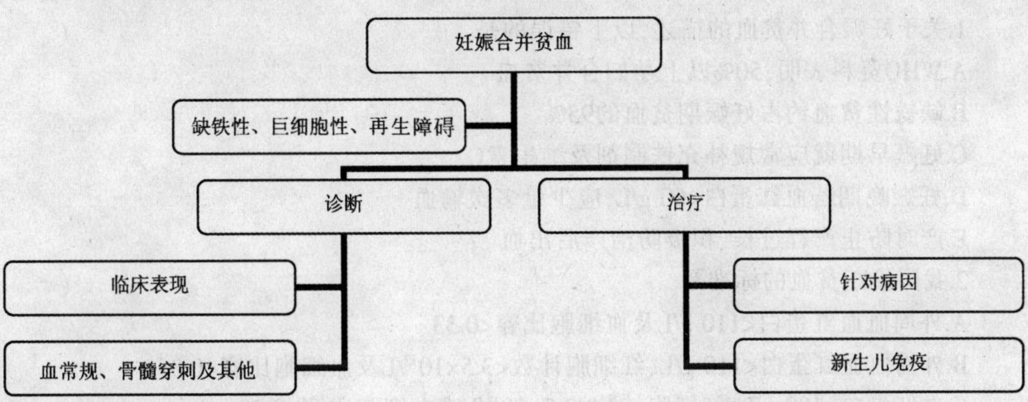

三、典型病案

患者，女，22岁，G_1P_0，孕34周，自觉一周来疲乏无力，体格检查：体温36.8 ℃，睑结膜、甲床苍白，周身无淤斑，无牙龈出血，心律齐，脉搏88次/min，心尖部可闻及Ⅱ级收缩期吹风样杂音，双肺呼吸音清，胎心144次/min。辅助检查：血常规白细胞(WBC)1.0×10^9/L，红细胞(RBC)2.8×10^{12}/L，血红蛋白(Hb)70 g/L，血小板(Plt)33×10^9/L，血细胞比容0.26，红细胞平均体积(MCV)71 fL，红细胞平均血红蛋白浓度(MCHC)28%。

四、临床诊治思路

1.孕期出现疲乏无力、贫血貌,首先考虑为妊娠合并贫血,其中尤以缺铁性贫血最为多见,但尚需排外巨细胞性贫血、再生障碍性贫血。①缺铁性贫血:患者乏力、头晕、心悸、气短、食欲缺乏、腹胀、腹泻、皮肤黏膜苍白、皮肤毛发干燥、指甲脆薄以及口腔炎、舌炎等。外周血涂片为小红细胞低血红蛋白性贫血,血清铁浓度<6.5 μmol/L,骨髓象见红细胞系统造血呈轻度或中度增生活跃,以中、晚幼红细胞增生为主,骨髓铁染色可见细胞内外铁均减少,尤以细胞外铁减少明显。②巨细胞性贫血:除贫血症状外,还有周围神经炎症状如手足麻木、针刺、冰冷及行走困难。血常规为大细胞性贫血,大卵圆形红细胞增多,中性粒细胞分叶过多,粒细胞体积增大,核肿胀,网织红细胞减少,血小板通常减少。血清叶酸<6.8 nmol/L、红细胞叶酸<227 nmol/L提示叶酸缺乏。血清维生素B_{12}<90 pg,提示维生素B_{12}缺乏。骨髓象见红细胞系统呈巨幼细胞增生,不同成熟期的巨幼细胞系列占骨髓细胞总数的30%~50%,核染色质疏松,可见核分裂。③再生障碍性贫血:表现为进行性贫血、皮肤及内脏出血及反复感染。骨髓象见多部位增生减低或严重减低,有核细胞甚少,幼粒细胞、幼红细胞、巨核细胞均减少,淋巴细胞相对增高。

根据以上分析结合患者辅助检查,首先考虑妊娠合并缺铁性贫血。可进一步检查患者血清铁浓度、叶酸及维生素B_{12},如血清铁<6.5 μmol/L可协助诊断。必要时行骨髓穿刺明确诊断。

五、课后复习题

(一)名词解释

生理性贫血

(二)选择题

1.关于妊娠合并贫血的描述,以下错误的是 ( )

A.WHO资料表明,50%以上孕妇合并贫血

B.缺铁性贫血约占妊娠期贫血的95%

C.妊娠早期就应常规补充铁制剂及维生素C

D.妊娠晚期若血红蛋白<60 g/L,应少量多次输血

E.产时防止产程过长、积极防治产后出血

2.我国诊断贫血的标准是 ( )

A.外周血血红蛋白<110 g/L及血细胞比容<0.33

B.外周血血红蛋白<110 g/L、红细胞计数<3.5×10^{12}/L及血细胞比容<0.33

C.血红蛋白<100 g/L、红细胞计数<3.5×10^{12}/L或血细胞比容<0.30

D.血红蛋白<95 g/L、红细胞计数<3.3×10^{12}/L或血细胞比容<0.28

E.血红蛋白<90 g/L、红细胞计数<3×10^{12}/L或血细胞比容<0.26

问题3—5

患者,女,24岁,G_1P_0,孕32周,感头晕、乏力及食欲不佳1个月。检查胎位、胎心正常,血压110/70 mmHg,血红蛋白70 g/L,血细胞比容25%。

3.该孕妇最可能的诊断是 ( )

A.生理性贫血　　B.缺铁性贫血

C.地中海贫血　　D.再生障碍性贫血

E.巨幼细胞性贫血

4.以下检查结果支持该诊断的是 ( )

A.红细胞平均体积>100 fL B.血清叶酸值<6.8 mmol/L

C.血清铁<6.5 μmol/L D.白细胞和血小板轻度减少

E.骨髓象显示巨幼细胞增多

5.治疗药物应首选 ( )

A.叶酸 B.右旋糖酐铁

C.多种维生素 D.少量输血

E.硫酸亚铁

6.巨幼细胞性贫血的临床症状不包括 ( )

A.乏力、头晕、心悸、气短、皮肤黏膜苍白 B.食欲缺乏、恶心、呕吐、腹泻

C.手足麻木、针刺、冰冷 D.皮肤黏膜紫斑

E.低热、水肿、表情淡漠

7.27岁女性,孕30周,自觉头晕、乏力1周。查胎心、胎位正常,血常规示红细胞平均体积(MCV)120 fL,红细胞平均血红蛋白含量(MCH)38 pg。诊断考虑是 ( )

A.缺铁性贫血 B.巨幼细胞性贫血

C.再生障碍性贫血 D.生理性贫血

E.地中海性贫血

8.治疗巨幼细胞性贫血错误的是 ( )

A.无论有无神经系统症状,均可单独用叶酸治疗

B.血红蛋白<60 g/L时,应少量间断输血

C.对有高危因素的孕妇,应从妊娠3个月开始,每日口服叶酸

D.治疗效果不显著,检查发现缺铁,应同时补给铁剂

E.多食新鲜蔬菜、水果、瓜豆类、肉类、动物肝及肾

9.关于妊娠合并再生障碍性贫血,错误的是 ( )

A.主要表现为进行性贫血、皮肤及内脏出血及反复感染

B.孕妇以慢性型居多

C.贫血呈正细胞型、全血细胞减少

D.少数女性在妊娠期发病,分娩后缓解

E.分娩后能存活的新生儿虽血象正常,但极易发生再障

(三)简答题

试述妊娠期贫血的分度。

六、复习题答案

(一)名词解释

生理性贫血:由于妊娠期血容量增加,且血浆增加多于红细胞增加,血液呈稀释状态,称为生理性贫血。

(二)选择题

1.C 2.C 3.B 4.C 5.E 6.D 7.B 8.A 9.E

(三)简答题

妊娠期贫血的程度通常分为4度,轻度:RBC(3.0~3.5)$\times10^{12}$/L,Hb 81~100 g/L;中度:RBC(2.0~3.0)$\times10^{12}$/L,Hb 61~80 g/L;重度:RBC(1.0~2.0)$\times10^{12}$/L,Hb 31~60 g/L;极重度:RBC<1.0$\times10^{12}$/L,Hb≤30 g/L。

第五节　特发性血小板减少性紫癜

一、基本纲要

掌握:妊娠合并特发性血小板减少性紫癜的诊断。

熟悉:妊娠合并特发性血小板减少性紫癜的治疗。

了解:特发性血小板减少性紫癜对妊娠的影响。

二、要点提示

特发性血小板减少性紫癜分为急性型与慢性型,临床表现及血小板计数、骨髓检查、血小板抗体检查可明确诊断。治疗以应用肾上腺皮质激素为主。

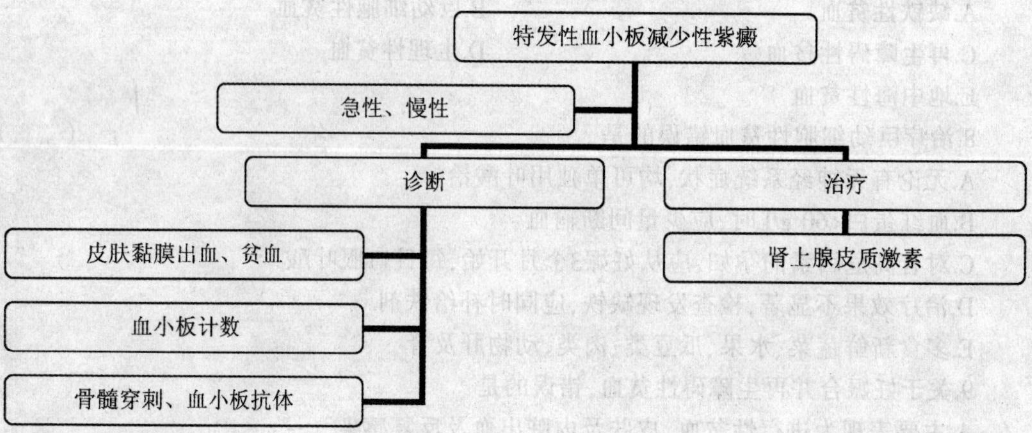

三、典型病案

患者,女,27岁,G_1P_0,孕34周,产前检查时发现四肢及躯干出现多处出血点,偶见淤斑,询问病史无外伤史,脾脏不大。辅助检查:血常规检查示血小板39$\times10^9$/L。

四、临床诊治思路

1.患者出现出血症状,首先考虑患者凝血相关的因素出现异常,常见疾病包括再生障碍性贫血与特发性血小板减少性紫癜。再生障碍性贫血主要表现为进行性贫血、皮肤和内脏出血及反复感染。骨髓象见多部位增生减低或严重减低,有核细胞甚少,幼粒细胞、幼红细胞、巨核细胞均减少,淋巴细胞相对增高。而特发性血小板减少性紫癜表现为皮肤黏膜出血、月经过多和贫血,脾脏不大或轻度增大,血小板低于100$\times10^9$/L。血小板抗体大部分为阳性。骨髓检查见巨核细胞正常或增多,成熟型血小板减少。

2.患者皮肤出现多处出血点,既往无外伤史,体检脾脏不大,血常规检查示血小板39$\times10^9$/L,首先考虑为特发性血小板减少性紫癜所致。为明确诊断需血小板抗体及骨髓穿刺检查。血小板抗体测定如为阳性，骨髓穿刺巨核细胞正常或增多、成熟型血小板减少，则诊断特发性血小板减少性紫癜。

五、课后复习题

(一)选择题

1.特发性血小板减小性紫癜ITP对妊娠的影响主要是出血，不常见的是 ( )

A.颅内出血　B.产道裂伤出血

C.产后大出血　D.皮肤黏膜出血

E.眼底出血

2.关于妊娠合并ITP的描述，以下错误的是 ( )

A.妊娠可使ITP患者复发或病情加重

B.ITP孕妇的胎儿死亡率高达26.5%

C.孕期若血小板<50×10 g/L，可给予泼尼松治疗

D.ITP孕妇原则上应剖宫产，以避免新生儿颅内出血

E.产后动态监测新生儿血小板变化

3.妊娠期ITP的治疗不包括 ( )

A.肾上腺皮质激素　B.输入丙种球蛋白

C.脾切除　D.输血小板

E.雄激素

4.ITP的治疗首选 ( )

A.肾上腺皮质激素　B.输入丙种球蛋白

C.脾切除　D.输血小板

E.雄激素

5.ITP孕妇的最大危险是 ( )

A.感染　B.心衰

C.分娩时出血　D.贫血

E.产道裂伤

6.妊娠期ITP的治疗，错误的是 ( )

A.妊娠一般不必终止

B.在妊娠初期就需要用肾上腺皮质激素治疗者，可考虑终止妊娠

C.妊娠期间治疗原则与单纯ITP患者相同

D.可使用免疫抑制剂

E.ITP孕妇剖宫产的适应证可适当放宽

六、复习题答案

(一)选择题

1.C　2.D　3.E　4.A　5.C　6.D

第十七章 妊娠合并外科疾病

第一节 妊娠合并急性阑尾炎

一、基本纲要

掌握:妊娠合并急性阑尾炎的诊断、治疗。

熟悉:妊娠合并急性阑尾炎的鉴别诊断,妊娠期阑尾位置的改变。

了解:妊娠合并急性阑尾炎对母儿的影响,妊娠期急性阑尾炎的特点。

二、要点提示

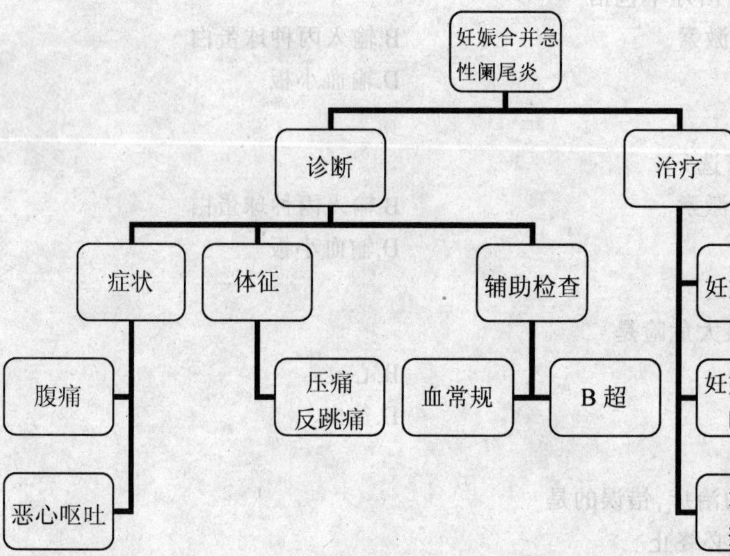

三、典型病案

患者,女,29岁,已婚,G_1P_1。平素月经规律,现停经20周,近2 d自觉右下腹痛。体格检查:体温38 ℃,脉搏80次/min,血压100/70 mmHg,腹膨隆,右下腹明显压痛及反跳痛,肝区无叩痛,无移动性浊音,肠鸣音正常。宫高20 cm,腹围90 cm,胎心141次/min,无宫缩,胎心141次/min,规律。辅助检查:B型超声检查子宫及附件,双肾、膀胱及输尿管,腹部(肝胆胰脾),未见异常,尿常规无异常。血常规检查示:白细胞(WBC)19.77×10^9/L,中性粒细胞(NEUT) 91%,淋巴细胞(LY)9%,余正常。

四、临床诊治思路

妊娠早期急性阑尾炎症状及体征与非孕期基本相同。常有转移性右下腹痛及消化道症状，妊娠中、晚期急性阑尾炎常无明显的转移性右下腹痛。本例孕中期，腹痛和压痛的位置随妊娠周数增加，从麦氏点向上、向外、向后移位。孕20周压痛约在髂嵴下1横指。随子宫增大将壁腹膜向前顶起，压痛、反跳痛和肌紧张常不明显。

墨菲征阴性、胆囊超声未见异常可排除胆囊炎。双肾、膀胱及输尿管超声，尿常规，无异常，可排除输尿管结石、急性肾盂肾炎。子宫及附件B型超声检查正常，排除卵巢囊肿蒂扭转、破裂，鉴别如下表。

妊娠期急性右下腹痛相关疾病鉴别

发病时段	鉴别疾病	症状	体格检查	辅助检查
孕早期	异位妊娠破裂	停经、不规则阴道流血、腹痛发作突然，呈撕裂样疼痛，并常伴有肛门坠胀	妇检患侧附件区压痛可触及包块，后穹隆饱满、触痛，宫颈举痛。后穹隆穿刺抽出不凝血	妊娠试验阳性。超声检查宫内无妊娠囊，附件区不规则混合性包块
孕早、中期	右侧卵巢囊肿、蒂扭转、破裂	下腹部包块史，体位突然改变可引起，腹痛突然，为阵发性绞痛	妇科检查有囊性包块，子宫与囊肿之间有明显压痛，下腹压痛，破裂有肌紧张和反跳痛	B型超声检查见有卵巢囊肿声像，有助于明确诊断
孕晚期	胎盘早期剥离	腹部突然剧痛，常伴有贫血和休克症状。常并发妊高征或有外伤史	检查子宫坚硬，持续收缩或放松不全，胎心音改变或消失	B型超声检查见有胎盘后血肿声像，有助于明确诊断
孕期、产褥期	子宫肌瘤变性	子宫肌瘤病史，肌瘤局部疼痛，触诊压痛，伴低热	检查妊娠后肌瘤迅速增大，子宫形态失常，可触及肌瘤，压痛，质地硬韧	血液分析可见白细胞增加。超声检查示子宫肌瘤存在
妊娠合并症	右侧急性肾盂肾炎	有寒战、高热、腰痛。沿输尿管向膀胱部位放射，并有膀胱刺激症状	无腹膜刺激征，肋腰点压痛，肾区叩痛阳性	血液分析见白细胞增加，尿液检查有大量脓细胞
	阑尾炎	早孕期转移性右下腹痛、恶心、呕吐。妊娠中、晚期无明显的转移性右下腹痛，腹痛和压痛的位置逐渐上升	查体腹麦氏点或稍高处有压痛、反跳痛和肌紧张。体温正常或升高妊娠中、晚期查体压痛、反跳痛和肌紧张常不明显	白细胞计数$>15\times10^9$/L时有诊断意义。孕早期超声检查有一定帮助
	右侧输尿管结石	剧烈绞痛不易忍受，并向大腿内侧放射。上尿路结石常伴有恶心、呕吐、腹胀、消化不良等症状	腹部症状不明显	尿液有红细胞。感染后出现脓尿。B型超声检查有助于鉴别
	急性胆囊炎及胆石症	有类似发作史，疼痛在右肋缘下，呈绞痛样阵发性加剧，可向右肩部放射，伴有寒战、发热、梗阻性黄疸	检查腹部时，可见右上腹有压痛和肌紧张；墨菲征阳性。右肋缘下还可以摸到肿大的胆囊，有触痛，随呼吸上下移动	血常规检查，白细胞、中性粒细胞升高，B型超声检查显示胆囊增大、囊壁增厚、见胆囊结石

诊断:孕20周 、急性阑尾炎。

处理:积极抗感染治疗的同时,立即手术治疗。

妊娠期急性阑尾炎一旦确诊,应在积极抗感染治疗的同时,立即手术治疗,不主张保守治疗。以连续硬膜外麻醉,左侧卧位,取右侧腹直肌旁切口,高度相当于宫体上1/3部位。

五、课后复习题集

(一)填空题

1. 产后________阑尾恢复到接近原来位置。

2.妊娠5个月末,阑尾位于________。

3.妊娠8个月末,阑尾位于________。

4. 行阑尾切除术后________d,给予________和镇静药保胎药治疗。

5.妊娠各期均可发生急性阑尾炎,但以妊娠前________个月居多。

6.妊娠期阑尾炎容易发生________及________。

7.随妊娠子宫的不断增大,阑尾会逐渐向________、________、________移位。

8.妊娠合并急性阑尾炎一经确诊,应在给予________同时,为防止炎症扩散应尽快________。

(二)选择题

1.妊娠合并急性阑尾炎的特点主要是 ( )

A.起病急　　B.进展快

C.阑尾位置改变,诊断困难　　D.症状明显

E.与非孕期基本相同

2.下列符合晚期妊娠合并阑尾炎表现的是 ( )

A.发热、恶心和呕吐　　B.转移性下腹痛

C.超声检查有帮助　　D.麦氏点压痛

E.腹膜刺激症状不明显

3.下列不是妊娠合并阑尾炎容易误诊或漏诊的主要原因是 ( )

A.增大的子宫掩盖阑尾,使局部体征不典型　　B.类固醇分泌增多

C.阑尾移位导致压痛点升高　　D.容易与早产、胎盘早剥混淆

E.孕妇血象升高掩盖病情

4.妊娠合并阑尾炎的鉴别诊断不包括 ( )

A.右侧输卵管妊娠　　B.右卵巢囊肿蒂扭转

C.右侧肾盂肾炎　　D.胆囊炎

E.慢性肾炎

5.关于妊娠合并阑尾炎手术治疗,不正确的是 ( )

A.硬膜外麻醉　　B.宫体上1/3右侧腹直肌旁切口

C.手术方式为切除阑尾,常规放置引流　　D.术后给予镇静解痉等保胎治疗

6.妊娠合并急性阑尾炎的治疗原则是 ( )

A.一旦确诊,应立即手术　　B.抗生素治疗

C.退热治疗并及时终止妊娠　　D.保胎治疗

7.对于高度可疑患急性阑尾炎的孕妇,应该的处理是 ( )

A.剖腹探查 B.严密观察明确诊断后再手术

C.抗感染治疗 D.保胎治疗

E.支持疗法

8.关于妊娠合并急性阑尾炎正确的是 ( )

A.死亡率不比非孕期高 B.妊娠5个月末,阑尾在髂嵴下2横指

C.容易发生阑尾穿孔和腹膜炎 D.一经确诊应给予大剂量广谱抗生素保守治疗

E.发生在妊娠晚期,腹肌紧张较明显

9.下列各项中关于妊娠期急性阑尾炎的处理,不恰当的是 ( )

A.应用大剂量广谱、高效抗生素

B.一经确诊,无论妊娠何期,均应积极手术治疗

C.如术中发现阑尾穿孔,可放腹腔引流

D.妊娠早期合并急性阑尾炎,保守治疗

E.妊娠期行阑尾切除,切口位置与孕期有关

10.张某,女,30岁,妊娠4个月发热伴腹痛1 d,诊断为急性阑尾炎,最佳的治疗方法是 ( )

A.予抗生素控制感染 B.予宫缩抑制药及镇静药

C.予大剂量抗生素同时,尽快手术治疗 D.观察不必处理

E.手术同时终止妊娠

11.李某,女,28岁,妊娠5个月合并急性阑尾炎,现阑尾切除术后,下列处理措施最重要的是 ( )

A.禁食、胃肠减压 B.纠正水、电解质平衡紊乱

C.卧床休息 D.严密观察体温变化

E.继续抗感染治疗,并行保胎治疗,预防流产

12.孕妇,25岁,孕60 d,诉恶心呕吐,右下腹痛,检查:患者痛苦面容,体温39.2 ℃,右下腹压痛,反跳疼(+),肌紧张(+),妇科B超检查提示早孕。血细胞分析:白细胞20×10^9/L,尿常规(-),应诊断为 ( )

A.妊娠合并卵巢囊肿蒂扭转 B.妊娠合并泌尿系结石

C.妊娠合并肾盂肾炎 D.妊娠合并阑尾炎

E.妊娠合并子宫肌瘤

问题13—15

马某,女,25岁,已婚,平素月经规律,现停经60 d,有轻微早孕反应,尿HCG阳性,无阑尾炎病史,近2 d自觉右下腹痛,自测体温38 ℃,查体时发现腹肌紧张,右下腹压痛明显。

13.为了明确诊断,下列检查不恰当的是 ( )

A.B型超声检查 B.行妇科双合诊检查

C.行阴道后穹隆穿刺检查 D.行腹部穿刺检查

E.立即行腹腔镜检查

14.最不可能的诊断是 ( )

A.宫外孕 B.右卵巢囊肿蒂扭转合并感染

C.妊娠合并急性阑尾炎　　D.妊娠合并急性淋球菌性盆腔炎

E.妊娠合并右侧输尿管结石

15.如果经过一系列检查，高度怀疑为早期妊娠合并急性阑尾炎，下列处理最恰当的是　（　）

A.抗感染治疗的同时，积极行剖腹探查，以防有炎症扩散，避免病情迅速发展

B.行抗生素治疗，无剖腹探查必要，以防引起流产

C.行抗生素保守治疗，待病情稳定后再行剖腹探查

D.行保守治疗，如果保守治疗无效，怀疑阑尾炎穿孔后，方考虑手术切除

E.行人工流产，然后行阑尾切除

问题16—18

赵某，女，24岁，已婚，妊娠5个月，无阑尾炎病史，1 d前突然出现转移性右下腹痛，体温38 ℃，血压120/70 mmHg，白细胞总数21.3×10^9/L，尿常规正常。

16.最可能的诊断是　（　）

A.妊娠合并肠痉挛　　B.妊娠合并急性阑尾炎

C.妊娠合并子宫肌瘤变性　　D.重型胎盘早剥

E.妊娠合并急性肾盂肾炎

17.患者入院后8 h，经抗生素治疗后出现腹痛加重，整个下腹部肌紧张，全下腹压痛，B超检查排除卵巢囊肿蒂扭转及输尿管结石。此时，需采取的紧急措施是　（　）

A.继续加大抗生素用量　　B.腹腔镜检查

C.剖宫取胎　　D.在继续抗感染治疗的同时，立即剖腹探查

E.观察

18.诊断为妊娠合并急性阑尾炎并已穿孔，行阑尾切除并放腹腔引流条。术后治疗，下列措施最重要的是　（　）

A.吸氧　　B.纠正水、电解质平衡紊乱

C.卧床休息　　D.严密观察体温变化

E.继续抗感染治疗，并行保胎治疗，预防流产

问题19—21

初孕妇，26岁。妊娠34周，恶心、呕吐伴下腹坠痛4 h入院。体格检查：体温38.1 ℃，脉搏88次/min，血压120/70 mmHg。剑突下偏右侧轻压痛，无反跳痛，麦氏点无压痛。有不规律宫缩，宫体无压痛，宫缩间歇期子宫软。子宫长度27 cm，腹围87 cm，枕左前位，胎心138次/min，入院后诊断为妊娠合并急性阑尾炎。

19.本例恰当的处理措施是　（　）

A.立即手术切除阑尾，术后抗感染、保胎

B.大剂量广谱抗生素及甲硝唑静脉滴注

C.立即行剖宫产术，随后切除阑尾

D.立即切除阑尾，随后行剖宫产术

E.大剂量抗生素治疗的同时，给予抑制宫缩药防止早产

20.若行阑尾切除术，最佳的麻醉方式是　（　）

A.全身麻醉　　B.局部浸润麻醉

C.腰椎麻醉　　D.连续硬膜外麻醉

E.局部浸润麻醉+静脉复合麻醉

21.若行阑尾切除术,应选择的切口是 (　　)

A.麦氏切口　　B.胆囊区切口

C.上腹正中切口　　D.下腹正中切口

E.高于麦氏点的右侧腹直肌旁切口

(三)简答题

1.妊娠期急性阑尾炎需要与哪些疾病相鉴别?

2.妊娠期急性阑尾炎治疗的手术要求是什么?

六、复习题答案

(一)填空题

1.10 d　2.髂嵴水平　3.髂嵴上2横指　4.3~4　抑制宫缩　5.6个月　6.穿孔　腹膜炎　7.上　外　后　8.抗感染治疗　手术

(二)选择题

1.C　2.E　3.B　4.E　5.C　6.A　7.A　8.C　9.D　10.C　11.E　12.D　13.D　14.D　15.A　16.B　17.D　18.E　19.A　20.D　21.E

(三)简答题

1. 妊娠早期急性阑尾炎,应与右侧卵巢囊肿蒂扭转、右侧输卵管妊娠破裂相鉴别。妊娠中期还应与右侧急性肾盂肾炎、右侧输尿管结石、急性胆囊炎相鉴别。妊娠晚期则需与胎盘早剥和子宫肌瘤红色变性相鉴别。

2.手术要求在妊娠早期,与未孕时阑尾切除术相同。妊娠中、晚期按下述要求进行。(1)麻醉:以连续硬膜外麻醉为宜。病情危重合并休克者,以气管内麻醉安全。(2)体位:右侧臀部垫高30°~45°或采取左侧卧位,使子宫坠向左侧,便于暴露阑尾,减少术中对子宫的刺激,并有利于防止仰卧位低血压综合征的发生。(3)切口选择:妊娠早期可取麦氏切口。诊断不能肯定时行正中切口,有利于术中操作和探查。妊娠中、晚期采取右侧腹直肌旁切口,高度相当于宫体上1/3部位。(4)术中操作:避开子宫找到盲肠及阑尾,在基底部结扎、切除阑尾,内翻缝合。最好不放置腹腔引流,以减少对子宫刺激引起早产。若腹腔炎症严重而局限,阑尾穿孔,盲肠壁水肿,应于其附近放置引流管,避免引流物直接与子宫壁接触。(5)下述情况应先行剖宫产:①术中暴露阑尾困难;②阑尾穿孔并发弥漫性腹膜炎,盆腔感染严重,子宫已有感染征象;③近预产期或胎儿基本成熟,已具宫外生存能力。(6)妊娠前半期可在腹腔镜下行阑尾切除术,妊娠后半期则应慎用。

第二节 妊娠合并急性胆囊炎和胆石病

一、基本纲要

掌握:妊娠合并急性胆囊炎和胆石病的诊断、治疗。

熟悉:妊娠对急性胆囊炎和胆石病的影响。

了解:急性胆囊炎和胆石病对母儿的影响。

二、要点提示

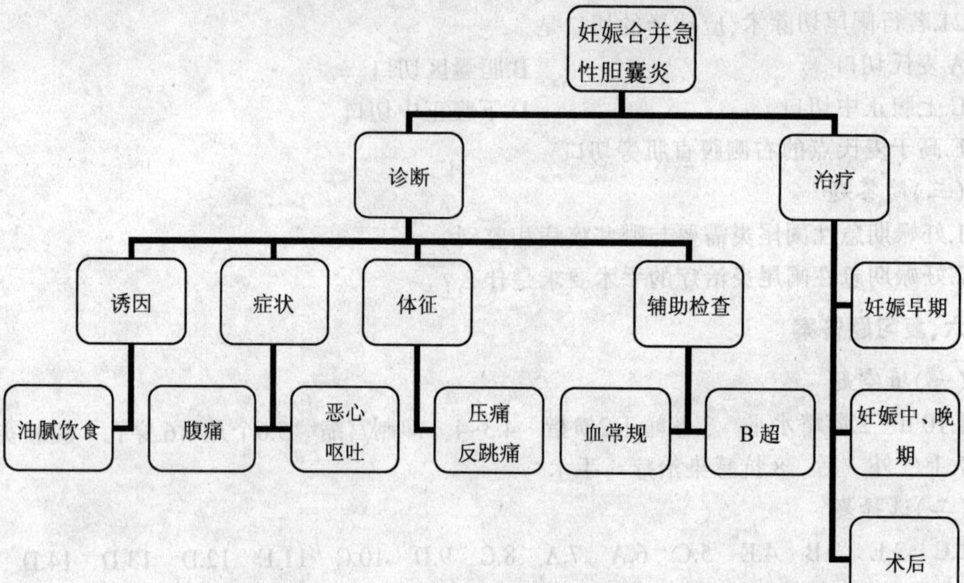

三、典型病案

患者，女，29岁，已婚，G_1P_0，平素月经规律，现停经39^{+3}周，4 h前吃年夜饭后突感右上腹疼痛，呈持续性钝痛，难以忍受，恶心，无呕吐，精神差，大小便尚正常。体格检查：体温38 ℃，脉搏98次/min，血压120/80 mmHg，全身皮肤无黄染及出血点，巩膜无黄染，腹部膨隆，右上腹压痛，莫菲征(+)，无反跳痛，无腹肌紧张。肝脾未触及，肠鸣音正常。产科检查：宫高35 cm，腹围105 cm，胎心145次/min，规律，无宫缩，头位。内诊检查：颈管长约2 cm，质中，位置居中，宫口未开，头先露，S–2。辅助检查：腹部超声检查未见肝胰脾肾异常，急性胆囊炎、胆石症(一大小约为2 cm×2 cm)。血常规：WBC 16×10^9/L，NEUT 80%。总胆红素及直接胆红素轻度升高，血淀粉酶正常。传染病五项均阴性。

四、临床诊治思路

妊娠期急性胆囊炎的表现与非孕期基本相同。在夜间或进食油腻食物后发作，表现为突发右上腹绞痛，阵发性加重，疼痛可向右肩或右背部放射，常伴发热、恶心、呕吐。本例4 h前吃油腻饮食(年夜饭)后突感右上腹疼痛，无放射痛，恶心，无呕吐，食欲减退，精神差，大小便尚正常。妊娠期急性胆囊炎常见体温升高，右上腹压痛、肌紧张，莫菲征阳性。部分患者在右肋下缘可触及紧张而有触痛的胆囊。发热及疼痛有引起胎儿窘迫及诱发宫缩引起流产、早产的危险。本例无宫缩，颈管无消退，宫口未开，胎心正常，为120~160次/min，故无胎儿窘迫、流产、早产的症状。B型超声检查是首选的辅助检查，可见胆囊体积增大、壁厚，大部分患者显示有结石影像，提示诊断。白细胞计数升高，但常在妊娠期的正常范围内。血淀粉酶正常可排除胰腺炎。传染病五项均阴性可排除病毒性肝炎。鉴别诊断如下表。

鉴别疾病	症状	体格检查	辅助检查
妊娠期急性脂肪肝	多见于妊娠30周以上,以初孕妇居多。上腹部疼痛、恶心、呕吐、急性肝衰竭	肝区压痛	转氨酶、胆红素升高
重度子痫前期	收缩压≥160/110 mmHg;微血管病性溶血;持续性头痛或其他脑神经或视觉障碍;持续性上腹部不适	水肿	尿蛋白≥2.0 g/24 h或随机尿蛋白≥(++)。血清肌酐、血LDH、ALT AST升高;血小板减少
病毒性肝炎	乏力、食欲减退、恶心、肝区不适	肝大并有压痛、肝区叩击痛,部分患者可有轻度脾大	血清ALT升高,血清病原学检测阳性
阑尾炎	早孕期转移性右下腹痛、恶心、呕吐。妊娠中、晚期无明显的转移性右下腹痛,腹痛和压痛的位置逐渐上升。位于子宫背面时,疼痛可位于右侧腰部	查体腹麦氏点或稍高处有压痛、反跳痛和肌紧张。体温正常或升高。妊娠中、晚期查体压痛、反跳痛和肌紧张常不明显	白细胞计数>15×10⁹/L时有诊断意义。也有升高不明显者。孕早期超声检查有一定帮助。中、晚期超声检查难以得到确诊
胃十二指肠溃疡穿孔	溃疡病史,近期内溃疡症状加重。突发性上腹部刀割样疼痛,很快波及全腹。多数伴有恶心、呕吐	全腹压痛,肌紧张,尤以右上腹为甚,肝浊音界缩小或消失,肠鸣音减弱或消失	X线片及腹部透视见膈下游离气体;腹部穿刺抽得黄色混浊液体
胰腺炎	腹痛、腹胀、恶心、呕吐、发热、高热、黄疸	上腹部压痛、反跳痛及肌紧张	白细胞、血、尿淀粉酶升高。B超、CT检查有助于诊断

诊断:孕39^{+3}周,G_1P_0头位,待产,急性胆囊炎、胆石症。

处理:非手术治疗控制病情,等待自然分娩。

处理原则基本上与非孕期相似,以手术治疗摘除胆囊为主。保守治疗在孕期内有较高的复发率,且复发后更容易导致早产,且胆囊摘除术更加困难。但是已经临近预产期,选择非手术治疗控制病情,等待自然分娩。

五、课后复习题

(一)填空题

1.妊娠合并急性胆囊炎,主张______疗法。

2.妊娠合并胆囊炎非手术治疗包括______、____、_____、____。

3.胆囊炎和胆石病可发生在妊娠期的任何阶段,以______更多见。

4.妊娠合并胆囊炎的发热及疼痛有引起______及______、______的危险。

(二)选择题

1.妊娠与急性胆囊炎和胆石病的相互影响,正确的是 ( )

A.在雌激素影响下,胆囊及胆道平滑肌松弛使胆囊排空缓慢

B.孕激素降低胆囊黏膜对钠的调节,影响胆囊浓缩功能

C.妊娠期胆汁中胆固醇成分增多

D.妊娠期胆汁酸盐及磷脂分泌增多,有利于形成胆结石

E.在妊娠期胆石病极易感染

2.妊娠期急性胆囊炎及胆石病与下列因素无关的是 ( )

A.妊娠期孕激素水平增高

B.妊娠期雌激素水平升高

C.妊娠期胆汁中胆固醇增多,胆酸胆盐可溶性改变

D.妊娠晚期子宫压迫胆囊

E.妊娠期胆囊排空变慢,易发生胆汁淤积

3.妊娠期急性胆囊炎的处理,下列错误的是 ( )

A.禁食　　B.胃肠减压

C.纠正水、电解质紊乱和酸碱失衡　　D.抗感染

E.首选保守治疗

4.妊娠期急性胆囊炎的临床表现,下列描述正确的是 ( )

A.常在大量饮酒、咖啡后突然发病,与进油腻食物无关

B.一般无恶心、呕吐等消化道症状

C.突然出现右上腹和(或)中上腹阵发性绞痛,常放射至右肩或背部

D.首先出现的症状是发热、畏寒

E.绝大多数患者有黄疸出现

5.妊娠3个月合并急性胆囊炎,第一次发作,病情较轻,下列治疗方案错误的是 ( )

A.禁食、胃肠减压　　B.纠正酸碱及水、电解质平衡紊乱

C.应用抗生素　　D.给予阿托品解痉治疗

E.应立即手术切除胆囊,防止炎症扩散危及孕妇生命

6.妊娠合并急性胆囊炎首选的辅助检查 ( )

A.血常规　　B.B型超声

C.血HCG　　D.血、尿淀粉酶

E.肝功能

7.张某,女,30岁,妊娠3个月发热伴腹痛1 d,诊断为急性胆囊炎,最佳的治疗方法是 ( )

A.予抗生素控制感染　　B.手术的同时予宫缩抑制药

C.手术治疗　　D.保守治疗

E.手术的同时终止妊娠

问题8—10

患者,25岁,孕60 d,诉恶心、呕吐,右上腹痛,体格检查:体温39.2 ℃,在右肋下缘压痛,妇科B型超声检查提示早孕。化验血象:白细胞12×10^9/L,尿常规(-)。

8.为了明确诊断,下列检查最有鉴别意义的是　(　)

A.墨菲氏征阳性　B.麦氏点压痛

C.血HCG　D.血、尿淀粉酶

E.肠鸣音听诊

9.如何诊断　(　)

A.妊娠合并卵巢囊肿蒂扭转　B.妊娠合并泌尿系结石

C.妊娠合并肾盂肾炎　D.妊娠合并阑尾炎

E.妊娠合并胆囊炎

10.患者病情较轻,下列治疗属于非保守治疗的是　(　)

A.吸氧　B.纠正水、电解质平衡紊乱

C.禁食、胃肠减压　D.抗感染治疗

E.解痉、镇痛

(三)简答题

1.妊娠合并急性胆囊炎和胆石病如何诊断?

2.妊娠合并急性胆囊炎和胆石病的治疗原则是什么?

六、复习题答案

(一)填空题

1.手术治疗　2.饮食控制　支持疗法　对症治疗　抗感染治疗　3.妊娠晚期　4.胎儿窘迫　流产　早产

(二)选择题

1.C　2.D　3.E　4.C　5.E　6.B　7.C　8.A　9.E　10.A

(三)简答题

1.常在进食油腻食物后发病,表现为突然右上腹和(或)中上腹阵发性绞痛,常放射至右肩或背部,并常出现恶心、呕吐等消化道症状,严重时畏寒、发热。查体时可发现右上腹胆囊区压痛,肌紧张,莫菲征阳性,常在右肋下触及有触痛的肿大胆囊,感染严重时可有少数患者出现黄疸。B型超声检查可见胆囊增大,壁增厚。白细胞计数升高。

2.妊娠期急性胆囊炎与胆石病,处理原则以手术治疗摘除胆囊为主。术后继续抗感染治疗,继续妊娠者给予保胎治疗。非手术治疗仅适用于病情较轻者或术前的治疗。非手术治疗包括:(1)饮食控制;(2)支持疗法;(3)对症治疗;(4)抗感染治疗。

第三节　妊娠合并肠梗阻

一、基本纲要

掌握:妊娠合并肠梗阻的诊断、治疗。

熟悉:妊娠合并肠梗阻的病因。

了解:妊娠合并肠梗阻对母儿的影响。

二、要点提示

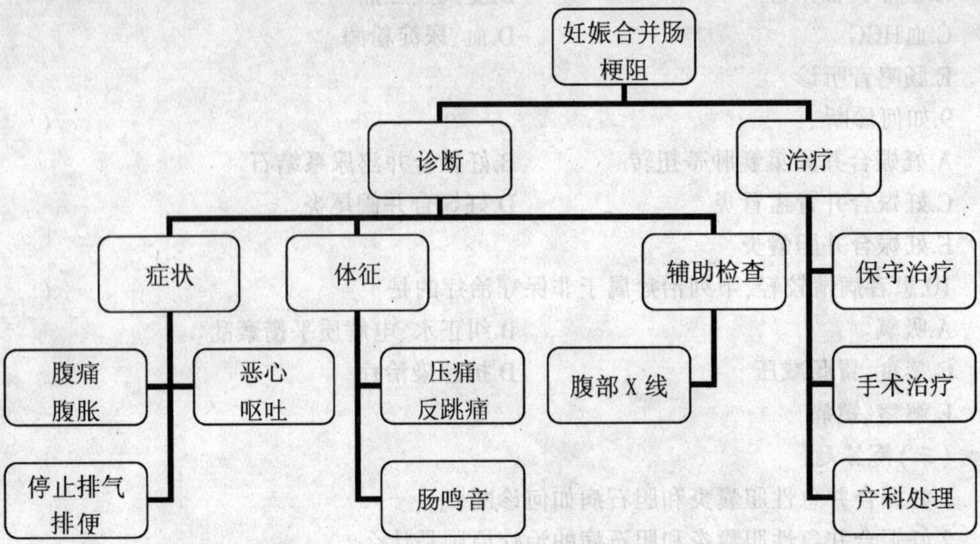

三、典型病案

患者，女，31岁，已婚，G_3P_1。停经33周，腹胀，腹痛，停止排气及排便2 d。患者平素月经规律，午餐食入鸡蛋3个，2 h后出现上腹部胀满感及阵发性上腹痛，以左侧为甚，发作时持续10~15 min，间歇时间无规律，无恶心及呕吐。未给予治疗。第2天逐渐加重，2~3 h发作1次，持续20~30 min。体格检查：体温36.4 ℃，脉搏98次/min，呼吸20次/min，血压1100/70 mmHg，妊娠腹形，全腹压痛，无反跳痛和肌紧张。肠鸣音亢进音，可闻及气过水声。产科检查：宫高26 cm，腹围94 cm ，胎位LOA，胎心率140次/min，先露头，宫缩不规律，骨盆外测量正常。肛查：宫颈口未开。辅助检查：血常规Hb 125 g/L，RBC 4.02×10^{12}/L，WBC 18.1×10^{9}/L，NEUT 90%，PLT 148×10^{9}/L。尿常规：比重1.025，蛋白(－)，尿糖(－)，酮体(＋)，镜检(－)。肝功能及肾功能正常。血淀粉酶94.5 U/L，尿淀粉酶532 U/L。电解质：Na^+ 144 mmol/L、K^+ 3.3 mmol/L、Cl^- 135 mmol/L，CO_2—CP 144 mmol/L。腹部B型检查提示：肝、胆、脾、胰、腺、双肾未见明显异常。产科B超检查提示：单胎头位，相当于孕34^+周，余未见明显异常。腹平片：双侧膈下未见游离气体，结肠内充气、扩张，上腹部小肠内有气液平面，印象：小肠不全梗阻。

四、临床诊治思路

肠梗阻主要症状：持续性或阵发性腹部绞痛，伴恶心、呕吐、腹胀、停止排气和排便等。妊娠期受增大子宫影响，常使肠梗阻失去典型症状和体征，体格检查腹部可见肠型、肠蠕动波，听诊肠鸣音亢进，呈高调金属音，可闻及气过水声，叩诊呈鼓音，有腹部振水音，腹部压痛，严重者可有反跳痛和肌紧张。对怀疑肠梗阻的患者应行腹部X线检查，出现肠管扩张并有气液平面的肠袢有利于诊断。肝功能及肾功能正常。血淀粉酶、尿淀粉酶、腹部B超检查正常，排除胰腺炎、胆囊炎。产科检查、产科B超检查正常，排除胎盘早期剥离、早产等。电解质提示低钾、酸中毒。鉴别诊断如下表。

发病时段	鉴别疾病	症状	体格检查	辅助检查
孕早期	异位妊娠破裂	停经、不规则阴道流血、腹痛发作突然，呈撕裂样疼痛，并常伴有肛门坠胀	妇检患侧附件区压痛可触及包块，后穹隆饱满、触痛，宫颈举痛。后穹隆穿刺抽出不凝血	妊娠试验阳性。超声检查宫内无妊娠囊，附件区不规则混合性包块
孕早中期	卵巢囊肿蒂扭转、破裂	下腹部包块史，体位突然改变可引起突然腹痛，为阵发性绞痛	妇检有囊性包块，子宫与囊肿之间有明显压痛，下腹压痛，破裂有肌紧张和反跳痛	B 超检查见有卵巢囊肿声像，有助于明确诊断
孕晚期	胎盘早期剥离	腹部突然剧痛，常伴有贫血和休克症状。常并发妊高征或有外伤史	检查子宫坚硬，持续收缩或放松不全，胎心音改变或消失	B 超检查见有胎盘后血肿声像，有助于明确诊断
孕期	子宫肌瘤变性	子宫肌瘤病史，肌瘤局部疼痛，触诊压痛，伴低热	检查妊娠后肌瘤迅速增大，子宫形态失常，可触及肌瘤，压痛，质地硬韧	血液分析可见白细胞增加。超声检查示子宫肌瘤存在
分娩时	子宫破裂	多见于梗阻性难产或使用缩宫素不当时，产程长，宫缩良好，但进展缓慢。产妇表现烦躁不安，阵缩时疼痛难忍，呼吸急促	子宫下段膨隆、压痛、拒按，出现病理收缩环，并随着产程逐渐上移。导尿常为血性。胎心音常消失或很弱	B 型超声检查能清楚显示胎儿与子宫的关系及确定有无血肿的形成，估计腹腔内出血量
	临产	下腹阵发性疼痛，有规律的宫缩	宫颈逐渐缩短，宫口逐渐扩张	
妊娠合并症	急性肾盂肾炎	有寒战、高热、腰痛。沿输尿管向膀胱部位放射，并有膀胱刺激症状	无腹膜刺激征，肋腰点压痛，肾区叩痛阳性	血液分析见白细胞增加，尿液检查有大量脓细胞
	阑尾炎	转移性右下腹痛、恶心、呕吐。妊娠中、晚期无明显的转移性右下腹痛，腹痛和压痛的位置逐渐上升	查体麦氏点或稍高处有压痛、反跳痛和肌紧张。体温正常或升高，妊娠中、晚期查体压痛、反跳痛和肌紧张常不明显	白细胞计数>15×10^9/L 时有诊断意义，也有升高不明显者
	输尿管结石	剧烈绞痛不易忍受，并向大腿内侧放射		尿液有红细胞。B 型超声检查有助于鉴别
	急性胆囊炎及胆石症	以往常有类似发作史，疼痛在右肋缘下，呈绞痛样阵发性加剧，可向右肩部放射，伴有寒战、发热、梗阻性黄疸	检查腹部时，可见右上腹有压痛和肌紧张；墨菲征阳性。右肋缘下还可以摸到肿大的胆囊，有触痛，随呼吸上下移动	血常规检查，白细胞、中性粒细胞百分比升高，B 超检查显示胆囊增大、囊壁增厚，见胆囊结石
	胰腺炎	腹痛、腹胀、恶心、呕吐、发热、高热、黄疸	上腹部压痛、反跳痛及肌紧张	白细胞和血、尿淀粉酶升高。B 超、CT 检查有助于诊断

诊断：孕33周，G_3P_1，先兆早产，肠梗阻。

处理：保守治疗12~24 h，仍不缓解应行手术治疗。

治疗原则：纠正肠梗阻引起的水、电解质紊乱及酸碱失衡，解除肠梗阻和进行恰当的产科处理。给予禁食及胃肠减压，纠正酸中毒、补钾、相应补充液体，硫酸镁抑制宫缩、促胎肺成熟，肛管排气、灌肠；应用头孢菌素类广谱抗生素防治感染。保守治疗12 h后出现排气，腹痛好转，继续保守治疗。

五、课后复习题集

（一）填空题

1.妊娠合并绞榨性肠梗阻一经诊断立即________治疗。

2. 妊娠早期合并肠梗阻需手术治疗者应先行________，再手术治疗。

3. 妊娠合并肠梗阻腹部X线检查，出现肠管扩张并有________的肠袢。

（二）选择题

1.妊娠期容易发生肠梗阻的原因错误的是 （ ）

A.妊娠期子宫增大，挤压盆腔内肠管尤其乙状结肠

B.子宫增大牵拉粘连肠管

C.分娩后肠管位置发生变化

D.雌激素增高，蠕动频率过高，发生肠麻痹

E.孕激素水平高，降低肠管平滑肌张力，抑制肠蠕动

2.妊娠合并肠梗阻正确的是 （ ）

A.妊娠不会引起肠梗阻　　B.妊娠期肠梗阻多发生在妊娠早期

C.妊娠早期患病易与妊娠反应相混淆　　D.妊娠期肠梗阻症状典型

E.治疗原则：一经确诊立即手术治疗

3.妊娠35周合并不完全肠梗阻者，最合适的治疗为 （ ）

A.无需促胎肺成熟，保守治疗12~24 h无缓解，先行剖宫产术再行肠梗阻手术

B.一经确诊应立即手术

C.先行人工流产，再手术治疗

D.不必手术治疗

E.促胎肺成熟，先行剖宫产术再行肠梗阻手术

4.妊娠期容易发生肠梗阻的时期，错误的为 （ ）

A.妊娠早期子宫增大时

B.妊娠近足月胎头入盆时

C.妊娠中期子宫升入腹腔时

D.肠袢急剧移位，腹腔内脏之间关系突然发生变化时

E.分娩后子宫迅速缩小时

5.对于妊娠合并肠梗阻不恰当的是 （ ）

A.绞窄性肠梗阻一经确诊立即手术

B.单纯性肠梗阻保守治疗48 h无缓解时应手术治疗

C.治疗原则是纠正梗阻引起的水、电解质紊乱及酸碱失衡，解除肠梗阻

D.麻痹性肠梗阻保守治疗12~24 h无缓解应积极手术

6.妊娠合并肠梗阻与下列无关的是　(　　)

A.肠道肿瘤　B.既往腹部手术史

C.肠扭转　D.子宫浆膜下肌瘤

E.双胎妊娠

问题7、8

王某，女，23岁，已婚，平素月经规律，现停经5月，尿HCG阳性，近2 d自觉腹痛，伴恶心、呕吐、腹胀。

7.为了明确诊断，下列检查最没有鉴别意义的是　(　　)

A.查墨菲征　B.右髂嵴水平压痛

C.查血HCG　D.查血、尿淀粉酶

E.肠鸣音听诊

8.患者2 d未排气和排便，最可能的诊断是　(　　)

A.宫外孕　B.妊娠合并右卵巢囊肿蒂扭转

C.妊娠合并急性阑尾炎　D.妊娠合并肠梗阻

E.妊娠合并右侧输尿管结石

(三)简答题

妊娠合并肠梗阻的治疗原则是什么?

六、复习题答案

(一)填空题

1.手术　2.人工流产　3.气液平面

(二)选择题

1.D　2.A　3.E　4.A　5.B　6.E　7.C　8.D

(三)简答题

治疗原则是纠正肠梗阻引起的水、电解质紊乱及酸碱失衡，解除肠梗阻和进行恰当的产科处理。

保守治疗包括禁食及胃肠减压，根据脱水程度、尿量、尿比重、血清离子及血气结果，相应补充液体和电解质；应用广谱抗生素防治感染，首选氨苄西林或头孢菌素类，并加用甲硝唑。

是否手术治疗取决于肠梗阻类型及严重程度。绞窄性肠梗阻一经确诊应立即手术。单纯性粘连性肠梗阻、不完全性和麻痹性肠梗阻可在严密观察下保守治疗12~24 h，仍不缓解应行手术治疗。

产科处理肠梗阻经非手术治疗缓解者，可继续妊娠。肠梗阻发生于妊娠早期需手术治疗者，应先行人工流产，部分患者流产后梗阻可自行缓解。发生于妊娠中期，若无产科指征不必终止妊娠，术前、术后应积极保胎治疗。妊娠晚期尤其是孕34周以后，估计胎儿肺已成熟，可先行剖宫产术再行肠梗阻手术。

第十八章 妊娠合并性传播疾病

一、基本纲要

掌握:与妇科有关的几种常见性传播疾病,包括淋病、尖锐湿疣。

了解:性传播疾病的现状、范畴及防治性传播疾病的重要性。

二、要点提示

性传播疾病(STD),近几年在我国的发病率不断增加。孕妇一旦感染性传播疾病,若不及早确诊和积极治疗,通过垂直传播导致胎儿感染,将会严重影响下一代的健康。

病名	病原体	传播途径	诊断	临床表现	治疗
淋病	淋病奈瑟菌	性交,经黏膜传播	1.不良性接触史 2.分泌物涂片检查 3.分泌物淋菌培养 4.核酸检测	孕早期导致流产,晚期易发生胎膜早破,分娩后易发生淋病传播	首选三代头孢菌素
梅毒	苍白密螺旋体	性接触	1.病原体检查 2.梅毒血清学检测	早期皮肤黏膜损害,晚期侵犯心血管、神经系统	首选青霉素疗法
尖锐湿疣	人乳头瘤病毒	性交直接传播	临床表现、病理组织学检查见挖空细胞可确诊	外阴瘙痒、灼痛或性交不适,初为小乳头状疣,增大后呈鸡冠状、菜花状等	1.孕36周前病灶小、位于外阴者局部用药 2.妊娠足月位于外阴者,可行冷冻及手术治疗
巨细胞病毒感染	巨细胞病毒	性接触,亦经唾液、血液、尿液等传播	1.病原学检查 2.血清学检查	无特异性表现,少数有低热、疲乏、头痛、咽痛等症状,胎儿可发生流产、死胎、死产等	1.妊娠早期、中期应行人工流产 2.妊娠晚期感染则无需处理
生殖器疱疹	单纯疱疹病毒	性接触传播	典型病史、临床表现、实验室检查	生殖器、肛门及腰以下皮肤疱疹	无彻底治愈方法,选用阿昔洛韦,孕早期应终止妊娠

续表

病名	病原体	传播途径	诊断	临床表现	治疗
生殖道沙眼衣原体感染	沙眼衣原体	性接触传播	实验室检查:1. 宫颈涂片;2.沙眼衣原体培养;3. 沙眼衣原体抗原;4. PCR;5 血清 IgG、IgM	临床表现无特征	孕妇常用红霉素
生殖道支原体感染	①人型支原体;②解脲支原体	性接触传播	实验室检查:1. 支原体培养;2. 血清学检查;3. PCR 技术	主要表现为非淋病性尿道炎及生殖道其他炎症	首选红霉素
获得性免疫缺陷综合征	人免疫缺陷病毒(HIV)	性传播、血液传播、母婴传播	临床表现和实验室检查可确诊	82%的 HIV 感染孕妇无临床症状	尚无治愈方法,多采用一般治疗、抗病毒药物及对症处理,重在预防

三、课后复习题

(一)名词解释

性传播疾病

(二)填空题

1.孕妇早期梅毒首选药物为______。

2.梅毒的治疗原则是______、______、______。

3.尖锐湿疣是由______感染引起鳞状上皮疣状增生病变的性传播疾病,病理组织学检查见______可确诊。

4.淋病治愈标准是______________。

(三)选择题

1.梅毒最主要的传播途径是　(　　)

A.胎盘传播　　B.性交经黏膜擦伤处

C.饮食　　D.输血

E.密切生活接触

2.感染衣原体的表现,下列哪项例外　(　　)

A.表现为宫颈炎、阴道炎、盆腔炎　　B.通过性交传染给女性

C.孕妇衣原体生殖道感染较少见　　D.男性感染,表现为非淋菌性尿道炎

E.宫颈炎、子宫附件炎治疗效果不佳时应想到可能是衣原体感染

3.尖锐湿疣好发部位最常见的是　(　　)

A.阴道口　　B.宫颈

C.阴道　　D.外阴部(阴唇后联合,小阴唇内侧)

E.肛周

4.孕妇患尖锐湿疣,下列处理错误的是　(　　)

A.妊娠36周以前,病灶小且少,局部治疗可望痊愈

B.配偶或性伴侣同时治疗

C.经阴道分娩可发生软产道裂伤,大出血

D.一旦妊娠足月,均应择期剖宫产

E.妊娠结束后,部分尖锐湿疣有可能自然消失

(四)简答题

1.淋病对胎儿有哪些影响?

2.淋病孕妇的治疗原则是什么?

四、复习题答案

(一)名词解释

性传播疾病:是指以性行为为主要传播途径的一组传染病,病原体包括细菌、病毒、螺旋体、衣原体、支原体、真菌、原虫、寄生虫8类。

(二)填空题

1.青霉素

2.早期确诊　及时治疗　用药足量　疗程规范

3.人乳头瘤病毒　挖空细胞

4.连续3次宫颈分泌物涂片及淋病培养均为阴性才属治愈

(三)选择题

1.B　2.A　3.D　4.D

(四)简答题

1.淋病对胎儿的影响有:早产和宫内感染,而宫内感染易引起胎儿窘迫、胎儿宫内发育迟缓,甚至导致死胎、死产。

2.原则:尽早彻底治疗,遵循及时、足量、规则的用药原则,主要是抗生素治疗,首选药物头孢曲松钠并加用红霉素,治疗结束后需复查淋菌是否存在,连续进行3次宫颈分泌物涂片及淋菌培养均为阴性为治愈。

第十九章 遗传咨询、遗传筛查与产前诊断

一、基本纲要

了解:遗传咨询、遗传筛查与产前诊断。

二、要点提示

1.遗传咨询

概念、对象、步骤、类别、对策。

2.产前筛查

概念、筛查疾病种类。

3.产前诊断

概念、对象、疾病种类。

三、课后复习题

(一)名词解释

1.遗传携带者 2.先天性代谢缺陷症 3.产前诊断 4.三体

(二)填空题

1.遗传病是预防______发生的重要步骤。

2.绒毛活检的结果比检测羊水获得的结果约提前______月。

3.羊膜腔胎儿造影能诊断胎儿______和______畸形。

4胎儿镜可在直视下观察______和______。

5.染色体病包括______和______。

6.染色体病的产前诊断主要靠______方法。

7.染色体制备的来源有______、______和______。

8.先天性代谢缺陷症能用______方法作出产前诊断。

(三)选择题

1.羊膜腔穿刺的最佳时机为 ( )

A.孕10~14周　　B.孕12~16周

C.孕12~16周　　D.孕20~24周

E.孕18~22周

2.绒毛活检最合适的时间是 ( )

A.孕4~6周　　B.孕8~10周

C.孕10~12周　　D.孕6~9周

E.孕12~15周

3.产前诊断胎儿畸形最常用、最简便的手段是 ( )

A.羊水检查 B.B型超声
C.绒毛检查 D.胎儿镜
E.羊膜腔胎儿造影

4.诊断胎儿神经管缺陷最可靠的指标是 ( )
A.HCG B.E2
C.PRL D.AFP
E.LDH

5.目前诊断胎儿心血管畸形可靠的方法是 ( )
A.B型超声 B.磁共振
C.CT D.X线
E.胎儿心动图

6.关于羊水标本的处理正确的是 ( )
A.在常温下放置,等有时间再送检 B.保存在0~4 ℃冰箱内,48 h后送病检
C.保存在4 ℃冰箱内,24 h内送病检 D.保存在-8 ℃冰箱内,24 h后送病检
E.保存在-10 ℃冰箱内,48 h后送病检

(四)简述题

1.简述遗传筛查的手段

2.简述产前诊断的对象。

3.简述常用的产前基因诊断技术。

四、复习题答案

(一)名词解释

1.遗传携带者:表型正常,带有致病遗传物质,称为遗传携带者,主要包括隐性遗传病杂合体和染色体平衡易位者。

2.先天性代谢缺陷症:此病多是常染色体隐性遗传病,是由于基因突变导致某种酶或结构蛋白的缺失,引起代谢过程受阻,代谢中间产物积累出现症状。

3.产前诊断:又称宫内诊断或出生前诊断,是指胎儿出生之前应用各种先进的科技手段,采用影像学、生物化学、细胞遗传学及分子生物学等技术,分析胎儿染色体核型有无异常,检测胎儿细胞的生化项目和基因等,对先天性和遗传性疾病作出诊断,以便选择性流产。

4.三体:常染色体数目异常较常见,常表现为某些常染色体多一条额外的染色体。

(二)填空题

1.遗传性疾病

2.2个

3.体表 消化管

4.胎儿体表 胎盘胎儿面

5.数目异常 结构异常

6.细胞遗传学

7.羊水细胞 绒毛细胞 胎儿血细胞培养

8.基因诊断

(三)选择题

1.C　2.C　3.B　4.D　5.E　6.C

(四)简答题

1.遗传检查手段包括羊膜腔穿刺羊水检查、绒毛活检、羊膜腔胎儿造影、胎儿镜检查、B超检查、经皮脐静脉穿刺取胎血检测、胎儿心动图,磁共振成像。

2.产前诊断的对象包括:①35岁以上的高龄孕妇;②生育过染色体异常儿的孕妇;③夫妇一方有染色体平衡易位者;④生育过无脑儿、脑积水、脊柱裂、唇裂、腭裂、先天性心脏病者;⑤夫妇一方有先天性代谢疾病,或已生育过病儿的孕妇;⑥在妊娠早期接受较大剂量化学毒剂、辐射和严重病毒感染的孕妇;⑦有遗传性家族史或近亲婚配史的孕妇;⑧原因不明的流产、死产、畸胎和有新生儿死亡的孕妇;⑨本次妊娠羊水过多,疑有畸胎的孕妇。

3.常用的产前基因诊断技术有:快速DNA斑点杂交法、局限性内切酶酶谱分析、寡核苷酸探针杂交性、DNA限制性片段比较多态性分析、聚合酶链反应。

第二十章　异常分娩

第一节　产力异常

一、基本纲要

掌握：产力异常的临床表现和诊断、防治。

熟悉：产力异常的类型、在分娩中的重要性。

了解：产力异常对母儿的影响。

二、要点提示

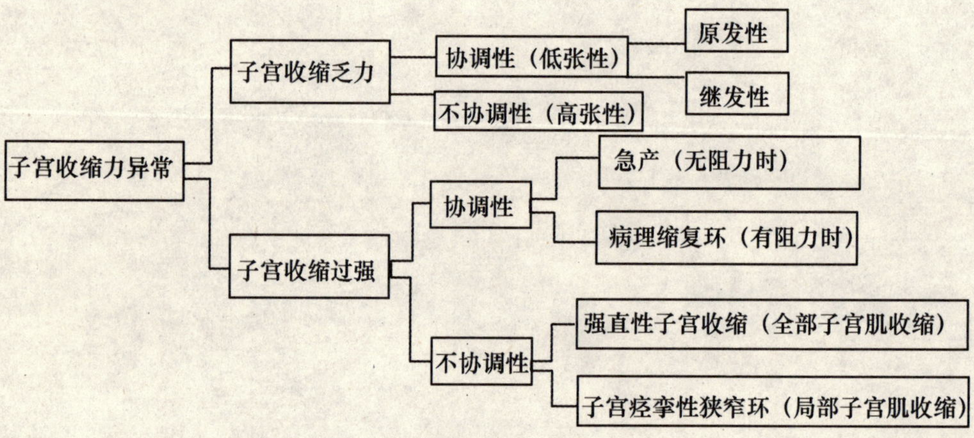

三、典型病案

患者，女，37岁，已婚，G_1P_0。因“妊娠40周，阵发性下腹痛25 h”于早晨6时入院。体格检查：体温36.5 ℃，脉搏87次/min，血压120/80 mmHg。心肺未见异常。产科检查：枕左前位，胎心146次/min，有力，规律。宫缩持续20~30 s，间隔10~12 min，宫高35 cm，腹围98 cm。骨盆外测量各径线正常。胎头跨耻征阴性。估计胎儿体重3600 g。阴道检查：宫口3 cm，S+2，胎膜未破，坐骨棘无内突。辅助检查：常规化验检查均正常。B型超声检查：胎头双顶径9.3 cm，胎盘、羊水及胎儿未发现异常。

四、临床诊治思路

患者为高龄初产妇，阵痛25 h。恐惧、紧张，产程长进食不足，体力消耗，有宫缩乏力的精神因素。子宫收缩20~30 s，间隔10~12 min，宫缩乏力一开始就出现，为原发性宫缩乏力。第一产程25 h宫口仅扩张3 cm，潜伏期超过16 h，为潜伏期延长。总产程超过24 h，为滞产。外阴、阴道检查未发现异常，排除软产道异常。骨盆内外测量各径线正常。胎头跨耻征阴性。排除骨产道异常、头盆不称、巨大儿。宫高35 cm，腹围98 cm，估计胎儿体重3600 g，排除巨大儿。胎位枕左前，排除胎位异常。B型超声检查排除巨大儿、畸形等胎儿因素。

诊断：孕40周，G_1P_0，枕左前临产；原发性宫缩乏力；潜伏期延长；滞产。

产程中产道、胎儿因素排除，处理加强产力、精神安慰

安慰鼓励产妇，地西泮10 mg静脉注射镇静剂休息片刻，不久可能转为强有力的宫缩。人工破膜，见羊水清亮，胎心正常，继续10%葡萄糖注射液500 mL+缩宫素2.5 U静脉滴注，8滴始缓慢加量，直至出现有效宫缩，宫缩间隔2~3 min，持续40~50 s。

本例应严密观察产程曲线，发现有潜伏期延长时应及时处理。

五、课后复习题

（一）名词解释

1.急产　2.第二产程延长　3.滞产　4.胎头下降延缓　5.子宫痉挛性狭窄环

（二）填空题

1.确诊为协调性宫缩乏力，产程无明显进展，增强宫缩的方法有______、______、______。

2.第二产程延长，膀胱被压迫导致组织缺血、水肿、坏死，可形成______或______。

3.为预防产后出血，当胎儿前肩娩出时，可静脉推注麦角新碱0.2 mg或静脉推注______。

4.若急产来不及消毒及新生儿坠地者，新生儿应肌注______预防颅内出血。

5.子宫痉挛性狭窄环与病理缩复环不同，特点是______。

6.第二产程达______胎头下降无进展，称为第二产程停滞。

7.______及______，胎头下降速度初产妇<1.0 cm/h，经产妇<2.0 cm/h，称为胎头下降延缓。

8.Bishop宫颈成熟度评分法中的指标有______、______、______、宫颈硬度和宫口位置5个项目。

9.破膜______小时以上应给予抗生素预防感染。

10.产妇烦躁不安，持续性腹痛，拒按。胎位触不清，胎心听不清。有时可出现病理缩复环、肉眼血尿等先兆子宫破裂征象。是______的临床表现。

（三）选择题

1.有关协调性子宫收缩乏力，下列描述正确的是　(　　)

A.子宫收缩节律性、对称性和极性均正常，仅收缩力弱

B.容易发生胎儿宫内窘迫

C.不宜静脉点滴缩宫素

D.潜伏期不宜应用杜冷丁

E.多数产妇自觉持续性腹痛，且产程延长

2.产程进展到一定阶段后，宫缩减弱，出现的宫缩乏力为　(　　)

A.低张性宫缩乏力　　B.高张性宫缩乏力

C.原发性宫缩乏力　　D.继发性宫缩乏力

E.正常子宫收缩乏力

3.初孕妇临产后胎头未入盆。首先应考虑 ( )

A.羊水过多 B.腹壁松弛

C.脑积水 D.头盆不称

E.宫缩乏力

4.协调性宫缩乏力。宫口开大5 cm。无头盆不称。正确的处理应是 ( )

A.人工破膜后缩宫素静脉滴注 B.缩宫素静脉滴注

C.等待产程自然进展 D.剖宫产

E.地西泮静脉推注

5.患者,女,26岁,孕39^{+5}周,G_1P_0,阵发性下腹坠胀14 h,昨晚仅间断入眠1 h,今来诊。检查:骨盆外测量正常,LOT,胎心好,宫缩20 s,间隔8~10 min,宫口开大1 cm,先露S-1,胎膜未破,首选处理措施是 ( )

A.剖宫产 B.人工破膜

C.肌注杜冷丁 D.肌注缩宫素2.5 U

E.严密观察,等待其自然分娩

6.初产妇,35岁,孕42周,临产10 h,检查:胎心率120次/ min,ROA,宫口开大3 cm,有水囊感,先露棘平,B超检查示:双顶径9.1 cm,羊水深度2.5 cm,下列处理方式最佳的是 ( )

A.静脉点滴小剂量缩宫素 B.人工破膜

C.温肥皂水灌肠 D.左侧卧位、吸氧、输液

E.立即行剖宫产

7.关于不协调性宫缩乏力正确的是 ( )

A.宫缩极性倒置 B.间歇期子宫壁松弛

C.宫口可如期扩张 D.多属继发性宫缩乏力

E.易发生胎盘残留

8.关于协调性宫缩乏力,下列正确的是 ( )

A.子宫收缩极性倒置 B.容易发生胎儿窘迫

C.不宜静脉滴注缩宫素 D.产程常延长

E.不易发生胎盘残留

9.病理性缩复环多见于 ( )

A.原发性协调性宫缩乏力 B.继发性协调性宫缩乏力

C.不协调性宫缩乏力 D.协调性宫缩过强

E.不协调性宫缩过强

10.下列关于地西泮使用不正确的是 ( )

A.地西泮能使宫颈平滑肌松弛,软化宫颈,促进宫口扩张

B.适用于宫颈水肿时

C.常用剂量为10 mg,间隔4~6 h可重复应用

D.与缩宫素联合应用效果更佳

E.不能应用于不协调性宫缩乏力

11.下列关于人工破膜不正确的是　（　）
A.宫口扩张≥3 cm、无头盆不称、胎头已衔接者，可行人工破膜
B.胎头直接紧贴子宫下段及宫颈内口，引起反射性子宫收缩，加速产程进展
C.破膜应在宫缩间歇、宫缩刚结束时进行
D.破膜前必须检查有无脐带先露
E.Bishop宫颈成熟度评分法，若产妇得分≤3分，人工破膜均失败

12.临产后，宫缩一直短而弱，间歇长，产程进展慢　（　）
A.强直性宫缩乏力　B.阻力性宫缩乏力
C.原发性宫缩乏力　D.继发性宫缩乏力
E.正常子宫收缩乏力

13.有关不协调性子宫收缩乏力，下列描述正确的是　（　）
A.肥皂水灌肠　B.人工破膜
C.静脉点滴缩宫素　D.肌注杜冷丁
E.针刺合谷穴

14.子宫收缩保持正常极性，仅间歇长，持续短，弱而无力属于　（　）
A.低张性宫缩乏力　B.高张性宫缩乏力
C.原发性宫缩乏力　D.继发性宫缩乏力
E.正常子宫收缩乏力

15.初产妇，35岁，孕40周，于凌晨1时阵痛，晚9时宫口开大2 cm　（　）
A.正常产程　B.潜伏期延长
C.活跃期延长　D.活跃期停滞
E.第二产程停滞

16.临产18 h，宫口开大6 cm　（　）
A.正常产程　B.潜伏期延长
C.活跃期延长　D.活跃期停滞
E.第二产程停滞

17.初产妇，24岁，孕39周，于早上6时阵痛，早上10时宫口开大6 cm，中午1时宫口无进展　（　）
A.正常产程　B.潜伏期延长
C.活跃期延长　D.活跃期停滞
E.第二产程停滞

18.子宫收缩乏力易发生　（　）
A.软产道裂伤　B.胎盘滞留
C.胎盘粘连　D.凝血功能异常
E.胎盘嵌顿

19.子宫收缩过强易发生　（　）
A.软产道裂伤　B.胎盘滞留
C.胎盘粘连　D.凝血功能异常

E.胎盘嵌顿

20.宫缩乏力对母体和胎儿的影响,下列错误的是 ( )

A.产妇疲乏无力,肠胀气、排尿困难 B.脱水、酸中毒、低钾血症

C.膀胱受压形成膀胱阴道瘘 D.多次肛门检查或阴道检查增加感染机会

E.子宫破裂

问题21—23

初产妇,妊娠40周,规律宫缩18 h,检查:宫口开大6 cm,宫缩渐弱,20~30 s/6~7 min,2 h后复查,宫口仍开大6 cm,S-1,骨盆外测量正常范围,胎心率130~135次/min,规律。

21.该产妇属于下列哪种产程异常 ( )

A.潜伏期延长 B.活跃期延长

C.活跃期停滞 D.胎头下降延缓

E.第二产程停滞

22.首选的处理措施是 ( )

A.缩宫素静脉点滴 B.立即行剖宫产术

C.肌注杜冷丁 D.鼓励产妇进食、休息

E.等待其自然分娩

23.发病诱因可能与下列无关的是 ( )

A.头盆不称 B.精神因素

C.子宫过度膨胀 D.第一产程超过18 h

E.应用镇静剂

问题24—26

26岁,初产妇,妊娠39周,规律宫缩18 h,肛查宫口8 cm,先露坐骨棘平面,胎膜未破,腹部触诊为头先露,宫缩时宫体部不硬,持续30 s,间隔5 min,胎心136次/min,B型超声检查示胎儿双顶径为9.0 cm。

24.出现以上情况最可能的是 ( )

A.子宫收缩过强 B.胎儿过大

C.子宫收缩乏力 D.骨盆狭窄

E.胎儿畸形

25.本例首先的处理是 ( )

A.人工破膜 B.立即剖宫产

C.静脉滴注缩宫素2.5 U D.肌注杜冷丁100 mg

E.观察1 h后再决定

26.若破膜后发现羊水为棕黄色,最合适的处理是 ( )

A.严密观察产程,等待自然分娩 B.立即剖宫产

C.小剂量滴注催产素 D.持续吸氧,等待宫口开全

E.产钳助娩

(四)简答题

1.简述治疗协调性宫缩乏力时缩宫素的使用条件及方法。

2.简述不协调性宫缩乏力的治疗。

六、复习题答案

(一)名词解释

1.急产:产道无阻力,宫口迅速开全,分娩在短时间内结束,宫口扩张速度>5 cm/h(初产妇)或10 cm/h(经产妇),总产程<3 h结束分娩,称为急产。

2.第二产程延长:第二产程初产妇超过2 h、经产妇超过1 h尚未分娩,称为第二产程延长。

3.滞产:总产程超过24 h。

4.胎头下降延缓:活跃期晚期及第二产程,胎头下降速度初产妇<1.0 cm/h,经产妇<2.0 cm/h,称为胎头下降延缓。

5.子宫痉挛性狭窄环:子宫壁局部肌肉呈痉挛性不协调性收缩形成的环状狭窄,持续不放松,称为子宫痉挛性狭窄环。

(二)填空题

1.人工破膜　缩宫素静脉滴注　地西泮静脉推注

2.膀胱阴道瘘　尿道阴道瘘

3.缩宫素10 U

4.维生素K_1 10 mg

5.不随宫缩上升

6.1 h

7.第二产程　活跃期晚期

8.宫口开大　宫颈管消退　先露位置

9.12

10.强直性子宫收缩

(三)选择题

1.A　2.D　3.D　4.A　5.E　6.A　7.A　8.D　9.E　10.E　11.C　12.C　13.D　14.A　15.B　16.A　17.D　18.B　19.A　20.E　21.C　22.A　23.D　24.C　25.C　26.B

(四)简答题

1.缩宫素静脉滴注:适用于协调性宫缩乏力、宫口扩张3 cm、胎心良好、胎位正常、头盆相称者。将缩宫素2.5 U加于5%葡萄糖注射液500 mL内,使每滴糖液含缩宫素0.33 mU,从4~5滴/min即1~2 mU/min开始,根据宫缩强弱进行调整,通常不超过10~15 mU/min(30~45滴/min),维持宫缩时宫腔内压力达50~60 mmHg,宫缩间隔2~3 min,持续40~60 s。对于不敏感者,可酌情增加缩宫素剂量。应用缩宫素时,应有专人观察产程进展,监测宫缩,听胎心率及测量血压。

2.处理原则是调节子宫收缩,恢复正常节律性及其极性。给予强镇静剂哌替啶100 mg、吗啡10~15 mg肌注或地西泮10 mg静脉推注,使产妇充分休息,醒后不协调性宫缩多能恢复为协调性宫缩。在宫缩恢复为协调性之前,严禁应用缩宫素。若经上述处理,不协调性宫缩未能得到纠正,或伴有胎儿窘迫征象,或伴有头盆不称,均应行剖宫产术。

第二节　产道异常

一、基本纲要

掌握：产道异常的临床表现和诊断、处理。

熟悉：产道异常的临床分类。

了解：产道异常对母儿的影响。

二、要点提示

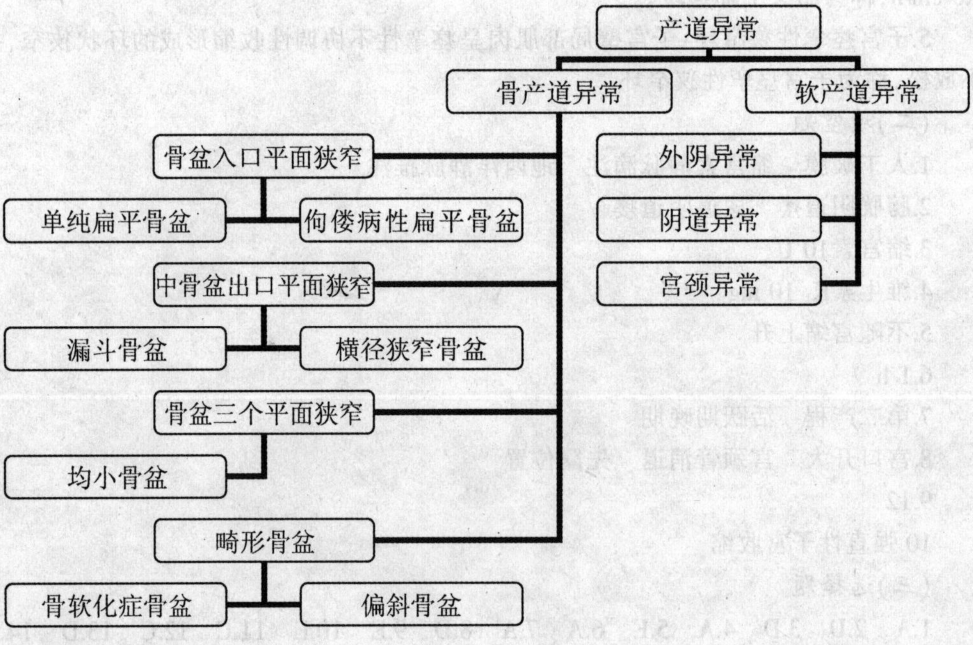

三、典型病案

患者，女，29岁，已婚，G_1P_0。因"妊娠39周，规律宫缩2 h"入院。体格检查：体温36 ℃，脉搏80次/min，血压115/70 mmHg。心肺(-)。产科检查：单胎，宫高33 cm；腹围101 cm，枕右前位，胎心142次/min，胎头跨耻征可疑阳性。宫缩间歇8~9 min，持续20 s。骨盆测量：髂棘间径25 cm，髂嵴间径28 cm，骶耻外径17 cm，坐骨结节间径9.0 cm，坐骨棘间径10 cm，坐骨切迹容3横指。阴道检查：宫口开大1 cm，先露S-3。常规化验检查均正常。B型超声检查：胎头双顶径9.4 cm，羊水最大深度6.0 cm，羊水指数13 cm。

四、临床诊治思路

诊断：孕39周，G_1P_0，枕右前位临产，头盆不称。

骶耻外径17 cm，小于正常值，骨盆测量提示骨盆入口平面相对性狭窄（Ⅱ级），胎头跨耻征可疑阳性。提示头盆不称可能。骨盆中、出口平面正常，无胎位异常，胎儿不大，需经试产后才能决定是否可以经阴道分娩。

处理：试产决定是否可以经阴道分娩，试产过程中，若产程无进展，出现胎头下降受阻或停滞、宫口扩张延缓或停滞、加强宫缩无进展或伴有胎儿窘迫征象，应及时剖宫产结束分娩。

下午7时临产。

9时宫缩20 s，间隔8~9 min。宫口开大1 cm，S-3。

晚11时，宫缩25 s，间隔7~8 min。

次日凌晨1时，宫缩25 s，间隔6~7 min，宫口开大1.5 cm，S-2，胎心144次/min。

试产4 h，有进展，进展缓慢，产妇疲惫，静脉推注地西泮10 mg，5%平衡液500 mL +维生素C 1 g，软化宫颈，促进宫口扩张，补充水分。

早上5时，宫缩20~25 s/6 min，宫口开大2 cm，S-2，胎心率148次/min。

加强宫缩，予10%葡萄糖注射液500 mL+缩宫素2.5 U静脉滴注，维持有效宫缩。

上午8:30宫缩40 s/2~3 min，宫口开大3 cm，S-1，胎头跨耻征阴性，行人工破膜，羊水清，胎心150次/min。

上午11:10宫口开全，12:45顺产一女婴3500 g，新生儿Apgar评分1 min 9分，5 min 10分。

本例可疑头盆不称，进行试产，潜伏期静脉滴注缩宫素及人工破膜，加强宫缩，有效地促进产程进展，宫缩良好，胎心良好，经过充分试产，使可疑头盆不称转为头盆相称，经阴道顺利分娩。

五、课后复习题集

(一)名词解释

1.单纯扁平骨盆　2.均小骨盆　3.漏斗骨盆　4.偏斜骨盆

(二)填空题

1.均小骨盆多见于______、体型匀称的妇女。

2.漏斗骨盆多见于______型骨盆。

3.临产后当宫颈管已消失而宫颈口却不扩张仍为一很小孔时，应想到______，可用手指______，宫口即可在短时间内开全。

4.骨盆失去正常形态称为畸形骨盆，有______、______。

5.横径狭窄骨盆测量骶耻外径值______，髂棘间径及髂嵴间径均缩短。

6.外阴异常包括______、______、______。

7.阴道异常包括______、______、______。

8.对出现跨耻征阳性的孕妇，应让其取两腿屈曲半卧位，再次检查胎头跨耻征，若转为阴性，提示为______，而不是头盆不称。

9.骨盆临界性狭窄时，若胎位、胎儿大小及产力正常，胎头常以矢状缝在骨盆入口横径衔接，多取______。

10.若中骨盆狭窄程度严重，宫缩又较强，可发生______及______。

(三)选择题

1.关于骨盆狭窄的诊断，下列正确的是　(　　)

A.骨盆各径线比正常值小1 cm为均小骨盆　B.坐骨棘间径小于10 cm为骨盆狭窄

C.对角径小于13 cm为骨盆上口狭窄　D.胎头跨耻征阳性提示骨盆下口狭窄

E.坐骨结节间径与出口后矢状径之和小于18 cm为骨盆下口狭窄

2.测孕妇坐骨结节间径小于8 cm时，还应测量 ( )

A.耻骨弓角度　B.出口前矢状径

C.出口后矢状径　D.坐骨棘间径

E.耻骨弓角度

3.关于骨盆径线，下列错误的是 ( )

A.对角径小于12 cm为上口前后径狭窄

B.坐骨棘间径小于9 cm为中骨盆狭窄

C.坐骨结节间径与后矢状径之和小于15 cm时为下口狭窄

D.测量髂棘间径，可以间接推测中骨盆横径

E.耻骨弓角度可反映骨盆出口横径的宽度

4.下列关于宫颈水肿错误的是 ( )

A.轻者可抬高产妇臀部　B.宫颈两侧各注入0.5%利多卡因5~10 mL

C.地西泮10 mg静脉推注　D.宫口不继续扩张，可行剖宫产术

E.上推胎头减轻胎头对宫颈压力

5.26岁初产妇，41周妊娠，头位，临产后3 h，胎头仍未入盆，B超检查示胎儿双顶径9.8 cm，此时测量骨盆径线最有价值的是 ( )

A.髂棘间径　B.髂嵴间径

C.骶耻外径　D.坐骨棘间径

E.坐骨结节间径

6.分娩时允许进行"试产"的条件是 ( )

A.头先露，骨盆入口轻度狭窄　B.头先露，骨盆出口轻度狭窄

C.头先露，中骨盆轻度狭窄　D.臀先露，骨盆入口轻度狭窄

E.臀先露，中骨盆轻度狭窄

7.下列不应立即行剖宫产结束分娩的是 ( )

A.骶耻外径≤16.0 cm，入口前后径≤8.0 cm

B.头位，骨盆出口狭窄

C.中骨盆平面狭窄，宫口开全，胎头双顶径未达坐骨棘水平

D.均小骨盆

E.骨软化症骨盆

8.下列不属于软产道异常的是 ( )

A.阴道囊肿　B.外阴水肿

C.宫颈坚韧　D.宫颈水肿

E.阴道炎

9.临产后胎头迟迟不入盆，应测量的指标是 ( )

A.耻骨弓角度　B.坐骨棘间径

C.坐骨棘突出程度　D.坐骨切迹宽度

E.对角径

10.下列错误的是 ( )

A.宫颈癌应行剖宫产术　B.会阴坚韧应作预防性会阴后—侧切开

C.若外阴瘢痕过大,扩张困难者,应行剖宫产术

D.阴道横隔需行剖宫产术结束分娩

E.阴道内肿瘤阻碍胎先露部下降而又不能经阴道切除者,均应行剖宫产术

问题11、12

测得初孕妇骶耻外径18 cm,坐骨结节间径为7 cm,出口后矢状径为6 cm,坐骨切迹宽2指。现妊娠39周。估计胎儿约3200 g。宫缩正常。宫口开大2.5 cm。

11.诊断为 ( )

A.骨盆入口平面狭窄　　B.中骨盆平面狭窄

C.骨盆出口平面狭窄　　D.畸形骨盆

E.骨盆中骨盆及出口平面狭窄

12.正常的分娩方式是 ( )

A.自然分娩　　B.会阴侧切经阴道分娩

C.静脉滴注缩宫素　　D.胎头吸引术

E.剖宫产术

(四)简答题

1.简述中骨盆及骨盆出口平面狭窄的分级。

2.简述骨盆入口平面狭窄的处理。

3.宫颈异常有哪些?应如何处理?

六、复习题答案

(一)名词解释

1.单纯扁平骨盆:骨盆入口呈横扁圆形,骶岬向前下突出,使骨盆入口前后径缩短而横径正常,称为单纯扁平骨盆。

2.均小骨盆:骨盆外测量各径线均较正常值小2 cm或更多者,称为均小骨盆。

3.漏斗骨盆:骨盆入口各径线值正常。两侧骨盆壁向内倾斜,状似漏斗得名。其特点是中骨盆及骨盆出口平面均明显狭窄,使坐骨棘间径、坐骨结节间径缩短,坐骨结节间径<8 cm,耻骨弓角度<90°,称为漏斗骨盆。

4.偏斜骨盆:一侧髂骨翼与髋骨发育不良所致骶髂关节固定,以及下肢和髋关节疾病,引起骨盆一侧斜径缩短,称为偏斜骨盆。

(二)填空题

1.身材矮小

2.男

3.宫颈外口黏合　稍加压力分离黏合的小孔

4.偏斜骨盆　骨软化症骨盆

5.正常

6.会阴坚韧　外阴水肿　外阴瘢痕

7.阴道横隔　阴道纵隔　阴道囊肿和肿瘤

8.骨盆倾斜度异常

9.后不均倾势

10.先兆子宫破裂　子宫破裂

(三)选择题

1.B　2.C　3.D　4.E　5.C　6.A　7.D　8.E　9.E　10.D　11.C　12.E

(四)简答题

1.中骨盆及骨盆出口平面狭窄分3级。Ⅰ级：临界性狭窄，坐骨棘间径10 cm，坐骨结节间径7.5 cm；Ⅱ级：相对性狭窄，坐骨棘间径8.5~9.5 cm，坐骨结节间径6.0~7.0 cm；Ⅲ级：绝对性狭窄，坐骨棘间径≤8.0 cm，坐骨结节间径≤5.5 cm。

2.(1)明显头盆不称(绝对性骨盆狭窄)：临产后行剖宫产术结束分娩。(2)轻度头盆不称(相对性骨盆狭窄)：胎膜未破者可在宫口扩张3 cm时行人工破膜。若破膜后宫缩较强，试产过程中若出现宫缩乏力，可用缩宫素静脉滴注加强宫缩。试产2~4 h，胎头仍迟迟不能入盆，宫口扩张缓慢，或伴有胎儿窘迫征象，应及时行剖宫产术结束分娩。

3.宫颈异常及处理：(1)宫颈外口黏合，通常用手指稍加压力分离黏合的小孔，无效需行宫颈切开术。(2)宫颈水肿，轻者可抬高产妇臀部，减轻胎头对宫颈压力，于宫颈两侧各注入0.5%利多卡因5~10 mL或地西泮10 mg静脉推注，宫口不继续扩张，可行剖宫产术。(3)宫颈坚韧，常见于高龄初产妇，静脉推注地西泮10 mg或于宫颈两侧各注入0.5%利多卡因5~10 mL，无效应行剖宫产术。(4)宫颈瘢痕，若宫缩很强，宫口仍不扩张，不宜久等，应行剖宫产术。(5)宫颈癌，行剖宫产术，术后放疗。(6)宫颈肌瘤，行剖宫产术。若肌瘤不阻塞产道则可经阴道分娩，肌瘤待产后再行处理。(7)子宫下段异常，行剖宫产术。

第三节　胎位异常

一、基本纲要

掌握：胎位异常的临床表现和诊断、处理。

熟悉：胎位异常的临床分类。

了解：胎位异常对母儿的影响。

二、要点提示

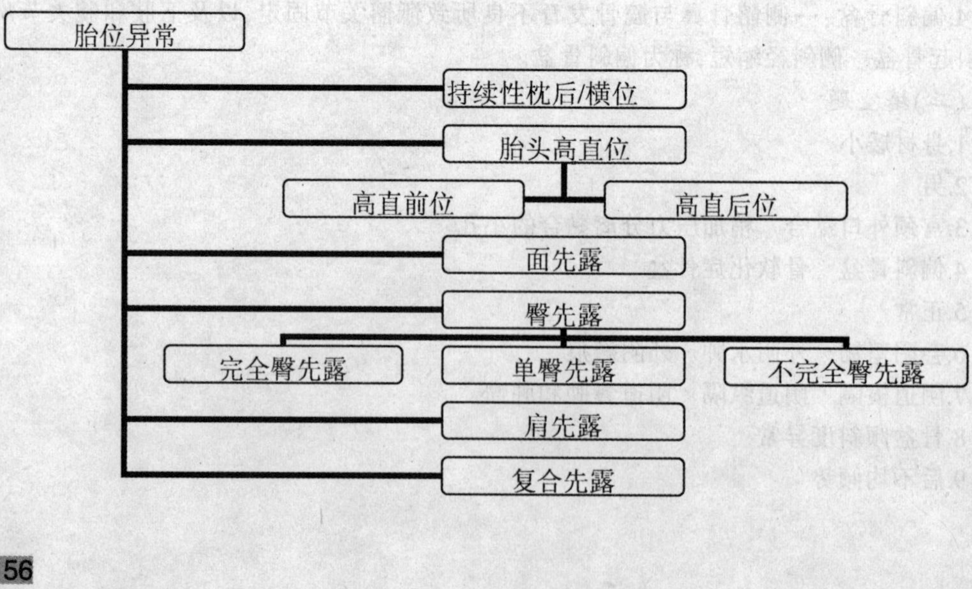

三、典型病案

病案一

患者，女，30岁，已婚，G_2P_1。因“停经39周，阵发性腹痛3 h，阴道流液1 h”入院。体格检查：体温36.8 ℃，呼吸80次/min。血压130/80 mmHg。心肺正常。产科检查：左肋下可触及胎头，骶左前位，骨盆外测量正常。子宫长度38 cm，腹围104 cm，估计胎儿体重4000 g，胎心142次/min，宫缩规律，间隔2~3 min，持续40~50 s。阴道检查：宫颈管消失，宫口开大3 cm，可触及胎足。辅助检查：化验检查均正常。B超检查提示：单活胎LSA，双顶径9.4 cm，胎盘Ⅱ，羊水指数9.6 cm。

病案二

患者，女，26岁，已婚，G_1P_0。已停经40周，规律下腹阵痛2 h。体格检查：体温36 ℃，脉搏78次/min，血压110/70 mmHg。心肺正常。产科检查：腹围98 cm，宫高35 cm，先露头浮，胎心148次/min，规律宫缩，持续30~40 s，间歇4~5 min，估计胎儿大小3650 g左右。骨盆测量：髂前上棘间径25 cm，髂嵴间径28 cm，骶耻外径19 cm，坐骨结节间径8.5 cm，耻骨弓>90°。肛查：宫颈软，宫颈口未开，位置居中，先露头S-3。双侧坐骨棘不突。常规化验检查均正常。B超检查提示：单活胎LOP，双顶径9.4 cm，胎盘Ⅱ级，羊水指数9.6 cm。

四、临床诊治思路

病案一

1.诊断：妊娠39周，G_2P_1，LSA，临产，胎膜早破，巨大儿。

2.处理：剖宫产。

3.过程：①左肋下有圆而硬的胎头，胎心在脐左上方清楚，阴道检查：宫口开大可触及胎足。B超检查提示：单活胎LSA。均提示诊断臀先露。②阵发性腹痛3 h，阴道流液1 h，宫口开大3 cm，提示胎膜早破。胎臀高低不平，对前羊膜囊压力不均匀，常致胎膜早破。③估计胎儿体重4000 g，诊断巨大儿。④臀位择期剖宫产的指征：狭窄骨盆、软产道异常、胎儿体重大于3500 g、胎儿窘迫、妊娠合并症、高龄初产、有难产史、不完全臀先露。⑤立即行剖宫产术，娩出一男婴3900 g，新生儿Apgar评分1 min 9分，5 min 10分。

病案二

1.诊断：孕40周，G1P0，临产，左枕后位，初产头浮。

2.处理：试产。骨盆无异常、胎儿不大时可以试产，试产过程中严密观察胎头下降、宫口扩、宫缩强弱、胎心情况。

3.过程：①下午1时临产。②3时胎心140次/min，宫颈口未开，S-3。尽量让产妇以反胎背的方向侧卧，右侧卧。③下午7时宫缩30~40 s，间隔4~5 min，胎心136次/min，宫颈口开大3 cm，S-2。加强产力，人工破膜，羊水清亮，胎心140次/min。④11 Pm宫缩持续30~40 s，间歇延长，胎心136次/min，宫颈口开大6 cm，S0。加强产力。5%葡萄糖注射液500 mL +缩宫素2.5 U静滴，宫缩持续时间延长50~60 s，间歇缩短2~3 min，产妇有肛门坠感，嘱咐勿过早屏气用力。⑤次日凌晨1时宫缩持续30~40 s，间隔2~3 min，胎心136次/min，宫颈口开大8 cm，S0。⑥凌晨3时宫口开全，S+1，胎头矢状缝在骨盆左斜径上，左枕后位，胎心140次/min，胎头轻度水肿，无明显变形。⑦将胎头徒手转为正枕前，早上5时低中位产钳助娩一女婴3500 g，新生儿Apgar评分1 min 8分，5 min 9分。

4.最后诊断：孕40周，G_1P_1，产钳助产1女婴；初产头浮；持续性枕后位。

五、课后复习题

(一)名词解释

1.持续性枕后/横位 2.胎头高直位 3.臀先露 4.复合先露

(二)填空题

1.造成持续性枕后位的原因有______、_______、_______、_______及前壁胎盘、膀胱充盈、子宫下段宫颈肌瘤等影响胎头内旋转形成。

2.肛门检查或阴道检查时，盆腔后部空虚。若胎头矢状缝位于骨盆左斜径上，前囟在骨盆右前方，则为______。

3.腹部检查胎头高直前位时，胎背靠近腹前壁，不易触及胎儿肢体，胎心位置稍高在______听得最清楚。

4.持续性颏后位时，分娩方式应选______。

5.臀先露根据胎儿两下肢所取的姿势分为_______、_______、_______。

6.肩先露随着宫缩加强，胎肩及胸廓一部分被挤入盆腔内，胎头和胎臀仍被阻于骨盆入口上方，形成______。

7.复合先露，若无头盆不称，让产妇向______侧卧，肢体常可自然缩回。

8.臀先露阴道分娩，当宫口开大4~5 cm时，胎足即可经宫口脱出至阴道。为了使宫颈和阴道充分扩张，消毒外阴之后，使用______方法。

(三)选择题

1.初产妇，24岁，39周妊娠，胎膜已破1 d，横位，宫口开全，脐耻之间出现一环状凹陷，压痛明显，胎心正常，最好的处理方法是 ( )

A.剖宫产术
B.立即行毁胎术
C.立即行内倒转术
D.立即给镇静剂
E.立即将手消毒送回阴道内等待分娩

2.持续性枕后位的特点是 ( )

A.发生原因之一是胎头仰伸
B.产妇过早感觉肛门坠胀而使用腹压
C.不易发生宫颈水肿
D.肛查觉盆腔前部空虚
E.阴道检查矢状缝在骨盆斜径上，前囟在骨盆后方

3.妊娠期臀先露多能自行转为头先露多久后仍为臀先露，应予矫正 ( )

A.32周
B.28周
C.36周
D.24周
E.30周

4.关于枕先露的分娩机转，正确的是 ( )

A.胎头进入骨盆入口时以枕下前囟径衔接
B.胎头降至骨盆底时开始俯屈
C.胎头在中骨盆开始内旋转
D.宫缩和腹压促使胎头仰伸
E.分娩过程中胎头呈持续性下降

5.25岁妊娠足月产妇。规律宫缩已18 h。胎膜已破裂。宫缩弱。宫口开大5 cm。S-1。胎心率168次/min。宫缩时觉肛门坠胀。下列处理正确的是 ( )

A.肌内注射盐酸哌替啶100 mg
B.嘱产妇朝向胎背的对侧方向仰卧
C.继续观察1 h后再决定分娩的方式
D.静脉滴注缩宫素
E.立即行剖宫产术

6.腹部检查:子宫呈纵椭圆形。子宫底触到圆而硬,按压有浮球感;耻骨联合上方触感不规则、软而宽,子宫右侧宽而平,左侧高低不平。胎心听得最清楚的是 ( )
A.脐左上方
B.脐右上方
C.脐左下方
D.脐右下方
E.脐部

7.妊娠26周发现该孕妇的胎儿为臀先露,应采取的措施是 ( )
A.胸膝卧位
B.艾灸至阴穴
C.外倒转术
D.等待自然转为头先露
E.激光疗法

8.初孕妇,35岁,妊娠41周。足先露。宫缩间隔3~4 min 持续50 s。胎心率148次/min。先露浮。宫口3 cm。胎儿双顶径10 cm。测对角径长11 cm。最恰当的处理是 ( )
A.静脉滴注稀释缩宫素
B.葡萄糖静脉注射
C.宫口开全臀助产术
D.宫口开全臀牵引术
E.剖宫产

9.关于肩先露的描述,以下正确的是 ( )
A.胎体纵轴与母体纵轴相垂直即可诊断
B.孕期检查一经诊断立即住院剖宫产
C.不容易发生胎膜早破或脐带脱垂
D.B型超声检查可确定肩先露具体胎位
E.如胎儿已死亡,应经阴道分娩

10.单臀先露的两下肢姿势是 ( )
A.髋关节屈曲,膝关节屈曲
B.髋关节直伸,膝关节直伸
C.髋关节直伸,膝关节屈曲
D.髋关节屈曲,膝关节直伸
E.以上都不是

11.嵌顿性肩先露通常不易引起 ( )
A.病理缩复环
B.宫腔内感染
C.脐带脱垂
D.胎盘早剥
E.胎死宫内

12.妊娠期及分娩期发现横位,处理恰当的是 ( )
A.足月活胎,于临产前择期剖宫产
B.临产后胎膜已破,胎心正常,可行外倒转术
C.忽略性横位,胎心正常,可从阴道分娩
D.忽略性横位阴道分娩,早产儿均可存活
E.忽略性横位,胎心已消失,子宫下段有压痛,行内倒转术

13.与病理缩复环关系最密切的是 ( )
A.双胎妊娠
B.先兆子痫

C.子宫收缩过强　　D.胎盘早剥

E.嵌顿性肩先露

问题14、15

初孕妇，25岁，妊娠41周，规律宫缩10 h入院，检查宫口开大4 cm，S=0，4 h后检查宫口开大8 cm，S+1，又2 h后检查，宫口开大仍8 cm，S+1。

14.此时可诊断　　（　）

A.正常产程　　B.潜伏期延长

C.活跃期延长　　D.活跃期停滞

E.第二产程停滞

15.若盆腔后部空虚，宫颈前唇水肿，胎心正常，产妇阵阵向下屏气用力，此时最可能的胎方位是　　（　）

A.枕前位　　B.枕横位

C.枕后位　　D.胎头高直位

E.前不均倾位

问题16、17

28岁初产妇，足月妊娠自然临产而入院，第一产程进展顺利，但宫口开全后2 h胎先露下降不满意，产妇过度屏气用力。

16.为确定是否持续性枕后位，下列检查最可靠的是　　（　）

A.阴道检查触摸矢状缝　　B.阴道检查触摸大小囟门

C.阴道检查触摸耳郭及耳屏位置及方向　　D.腹部触摸胎背的位置

E.根据腹部胎心听诊的位置

17.经阴道检查发现为持续性枕横位，以下处理正确的是　　（　）

A.必须立即行剖宫产分娩

B.必须手转胎头至正枕前位经阴道分娩

C.可以使用中位产钳助产

D.可以手转胎头至枕前(后)位，以产钳助产

E.只能以胎头吸引器转胎头后助产

问题18、19

24岁初产妇，仅在乡卫生院做过2次产前检查，自述现妊娠38周，阵发腹痛2 h来院分娩，检查血压120/80 mmHg，胎心140次/min，四步触诊发现母体宫底部可触及胎头，拟诊为臀先露。

18.关于臀先露的描述，下列正确的是　　（　）

A.单臀先露最常见　　B.完全臀先露最常见

C.足先露最常见　　D.膝先露最常见

E.B超检查不易辨别臀先露的类型

19.关于该产妇的分娩方式，下列正确的是　　（　）

A.一旦诊断，均应行剖宫产　　B.除外骨盆狭窄，均可经阴道分娩

C.单臀先露均可经阴道分娩　　D.脐部娩出后，应在8 min内娩出胎头

E.后出头时禁用产钳助产

问题20—22

初产妇，26岁，妊娠38周，单臀先露，规律腹痛8 h入院，未破膜，查骨盆正常，宫口开大4 cm，胎心 140次/min，估计胎儿体重3000 g。

20.此时最恰当的处理方法是　(　)

A.脐带脱垂可能性大，立即剖宫产　B.密切观察下，阴道分娩

C.外倒转　D.人工破膜，促进产程进展

E.静滴缩宫素，预防产程进展缓慢

21.如果决定阴道分娩，第一产程中下列不恰当的是　(　)

A.产妇应侧卧，不宜站立走动

B.少做肛查

C.注意胎心变化

D.若宫缩乏力，产程进展停滞，应放宽剖宫产指征

E.宫口开大3 cm时，行人工破膜

22.该产妇分娩时，下列不恰当的是　(　)

A.接生前，应导尿排空膀胱　B.应做会阴切开

C.密切观察胎心的变化一　D.如无母儿合并症，应行臀助产术

E.为避免母儿产伤发生，应首选臀牵引术

(四)简答题

1.简述如何矫正臀先露，操作时有何注意事项？

2.简述持续性枕后位、枕横位的处理。

六、复习题答案

(一)名词解释

1.持续性枕后/横位：在分娩过程中，胎头以枕后位或枕横位衔接。在下降过程中，胎头枕部因强有力，宫缩多能向前转135°或90°，转成枕前位自然分娩。胎头枕骨持续不能转向前方，直至分娩后期仍位于母体骨盆后方或侧方，致使分娩发生困难者，称为持续性枕后位或持续性枕横位。

2.胎头高直位：指胎头以不屈不仰姿势衔接于骨盆上口，其矢状缝与骨盆上口平面前后径相一致时，称为胎头高直位。

3.臀先露：有三种。完全臀先露(混合臀先露)：胎儿双髋关节及双膝关节均屈曲，先露为胎儿臀部及双足。单臀先露(腿直臀先露)：胎儿双髋关节屈曲、双膝关节伸直，先露为胎儿臀部。不完全臀先露：以一足或双足、一膝或双膝或一足一膝为先露。

4.复合先露：胎先露部(胎头或胎臀)伴有肢体(上肢或下肢)同时进入骨盆入口，称为复合先露。临床以一手或一前臂沿胎头脱出最常见，多发生于早产者。

(二)填空题

1.骨盆异常　胎头俯屈不良　子宫收缩乏力　头盆不称

2.枕左后位

3.近腹中线

4.剖宫产

5.单臀先露或腿直臀先露　完全臀先露或混合臀先露　不完全臀先露

6.忽略性(嵌顿性)肩先露

7.脱出肢体的对侧

8.堵外阴

(三)选择题

1.A　2.B　3.E　4.C　5.E　6.B　7.D　8.E　9.D　10.D　11.B　12.A　13.E　14.B　15.C　16.C　17.D　18.A　19.D　20.B　21.E　22.E

(四)简答题

1.若妊娠30周后仍为臀先露应予矫正。矫正方法有膝胸卧位,让孕妇排空膀胱、松解裤带,取膝胸卧位姿势。每次10~15 min,每日2~3次,连做1周后复查。激光照射或艾条灸至阴穴,激光照射两侧至阴穴,可使胎动活跃,胎位回转。每日1次,每次15~20 min,可与膝胸卧位联合应用,效果更好。激光照射每日1次,每次15 min,5~7次为一疗程。也可用艾条灸,每日1次,每次15~20 min,5次为一疗程。外倒转术上述处理无效者,可于妊娠32~34周时试行外倒转术。因有发生胎盘早剥、脐带缠绕等严重并发症的可能,应用时要慎重。应用B超检查排除脐带缠绕再行外倒转术,不过最好在B型超声监测下进行。术前半小时口服舒喘灵4.8 mg。但如有骨盆狭窄、产前出血,有剖宫产史,羊水过多或过少,妊娠合并严重疾病等,一般不应做外倒转术。行外倒转术时,孕妇应术前排尿,屈膝仰卧,腹壁放松,先使先露松动,沿胎头俯屈方向转。倒转过程中要注意胎心变化。如有胎心变化或孕妇感腹痛,应立即停止操作或转回原位。外倒转成功,胎心正常者,应在胎头两侧放置毛巾垫,再用腹带包扎固定,按时做产前检查。

2.持续性枕后位、枕横位在骨盆无异常、胎儿不大时,可以试产。试产时应严密观察产程,注意胎头下降、宫口扩张程度、宫缩强弱及胎心有无改变。第一产程潜伏期:需保证产妇充分营养与休息。若有情绪紧张、睡眠不好,可给予哌替啶或地西泮。让产妇向胎腹的方向侧卧,以利胎头枕部转向前方。若宫缩欠佳,应尽早静脉滴注缩宫素。活跃期:宫口开大3~4 cm,产程停滞除外头盆不称,可行人工破膜,使胎头下降,压迫宫颈,增强宫缩,推动胎头内旋转。若产力欠佳,静脉滴注缩宫素。若宫口开大>1 cm/h,伴胎先露部下降,多能经阴道分娩。在试产过程中,出现胎儿窘迫征象,应行剖宫产术结束分娩。若经过上述处理效果不佳,每小时宫口开大<1 cm或无进展时,则应剖宫产结束分娩。宫口开全之前,嘱产妇不要过早屏气用力,以免引起宫颈前唇水肿,影响产程进展。第二产程初产妇已近2 h,经产妇已近1 h,应行阴道检查。当胎头双顶径已达坐骨棘平面或更低时,可先行徒手将胎头枕部转向前方,使矢状缝与骨盆出口前后径一致,或自然分娩,或阴道助产(低位产钳术或胎头吸引术)。若转成枕前位有困难时,也可向后转成正枕后位,再以产钳助产。若以枕后位娩出时,需作较大的会阴后—侧切开,以免造成会阴裂伤。若胎头位置较高,疑有头盆不称,需行剖宫产术。第三产程因产程延长,容易发生产后宫缩乏力,胎盘娩出后应立即静注或肌注子宫收缩剂,以防发生产后出血。有软产道裂伤者,应及时修补。新生儿应重点监护。凡行手术助产及有软产道裂伤者,产后应给予抗生素预防感染。

第四节　异常分娩

一、基本纲要

掌握：异常分娩的临床表现和诊断、防治。

熟悉：异常分娩的类型、在分娩中的重要性。

了解：异常分娩对母儿的影响。

二、要点提示

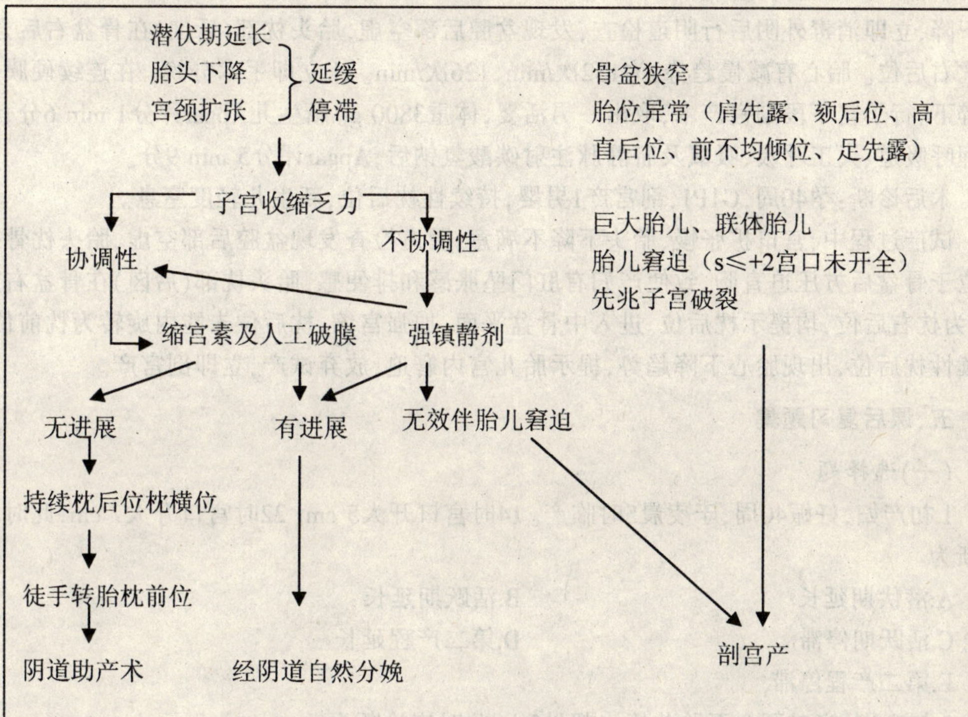

异常分娩处理示意图

三、典型病案

患者，女，25岁，已婚，G_1P_0。因停经40周、规律宫缩5 h入院。体格检查：体温36.5 ℃，脉搏80次/min，呼吸18次/min，血压120/74 mmHg。心率80次/min，心肺正常。产科检查：宫高36 cm，腹围97 cm，左侧腹部明显触及胎儿肢体，胎背在右侧腹部偏后方，胎头高浮。胎心146次/min，规则有力。有规律宫缩，持续45 s，间隔4~5 min。肛门检查：宫颈展平，宫口开大1指，胎膜可触及，S–2。估计胎儿体重3500 g。骨盆外测量：髂棘间径24 cm，髂嵴间径27.5 cm，骶耻外径19.5 cm，坐骨结节间径8.5 cm，耻骨弓角度90°。骨盆内测量：对角径12.5 cm，坐骨棘间径约9.5 cm，坐骨切迹宽度不足3横指。辅助检查：实验室检查基本正常。B型超声检查：胎头双顶径9.5 cm，无明显体表畸形，胎心胎动良好，胎盘位于宫底及子宫后壁上部，羊水最大深度5.0 cm，羊水指数12 cm。

四、临床诊治思路

入院诊断：孕40周，G1P0，枕右后位，临产。

持续性枕后位、枕横位在骨盆无异常、胎儿不大、胎心良好时，可以试产。患者骨盆各径线正常，胎儿不大，估计体重3500 g，符合试产条件。可以通过试产决定是否可以经阴道分娩，试产过程中，若产程无进展，出现胎头下降受阻或停滞、宫口扩张延缓或停滞、加强宫缩无进展或伴有胎儿窘迫征象，应及时剖宫产结束分娩。

经过：①凌晨2时临产。②7时胎心146次/min。宫缩45 s，间隔4~5 min，胎头高浮，宫口开1指，胎膜未破，S-2。③17时宫口7 cm，S+1。胎头下降不满意，行人工破膜，胎心142次/min。缩宫素催产。5%葡萄糖注射液500 mL+缩宫素2.5 U缓慢静脉滴注。宫缩明显增强，胎头仍不下降，立即消毒外阴后行阴道检查，发现盆腔后部空虚，胎头枕部（后囟）在骨盆右后方，为枕右后位。胎心有减慢趋势，为132次/min、126次/min。④立即手术分娩。在连续硬膜外麻醉下，行子宫下段剖宫产术，取出一男活婴，体重3800 g。新生儿Apgar评分1 min 6分，经清理呼吸道、人工呼吸、吸氧及脐静脉注射碳酸氢钠后，Apgar评分5 min 9分。

术后诊断：孕40周，G1P1，剖宫产1男婴，持续性枕后位，新生儿轻度窒息。

试产过程中，宫口扩张慢、胎头下降不满意，阴道检查发现盆腔后部空虚，胎头枕骨持续位于骨盆后方压迫直肠，致使产妇有肛门坠胀感和排便感，胎头枕部（后囟）在骨盆右后方，为枕右后位，均提示枕后位。进入中骨盆平面，加强宫缩，枕后位未能内旋转为枕前位，持续性枕后位，出现胎心下降趋势，提示胎儿宫内窘迫，放弃试产，立即剖宫产。

五、课后复习题集

（一）选择题

1.初产妇，妊娠40周，于凌晨5时临产。14时宫口开大5 cm。22时宫口开大7 cm，此时应诊断为（　　）

A.潜伏期延长　　B.活跃期延长

C.活跃期停滞　　D.第二产程延长

E.第二产程停滞

2.初产妇，宫口开全至胎儿娩出超过2 h，此时应诊断为（　　）

A.潜伏期延长　　B.活跃期延长

C.活跃期停滞　　D.第二产程延长

E.第二产程停滞

3.下列不是立即剖宫产指征的是（　　）

A.颏后位　　B.高直后位

C.前不均倾位　　D.胎儿窘迫

E.持续枕后位、枕横位

4.轻度头盆不称试产时间不宜过长，一般为（　　）

A.2~4 h　　B.3~4 h

C.3~5 h　　D.1~2 h

E.1~3 h

5.初产妇，26岁，妊娠39周，检查：坐骨棘间径10 cm，坐骨结节间径9 cm，胎心150次/min，

宫缩60 s，间隔2~3 min，胎头拔露1 h无进展，应诊断为 ( )

A.协调性宫缩乏力　　B.胎位异常

C.不协调性宫缩乏力　　D.骨产道异常

E.胎儿窘迫

6.初产妇，26岁，妊娠39周，不完全臀先露，胎心140次/min。胎膜未破，估计胎儿体重>3800 g。最恰当的处理方法是 ( )

A.等待自然分娩　　B.阴道镜检查

C.缩宫素静脉滴注　　D.人工破膜

E.行剖宫产术

7.初产妇，23岁，妊娠39周。血压130/80 mmHg，枕左前位。估计胎儿体重2800 g。临产后10 h。宫缩逐渐减弱，胎膜已破。宫口开大7 cm，胎头S+2，胎心140次/min。此时恰当的处理措施是 ( )

A.静脉注射地西泮　　B.肌内注射缩宫素

C.静脉滴注缩宫素　　D.静脉注射麦角新碱

E.行剖宫产术

8.初孕妇，30岁，妊娠39周。血压120/80 mmHg。宫高38 cm，腹围98 cm，无宫缩，头先露，高浮。胎心138次/min。宫颈成熟度评分8分。目前应采取的处理措施是 ( )

A.期待自然分娩　　B.立即静滴缩宫素引产

C.立即行剖宫产　　D.观察1周，若产程未发动行缩宫素引产

E.观察1周，若产程未发动行剖宫产

9.关于临产后胎头呈前不均倾位的处理，下列恰当的是 ( )

A.发现前不均倾位首先加强宫缩　　B.人工破膜

C.剖宫产　　D.不论胎儿大小均可试产

E.等待产程自然进展，第二产程助产

10.孕妇，24岁，G_2P_0，孕38周，临产14 h，宫口开全30 min。胎膜已破，羊水Ⅲ度污染，胎心140次/min，估计胎儿3000 g，阴道检查，宫口开全，胎头S+3，胎方位 LOT，骨盆无明显狭窄。恰当的处理方法是 ( )

A.手转胎头，阴道助娩　　B.吸氧，改变体位，等待自然分娩

C.等待阴道自然分娩　　D.静滴缩宫素促分娩

E.剖宫产术，避免胎儿窘迫

11.发生胎头不均倾的原因有 ( )

A.骨盆出口平面狭窄　　B.骨盆入口前后径狭窄

C.骨盆倾斜度大　　D.坐骨棘间径>10 cm

E.坐骨切迹可容2横指

12.29岁，G_2P_0，孕38周，血压160~140/100~90 mmHg时，尿蛋白(++)，水肿(+)，NST无反应型，羊水指数(AFI) 6 cm，此时最恰当的处理是 ( )

A.静滴缩宫素促进阴道分娩　　B.左侧卧位，吸氧，等待自然分娩

C.刺激乳头诱发宫缩　　D.行剖宫产术结束分娩

E.解痉、降压，等待自然分娩

13.初产妇,孕37^{+6}周,胎膜早破,已临产6 h,宫口开大2 cm,S-O,此时宫缩弱20 s,间隔6 min,应 ( )

A.人工破膜加静滴缩宫素　　B.静滴缩宫素加强宫缩

C.静注安定10 mg　　D.剖宫产术

E.肌内注射哌替啶100 mg

14.初产妇,孕40周,临产8 h,宫口开大4 cm,羊膜囊突,宫缩间歇时间20~30 s,间隔6 min,应 ( )

A.人工破膜加静滴缩宫素　　B.静滴缩宫素加强宫缩

C.静注安定10 mg　　D.剖宫产术

E.肌内注射哌替啶100 mg

15.初产妇,孕39周,胎膜早破,规律宫缩10 h,宫口开大4 cm,前唇水肿,先露头,S-0,此时产妇疲惫无力,宫缩逐渐变弱,胎心好,应 ( )

A.人工破膜加静滴缩宫素　　B.剖宫产术

C.静注安定10 mg　　D.静滴缩宫素加强宫缩

E.肌内注射哌替啶100 mg

16.23岁,初产妇,身高160 cm,孕40周,规律宫缩12 h,阴道检查:宫口开大5 cm,先露0,大囟在3点,小囟在9点,矢状缝向后靠近骶岬,盆腔后部空虚,诊断为 ( )

A.左枕横位,后不均倾　　B.右枕横位,后不均倾

C.右枕横位,前不均倾　　D.左枕横位,前不均倾

E.右枕横位,均倾入盆

17.初产妇,25岁,妊娠39周,规律宫缩10 h,胎心142次/min,枕左后位。肛查:宫口开大2 cm,胎头S-2。骨盆外测量正常,产妇疲倦。恰当的处置应是 ( )

A.严密观察产程进展　　B.肌注哌替啶100 mg

C.行人工破膜加速产程进展　　D.静脉滴注缩宫素

E.行剖宫产术

18.25岁,初产妇,双胎妊娠,第一儿为单臀先露,娩出的新生儿2600 g,Apgar评为8分。阴道检查知第二儿为肩先露,破膜后上肢脱出,胎心144次/min,有力、规律。紧急处理应是 ( )

A.给予子宫收缩药　　B.行外转胎位术

C.行内转胎位术　　D.行剖宫产术

E.以上都不是

问题19、20

26岁,初产妇,妊娠39周,规律宫缩18 h。肛查宫口8 cm,S-0,胎膜未破,腹部触诊为头先露,宫缩时宫体部不硬,持续30 s,间隔5 min,胎心136次/min,B型超声检查示胎儿双顶径为9.0 cm。

19.出现以上情况最可能是 ( )

A.子宫收缩过强　　B.胎儿过大

C.子宫收缩乏力　　D.骨盆狭窄

E.胎儿畸形

20.本例首选的处理是 ( )

A.人工破膜 B.立即剖宫产

C.静脉滴注催产素2.5 U D.肌注杜冷丁100 mg

E.观察1 h后再决定

问题21—23

初产妇,妊娠39周,骨盆各径线为:对角径13 cm,坐骨棘间径9.5 cm,坐骨结节间径7 cm,耻骨弓角度80°。

21.本例的骨盆诊断是 ( )

A.扁平骨盆 B.中骨盆狭窄

C.漏斗骨盆 D.均小骨盆

E.畸形骨盆

22.本例估计胎儿体重3700 g,其分娩方式应为 ( )

A.等待自然分娩 B.试产

C.剖宫产 D.产钳助产

E.胎头吸引

23.若出口后矢状径为8.5 cm,估计能经阴道分娩的条件是 ( )

A.持续性枕后位 B.估计胎儿体重2800 g

C.胎儿窘迫 D.完全臀先露

E.以上都不是

问题24—26

初产妇,孕40周,临产后发现胎儿纵轴与母体纵轴相互垂直,血压正常,胎心140次/min。

24.根据以上情况判断不可能的胎方位是 ( )

A.肩左后位 B.肩左前位

C.肩右后位 D.肩右前位

E.头位

25.此产妇经检查发现下腹脐耻之间出现一凹陷,并随宫缩逐渐升高,最可能的原因是 ( )

A.子宫破裂 B.病理性缩复环

C.宫缩不协调 D.生理性缩复环

E.子宫痉挛性狭窄环

26.现胎心140次/min,目前应采取的措施是 ( )

A.立即给予缩宫素引产 B.立即乙醚麻醉行内倒转

C.立即行外转胎术 D.继续观察胎心变化情况

E.给予镇静药并立即行剖宫产

问题27—29

40周妊娠,规律宫缩17 h,现宫口开大3 cm 0.5 h,胎膜未破,先露头,S–0,宫缩20~30 s,间隔5~6 min,弱,规律。

27.下列诊断恰当的是 ( )

A.潜伏期延长　B.活跃期延长

C.活跃期停滞　D.第二产程延长

E.滞产

28.此产妇目前子宫收缩的情况是 ( )

A.高张性子宫收缩乏力　B.子宫收缩过强

C.低张性子宫收缩乏力　D.子宫痉挛性狭窄环

E.病理性缩复环

29.此产妇目前首选处理是 ( )

A.缩宫素静滴加强宫缩　B.人工破膜,观察宫缩,必要时缩宫素静滴

C.剖宫产术　D.卧床休息,顺其自然

E.肌注哌替啶100 mg,调整产力

问题30、31

初产妇,26岁,妊娠39周,于早晨6时出现规律腹痛,下午5时宫口开大9 cm,自然破膜,羊水清,量20 mL,胎心100次/min,阴道检查,先露S+1,胎头小囟在7点处,矢状缝与左斜径一致,触不到前囟。

30.最可能的诊断是 ( )

A.持续性枕后位　B.高直后位

C.骨盆入口狭窄　D.枕前位

E.枕横位

31.最恰当的处理是 ( )

A.静滴缩宫素　B.手转胎头,持续胎心监测

C.产钳助产术　D.胎头吸引术

E.剖宫产术

(二)简答题

1.简述试产的注意事项。

2.简述胎头下降受阻的原因。

六、复习题答案

(一)选择题

1.B　2.D　3.E　4.A　5.B　6.E　7.C　8.D　9.C　10.A　11.B　12.D　13.B　14.A　15.C　16.B　17.B　18.C　19.C　20.A　21.C　22.C　23.B　24.E　25.B　26.E　27.A　28.C　29.B　30.A　31.B

(二)简答题

1.试产时必须严密观察产力、胎心、宫口扩张和胎先露下降情况。试产时间不宜过长,一般为2~4 h,人工破膜后不超过2 h。胎心率变快、转慢或不规律,特别是出现频繁的重度变异减速或晚期减速,胎心变异减小等,是胎儿窘迫的表现,应寻找原因,对症处理。若胎心仍不见好转,宫口已开全者,应经阴道助产手术;若估计短时间内不能经阴道分娩者,为抢救胎儿,应行剖宫产术。发现潜伏期及活跃期延长,宫口扩张延缓或停滞,胎头下降延缓

或停滞等异常情况，首先应进行阴道检查，如发现有明显头盆不称应行剖宫产术；如无头盆不称，潜伏期延长，应使用镇静剂哌替啶100 mg或地西泮10 mg静脉推注，也可很快转入活跃期，如应用镇静剂后或转入活跃期出现子宫收缩乏力，可使用缩宫素加强产力，常用2.5 U缩宫素加到5%葡萄糖液500 mL内，调整滴数，使宫缩间隔2~3 min，持续1 min左右。宫口扩张3~5 cm时，可行人工破膜，如胎头下降顺利，可经阴道分娩；如应用缩宫素及人工破膜2 h，胎头仍下降不明显，要查明原因，如有明显头盆不称及明显胎位异常，仍需行剖宫产术。

2.胎头下降受阻，骨盆狭窄、胎位异常、子宫收缩乏力、软产道异常、胎头过大、胎儿畸形、子宫痉挛狭窄环等可导致。潜伏期胎头迟迟不入盆，应警惕宫缩乏力及头盆不称，应检查胎头有无跨耻征。活跃期及第二产程，胎头下降速度<1 cm/h或停留原处，最多见中骨盆狭窄及持续性枕后位及枕横位。

第二十一章　分娩期并发症

第一节　产后出血

一、基本纲要

掌握：产后出血的处理方法。

熟悉：产后出血的临床表现及诊断、各种预防措施。

了解：产后出血的原因。

二、要点提示

1.定义

产后出血指胎儿娩出后24 h内失血量超过500 mL。产后出血居我国产妇死亡原因首位。

2.病因

子宫收缩乏力、胎盘因素、软产道裂伤及凝血功能障碍。

3.临床表现

胎儿娩出后阴道流血过多及失血性休克等相应症状和体征。

4.诊断

(1)测量失血量有4种方法：容积法、称重法、面积法、根据失血性休克程度估计失血量。

(2)产后出血原因的诊断根据阴道流血发生时间和量，与胎儿、胎盘娩出之间的关系，能初步判断引起产后出血的原因。注意阴道出血的量、性状和频率，注意子宫的软、硬缩复情况(见下表)。

不同原因产后出血的临床特点

原因	宫缩乏力	胎盘因素	软产道裂伤	凝血功能障碍
出血时间	胎盘剥离时	胎盘剥离时	胎儿娩出后	产前有出血倾向
出血特点	出血量与宫缩有关，持续/间歇	间歇性，暗红色	持续性，鲜红色	持续性，不凝血，无血块
子宫	松软，轮廓不清	收缩佳	收缩佳	收缩不良
胎盘	正常	不完整	正常	正常
实验室检查	凝血功能正常	凝血功能正常	凝血功能正常	凝血功能异常

5.处理

处理原则：针对出血原因，迅速止血；补充血容量，纠正失血性休克；防止感染。

(1)子宫收缩乏力加强宫缩能迅速止血。导尿排空膀胱后可采用以下方法：

①按摩子宫。

②应用宫缩剂:缩宫素、麦角新碱。

③宫腔纱条填塞法。

④手术止血:结扎盆腔血管;髂内动脉或子宫动脉栓塞;切除子宫。

(2)胎盘因素疑有胎盘滞留时应立即做阴道及宫腔检查,若胎盘已剥离则应立即取出胎盘。若为胎盘粘连,可行徒手剥离胎盘后取出。

(3)软产道损伤应彻底止血,按解剖层次逐层缝合裂伤。

(4)凝血功能障碍首先应排除子宫收缩乏力、胎盘因素、软产道损伤等原因引起的出血。尽快输新鲜全血,补充血小板、纤维蛋白原或凝血酶原复合物、凝血因子。若并发DIC应按DIC处理。

(5)出血性休克处理产后出血量多而急,产妇因血容量急剧下降而发生低血容量性休克。休克程度与出血量、出血速度和产妇自身状况相关。在治疗抢救中应注意:①正确估计出血量,判断休克程度;②针对出血原因行止血治疗的同时,积极抢救休克;③建立有效静脉通道,行中心静脉压监测,补充晶体平衡液及血液、新鲜冷冻血浆等,纠正低血压;④给氧,纠正酸中毒,应用升压药物及肾上腺皮质激素改善心、肾功能;⑤防治感染,应用广谱抗生素。

6.预防

重视产前保健,正确处理产程和加强产后观察,能有效降低产后出血发病率。

三、典型病案

患者,女,26岁,G_1P_1,产后2 h,阴道流血量多伴血块,产妇心慌、头晕、出冷汗。体格检查:体温37.2 ℃,血压90/60 mmHg,脉搏110次/min,呼吸20次/min,面色苍白,检查宫底脐上一指,子宫轮廓不清,阴道出血约850 mL,胎盘胎膜完整娩出。妇科检查:阴道及宫颈无裂伤。产前常规化验检查均正常。此时尚未回报。

四、临床思维建立

产妇产后2 h阴道出血,量多以致出现心慌、头晕、出冷汗,如失血20%,出现心率快、血压下降等休克前期表现。胎盘胎膜完整娩出,排除胎盘滞留。阴道及宫颈无裂伤,排除软产道损伤。子宫轮廓不清,故可初步诊断为子宫收缩乏力,休克早期。产前常规化验检查均正常,排除凝血功能障碍。子宫收缩乏力是产后出血的最主要原因,占产后出血总数的70%~80%。

处理:补充血容量,纠正失血性休克;针对宫缩乏力,给予缩宫素并按摩子宫促进宫缩;防止感染。

第二节　羊水栓塞

一、基本纲要

熟悉:羊水栓塞的病因、病理、临床表现和处理。

二、要点提示

1.定义

羊水栓塞是指在分娩过程中羊水突然进入母体血循环引起急性肺栓塞、过敏性休克、弥散性血管内凝血(DIC)、肾衰竭或猝死的严重分娩并发症。

2.病因

由污染羊水中的有形物质(胎儿毳毛、角化上皮、胎脂、胎粪)进入母体血循环引起。相关因素:羊膜腔内压力增高(子宫收缩过强)、胎膜破裂和宫颈或宫体损伤处有开放的静脉或血窦。

3.病理生理

羊水进入母体血循环后,通过阻塞肺小血管,引起变态反应并导致凝血机制异常,使机体发生一系列病理生理变化。

4.临床表现

呼吸循环衰竭和休克 ,出现呛咳、气急、烦躁不安、恶心、呕吐等前驱症状,继而出现呼吸困难、发绀、抽搐、昏迷、脉搏细数、血压急剧下降;听诊心率加快、肺底部湿啰音。病情严重者,产妇仅在惊叫一声或打一个哈欠后,血压迅速下降,于数分钟内死亡。 难以控制的大量阴道流血、切口渗血、全身皮肤黏膜出血、血尿以及消化道大出血。产妇可死于出血性休克;后期存活的患者出现少尿(或无尿)和尿毒症表现。主要为循环功能衰竭引起的肾缺血及DIC前期形成的血栓堵塞肾内小血管,引起缺血、缺氧,导致肾脏器质性损害。

5.诊断

临床表现、发病诱因及辅助检查。

6.鉴别诊断

羊水栓塞需要与子痫抽搐、充血性心力衰竭、脑血管意外、癫痫、癔病相鉴别。

7.处理

一旦出现羊水栓塞的临床表现,应立刻抢救,并做辅助检查以确诊。主要原则:抗过敏、纠正呼吸循环功能衰竭和改善低氧血症、抗休克、防止DIC和肾衰竭发生、预防感染。

8.预防

正确人工破膜,正确使用缩宫素,严格掌握剖宫产指征和安全操作,产程中或产后发生羊水栓塞前驱症状时,用地塞米松,给氧,开放静脉通道。

三、典型病案

患者,女,26岁,G_1P_1,初产妇,因妊娠39周头盆不称,在硬膜外麻醉下行剖宫产术,胎儿取出后,产妇突感寒战,呼吸困难。血压100/50 mmHg,心率快而弱,肺部听诊有湿啰音,子宫出血不止。

四、临床思维建立

本病最有可能发生的疾病为羊水栓塞、失血性休克及产后子痫。失血性休克先有大出血再有休克心衰症状,产后子痫患者血压增高,眩晕头痛,突然昏迷,两目上视,手足抽搐,全身强直,少顷即醒,醒后复发,甚至昏迷不醒。羊水栓塞首先出现寒战、烦躁不安、咳嗽、气急、发绀、呕吐等症。前驱症状之后,很快出现呼吸困难、发绀。急性肺水肿时有咳嗽、吐粉红色泡沫痰、心率快、血压下降甚至消失。度过了呼吸循环衰竭时期，继而出现DIC，以大量阴道流血为主的全身出血倾向。为明确诊断进一步血涂片查找羊水有形物质(镜检见到羊水成分可以确诊)，床旁胸部X线摄片，心功能检查，床旁心电图或心脏彩色多普勒超声检查及与DIC有关的实验室检查等。

处理：立刻抢救以抗过敏，纠正呼吸循环功能衰竭和改善低氧血症，抗休克，防止DIC和肾衰竭发生，预防感染，并做辅助检查以确诊。

第三节 子宫破裂

一、基本纲要

熟悉：子宫破裂的病因、临床表现以及防治措施。

二、要点提示

1.子宫破裂

指在分娩期或妊娠晚期子宫体部或子宫下段发生破裂。若未及时诊治可导致胎儿及产妇死亡，是产科的严重并发症。

2.病因

梗阻性难产、瘢痕子宫、子宫收缩药物使用不当、产科手术损伤。

3.临床表现

(1)先兆子宫破裂常见于产程长、有梗阻性难产因素的产妇。子宫病理缩复环形成、下腹部压痛、胎心率异常和血尿，是先兆子宫破裂的四大主要表现。

(2)子宫破裂

①不完全性子宫破裂：子宫肌层部分或全层破裂，但浆膜层完整，宫腔与腹腔不相通，胎儿及其附属物仍在宫腔内，多见于子宫下段剖宫产切口瘢痕破裂，常缺乏先兆破裂症状，仅在不全破裂处有明显压痛、腹痛等症状，体征也不明显。

②完全性子宫破裂：子宫肌壁全层破裂，宫腔与腹腔相通，产妇突感下腹撕裂样剧痛，子宫收缩骤然停止。腹痛稍缓和后，因羊水、血液进入腹腔，又出现全腹持续性疼痛，伴有面色苍白、呼吸急促、脉搏细数、血压下降等休克征象。全腹压痛、反跳痛，腹壁下可清楚扪及胎体，子宫位于侧方，胎心胎动消失。阴道检查可见鲜血流出，胎先露部升高，开大的宫颈口缩小，部分产妇可扪及宫颈及子宫下段裂口。

4.诊断

典型子宫破裂病史、症状、体征。

5.鉴别诊断

与胎盘早剥及难产并发腹腔感染等鉴别。

6.处理

(1)先兆子宫破裂应立即抑制子宫收缩：肌注哌替啶100 mg，或静脉全身麻醉。立即行剖宫产术。

(2)子宫破裂在输液、输血、吸氧和抢救休克的同时，无论胎儿是否存活均应尽快手术治疗。手术前后给予大量广谱抗生素控制感染。严重休克者应尽可能就地抢救，若必须转院，应输血、输液、包扎腹部后方可转送。

7.预防

认真进行产前检查，正确处理产程，提高产科质量。

三、典型病案

患者，女，29岁，G_2P_1，经产妇，妊娠38周，阵发性腹痛2 h，一年半前因骨盆狭窄行剖宫产术手术分娩，0.5 h前到当地医院就诊，剖宫产手术准备后，因医院停电转到附近大医院急诊，在途中产妇突感撕裂样腹部剧痛。体格检查：血压40/10 mmHg，脉搏不清，呼吸困难，全腹有压痛及反跳痛，在腹壁下可扪及胎体，胎心消失，经抢救无效，产妇死亡。

四、临床思维建立

经产妇，足月临产，有骨盆狭窄、剖宫产术病史。疤痕子宫，一般至少2年后再孕，患者间隔一年半便再次分娩。梗阻性难产、瘢痕子宫，是引起子宫破裂最常见的两个原因。入住非综合实力较强的医院，转院耽搁时间，骨盆狭窄梗阻，产力愈强，子宫体部瘢痕部薄弱。产妇突感下腹撕裂样剧痛，子宫破裂，破裂口出血，羊水、血液进入腹腔，见面色苍白、呼吸急促、脉搏细数、血压下降等休克征象。流入腹腔出现内出血。全腹压痛、反跳痛，腹壁下可清楚扪及胎体，子宫位于侧方，胎心胎动消失。因子宫体部瘢痕破裂多为完全性子宫破裂，多无先兆破裂典型症状。故子宫破裂，失血性休克而致死亡。

先兆子宫破裂，应立即抑制子宫收缩，肌注哌替啶100 mg，或静脉全身麻醉。立即行剖宫产术。出现子宫破裂，在输液、输血、吸氧和抢救休克的同时，无论胎儿是否存活均应尽快手术治疗。本例患者过早怀孕，未抑制子宫收缩，行剖宫产术准备不充分，休克抢救无效而死亡。

入院诊断：妊娠38周，G_2P_1，临产，骨盆狭窄，疤痕子宫。

本病需与胎盘早剥鉴别。重型胎盘早剥，以内出血为主，多见于重度妊高征。主要症状为突然发生的持续性腹痛和(或)腰酸、腰痛。严重时可出现恶心、呕吐，以至面色苍白、出汗、脉弱及血压下降等休克征象。腹部检查：触诊子宫硬如板状，有压痛，尤以胎盘附着处最明显。子宫比妊娠周数大，且随胎盘后血肿的不断增大，宫底随之升高，压痛也更明显。胎位触不清楚。若胎盘剥离面超过胎盘的1/2或以上，胎儿多因严重缺氧而死亡，故重型患者的胎心多已消失。

第四节　脐带异常

一、基本纲要

了解：脐带异常的类型。

二、要点提示

脐带异常的类型：脐带缠绕、脐带先露与脐带脱垂、脐带长度异常、脐带打结、脐带扭转、脐带附着异常。

三、典型病案

患者，女，28岁，G_1P_0，初产头浮，现已38周临产，阴道突然大量流出清亮液体。体格检查：胎心100~130次/min，快慢不均，阴道检查宫口开大1 cm，胎膜破，头先露S-3，先露旁可及脐带。

四、临床思维建立

38周临产，阴道突然大量流出清亮液，可知胎膜已破，胎膜破后应立即听胎心，防止脐带随羊水冲出而被压迫。胎心100~130次/min，快慢不均，脐带压迫导致胎心率异常。诊断胎儿窘迫。胎膜已破出现胎心率异常，应立即行阴道检查，了解有无脐带脱垂和脐带血管有无搏动。阴道检查先露旁可及脐带。脐带脱垂确诊。

诊断：G_1P_0，孕38周临产，脐带脱垂，胎儿窘迫。

处理：立即剖宫产结束分娩。发现脐带脱垂，胎心尚好，胎儿存活者，应争取尽快娩出胎儿。宫颈未开全，产妇立即取头低臀高位，将胎先露部上推，应用抑制子宫收缩的药物，以缓解或减轻脐带受压。严密监测胎心的同时，尽快行剖宫产术。

五、课后复习题

(一)名词解释

1.产后出血　2.胎盘嵌顿　3.羊水栓塞　4.子宫破裂　5.不完全子宫破裂　6.病理缩复环　7.脐带脱垂　8.脐带缠绕

(二)选择题

1.临床上病理缩复环，下列情况最多见的是　(　　)

A.胎儿畸形　B.子宫收缩不良

C.头盆不称　D.软产道异常

E.臀位

2.关于产后出血的定义，正确的是　(　　)

A.分娩过程中，出血量达500 mL以上者

B.胎盘娩出后，阴道流血达500 mL以上者

C.胎儿娩出后，阴道流血达500 mL以上者

D.胎儿娩出后，24 h内阴道流血达500 mL以上者

E.产后24 h后到产后10 d内，阴道流血达500 mL以上者

3.胎盘娩出后，阴道活动性出血，子宫轮廓不清，下列处理最恰当的是　(　　)

A.按摩子宫，并注射缩宫素　B.阴道检查有无软产道裂伤

C.配血　D.查凝血功能

E.开放静脉输液

4.当出现羊水栓塞症状时，最早的治疗措施是　(　　)

A.正压输氧　B.纠正酸中毒

C.地塞米松20~40 mg，静脉推注　D.静注氨茶碱

E.使用肝素

5.羊水栓塞出现DIC早期表现，最先选用的措施是　(　　)

A.肝素　　B.止血药，如6–氨基己酸
C.输新鲜血　　D.纤维蛋白原
E.阿托品

6.产后出血，最常见的病因为　（　）
A.子宫收缩乏力　　B.产妇体力衰弱
C.急产　　D.胎盘残留
E.副胎盘

7.产后出血原因中，应首先考虑用切除子宫的方法止血的是　（　）
A.宫缩乏力　　B.胎盘嵌顿
C.胎盘粘连　　D.植入性胎盘
E.造血功能障碍

8.胎儿娩出后阴道持续出血，色鲜红，子宫轮廓清楚、硬，应选择的止血措施是（　）
A.按摩子宫　　B.注射催产素
C.输血　　D.娩出胎盘，详细检查软产道
E.注射抗生素

9.胎盘嵌顿于子宫狭窄环以上，排出困难时应　（　）
A.按摩子宫，促进收缩，压出胎盘　　B.肌注镇静药，徒手剥离胎盘
C.大号钝性刮匙取胎盘　　D.乙醚麻醉后手取胎盘
E.子宫切除术

问题10—13

患者，女，28岁，G_5P_1，经产妇，5年前行剖宫产，现妊娠33周，因下腹疼痛12 h，由外院转来。在门诊产妇突然晕厥，意识尚清醒。体格检查：血压60/34 mmHg，脉搏120次/min，贫血貌，腹部膨隆，移动性浊音(+)，子宫轮廓不清楚，腹部可触及胎体。

10.最可能的诊断　（　）
A.子宫破裂　　B.先兆早产
C.胎盘早剥　　D.自发性脾破裂
E.妊娠合并卵巢肿物破裂

11.最好马上检查　（　）
A.阴道检查　　B.B超检查
C.X线腹部摄片　　D.纤维蛋白原
E.CA125

12.最合适的处理是　（　）
A.开放静脉　　B.输新鲜血
C.开腹探查　　D.纠正休克
E.吸氧

13.最不应行的手术　（　）
A.子宫修补　　B.子宫切除
C.绝育　　D.髂内动脉结扎
E.双侧卵巢+子宫全切

问题14—17

孕足月，临产3 h后破水，羊水黄绿，胎心110~120次/min，宫缩40 s，间隔2~3 min，立即行剖宫产，取出胎儿后，产妇突感呼吸困难，烦躁不安，呛咳，发绀，血压80/50 mmHg，呼吸50次/min，双肺听诊有湿啰音。

14.最可能的诊断为（　　）

A.子痫　　B.休克

C.羊水栓塞　　D.心力衰竭

E.急性肺炎

15.需要立即进行处理，不正确的是（　　）

A.正压给氧　　B.静推氨茶碱，缓解肺高压

C.静推速尿，消除肺水肿　　D.静推地塞米松，抗休克

E.催产素静脉滴注，以加强宫缩

16.预防本病应注意的是（　　）

A.使用催产素引产要有适应证　　B.避免宫缩过强

C.避免在强宫缩时人工破膜　　D.避免产程中存在开放血管，如宫颈裂伤

E.以上各项均是

17.本病的死亡率是（　　）

A.>70%　　B.<50%

C.50%　　D.100%

E.50%~70%

问题18—20

A.脐带先露　　B.脐带脱垂

C.帆状胎盘　　D.球拍胎盘

E.血管前置

18.胎膜已破，脐带脱出子宫颈口或阴道口外时（　　）

19.胎膜未破，脐带位于先露以下（　　）

20.脐带附着于胎盘边缘（　　）

问题21、22

A.宫缩乏力性出血　　B.产道损伤所致的出血

C.凝血机制障碍　　D.胎盘剥离不全

E.子宫胎盘卒中

21.胎盘娩出后，大量阴道出血，子宫体松软，轮廓不清（　　）

22.胎盘娩出前，断断续续有大量暗红色血液流出，伴有血块（　　）

(三)简答题

1.简述先兆子宫破裂的主要诊断依据。

2.简述羊水栓塞的病理生理。

3.引起子宫收缩乏力的因素有哪些？

六、复习题答案

(一)名词解释

1.产后出血:指胎儿娩出后24 h内失血量超过500 mL。

2.胎盘嵌顿:胎盘剥离后未能及时娩出,嵌顿于子宫内,胎盘嵌顿易影响子宫收缩导致产后出血。

3.羊水栓塞:是指在分娩过程中羊水突然进入母体血循环引起急性肺栓塞、过敏性休克、弥散性血管内凝血(DIC)、肾衰竭或猝死的严重分娩并发症。

4.子宫破裂:是指在分娩期或妊娠晚期子宫体部或子宫下段发生破裂。若未及时诊治可导致胎儿及产妇死亡,是产科的严重并发症。

5.不完全子宫破裂:子宫肌层部分或全层破裂,但浆膜层完整,宫腔与腹腔不相通,胎儿及其附属物仍在宫腔内,称为不完全性子宫破裂。

6.病理缩复环:因胎先露部下降受阻,子宫收缩过强,子宫体部肌肉增厚变短,子宫下段肌肉变薄拉长,在两者间形成环状凹陷,称为病理缩复环。

7.脐带脱垂:当胎膜破裂,脐带脱出于宫颈口外,降至阴道内,甚至露于外阴部,称为脐带脱垂。

8.脐带缠绕:脐带围绕胎儿颈部、四肢或躯干者,称为脐带缠绕。90%为脐带绕颈,以绕颈一周者居多,占分娩总数的20%左右。

(二)选择题

1.C 2.D 3.A 4.A 5.A 6.A 7.D 8.D 9.D 10.A 11.B 12.C 13.E 14.C 15.E 16.E 17.A 18.B 19.A 20.D 21.A 22.D

(三)简答题

1.常见于产程长、有梗阻性难产因素的产妇。子宫病理缩复环形成、下腹部压痛、胎心率异常和血尿,是先兆子宫破裂的四大主要表现。

2.(1)过敏反应:羊水中有形物质能刺激细胞因子,如组胺、前列腺素和白三烯等的释放;(2)肺动脉高压;(3)呼吸循环衰竭;(4)凝血功能障碍(DIC);(5)急性肾衰竭及多脏器衰竭。

3.(1)母体因素;(2)局部因素;(3)胎儿因素;(4)产科因素;(5)医源性因素。

第二十二章 异常产褥

第一节 产褥感染

一、基本纲要

掌握:产褥感染的治疗措施。

熟悉:产褥感染的常见病菌、临床表现和诊断。

了解:产褥感染的途径、预防要点(包括孕期卫生、产褥期卫生、避免和及时处理产伤、加强无菌观念等)。

二、要点提示

产褥感染是指分娩及产褥期生殖道受病原体侵袭,引起局部或全身感染,其发病率为6%。

1.常见病菌

①外源性:以性传播疾病的病原体为主,如支原体、衣原体、淋病奈瑟菌等。②内源性:孕期及产褥期生殖道内寄生大量需氧菌、厌氧菌、假丝酵母菌及支原体等,以厌氧菌为主。

2.临床表现

发热、疼痛、异常恶露。

3.诊断

病史及分娩全过程、全身及局部检查、辅助检查。

4.治疗

支持疗法、抗生素治疗、切开引流、胎盘胎膜残留处理、手术、中医药治疗。

5.预防

孕期卫生、产褥期卫生、避免和及时处理产伤、加强无菌观念等。

三、典型病案

患者,女,28岁,G_1P_1,初产妇产钳助产,产后12 d,发热及下腹疼痛2 d,一直血性恶露,前来就诊。体格检查:体温38.9 ℃,血压140/80 mmHg,脉搏108次/min,双乳房无红肿及压痛,下腹有压痛及反跳痛。妇检:阴道黏膜充血,脓血性分泌物,宫颈闭合,子宫手拳大,质略软,压痛(+),双附件触痛。

四、临床思维建立

发热、疼痛、异常恶露为产褥感染三大主要症状。产后12 d,出现首先怀疑产褥感染(急性子宫内膜炎、子宫肌炎)。分娩和产科手术助产降低或破坏女性生殖道防御功能,可导致病原体感染。有产褥感染的病因。下腹有压痛及反跳痛。妇检:阴道黏膜充血,脓血性分泌物，压痛(+)，双附件触痛。提示感染部位和严重程度。鉴别见下表。

鉴别疾病	症状	体征	辅助检查
上呼吸道感染	发热、乏力、鼻塞、流清涕、打喷嚏、咽痛	鼻咽部充血水肿，肺下部有少量湿中啰音或哮鸣音	白细胞、淋巴细胞比异常
急性乳腺炎	乳房红、肿、热，压痛、高烧、寒战、全身无力	乳汁分泌不畅，乳房肿块或有或无	B型超声检查且具有定位作用
泌尿系感染	畏寒、发热、尿频、尿急、尿痛		尿常规检查白细胞
产褥中暑	发热、头晕、口渴、面色潮红、大量出汗或出现四肢湿冷、面色苍白等	可有明显脱水征：血压下降、脉搏增快、心动过速、直立性低血压或晕厥	检查可见血细胞比容增高、高钠血症、轻度氮质血症和肝功能异常
产后菌痢	发热、腹痛、腹泻、里急后重和黏液脓血便	肠鸣音亢进，左下腹压痛	粪便镜检有大量脓细胞或白细胞，如见巨噬细胞有助于诊断

处理：取半卧位；加强营养并补充维生素，增强全身抵抗力，纠正水、电解质失衡。确定病原体，合理使用抗生素。用药期间暂停母乳喂养。

第二节　晚期产后出血

一、基本纲要

熟悉：晚期产后出血的病因、临床表现、诊断要点和防治。

二、要点提示

1.定义

分娩24 h后，在产褥期内发生的子宫大量出血，称为晚期产后出血。以产后1~2周发病最常见，亦有迟至产后6周发病者。

2.病因及临床表现

病因病理	临床表现
胎盘、胎膜残留	多发生于产后10日左右，临床表现为血性恶露持续时间延长，以后反复出血或突然大量流血。检查发现子宫复旧不全，宫口松弛，有时可触及残留组织
蜕膜残留	蜕膜多在产后1周内脱落，并随恶露排出。临床表现与胎盘残留不易鉴别，宫腔刮出物病理检查可见坏死蜕膜，混以纤维素、玻璃样变的蜕膜细胞和红细胞，但不见绒毛
子宫胎盘附着面感染或复旧不全	胎盘附着面感染、复旧不全可引起血栓脱落，血窦重新开放，导致子宫出血。多发生在产后2周左右，表现为突然大量阴道流血，检查发现子宫大而软，宫口松弛，阴道及宫口有血块堵塞
感染	常见于子宫内膜炎症，感染引起胎盘附着面复旧不良和子宫收缩欠佳，血窦关闭不全导致子宫出血
剖宫产术后子宫伤口裂开	多见于子宫下段剖宫产横切口两侧端。出现大量阴道流血，甚至引起休克。多发生在术后2~3周
其他	产后子宫滋养细胞肿瘤、子宫黏膜下肌瘤等均可引起晚期产后出血

3.诊断

病史症状和体征及辅助检查(血常规、超声检查、病原菌和药敏试验)。

4.治疗

(1)少量或中等量阴道流血应给予广谱抗生素、子宫收缩剂及支持疗法。

(2)疑有胎盘、胎膜、蜕膜残留或胎盘附着部位复旧不全,在静脉通道输液、备血及准备手术的条件下刮宫,操作应轻柔,以防子宫穿孔。刮出物应送病理检查,以明确诊断。术后继续给予抗生素及子宫收缩剂。

(3)疑剖宫产子宫切口裂开可行剖腹探查。

(4)肿瘤引起的阴道流血应做相应处理。

5.预防

剖宫产时合理选择切口,产后应仔细检查胎盘、胎膜,若有残缺,应及时取出,不能排除胎盘残留时,应探查宫腔,术后应用抗生素预防感染,还可给以中药扶正化淤缩宫促进子宫复旧,减少晚期子宫出血的发生。

三、典型病案

患者,女,24岁,G_1P_1,产后2周,阴道大量出血1 h。患者2周前足月顺产一女婴,产后24 h内阴道流血量约为320 mL。产后4 d出院。产褥期偶有低热,血性恶露持续6 d,无腹痛、头晕、肢冷等。1 h前出现阴道大量流血,约500 mL,未见组织排出。辅助检查:B型超声检查提示宫体10 cm×9 cm×7 cm,宫腔未见残留。血常规:Hb 85 g/L,WBC 27.5×10^9/L。

四、临床思维建立

分娩24 h后,在产褥期内发生的子宫大量出血,可诊断为晚期产后出血。以产后1~2周发病最常见。子宫胎盘附着面感染或复旧不全,多发生在产后2周左右,表现为突然大量阴道流血,检查发现子宫大而软,宫口松弛,阴道及宫口有血块堵塞。B型超声检查宫腔未见残留。Hb 85 g/L,诊断轻度贫血,血红蛋白在9~12 g/dL为轻度,6~9 g/dL为中度,3~6 g/dL为重度,3 g/dL以下为极重度。一般血性恶露持续3~4 d,患者血性恶露持续6 d,虽无腹痛但偶有低热,产褥期感染不可完全排除,晚期产后出血常合并感染,胎盘附着面感染、复旧不全可引起血栓脱落,血窦重新开放,导致子宫出血。

诊断:晚期产后出血,中度贫血,产褥期感染。

处理:促进宫缩、止血治疗、抗感染、支持治疗。若保守治疗无效,可采用放射介入栓塞治疗。

第三节　产褥期抑郁症

一、基本纲要

熟悉:产褥期抑郁症的临床表现、治疗和预防。

二、要点提示

1.定义

产妇在产褥期间出现抑郁症状,称为产褥期抑郁症,是产褥期精神障碍常见的一种类型。

2.病因

本病的病因不明。产后的内分泌环境的变化与社会心理因素与本病的发生可能有关。

3.临床表现

①情绪改变;②自我评价降低;③创造性思维受损,主动性降低;④对生活缺乏信心。

4.诊断

产褥期抑郁症至今尚无统一的诊断标准。《精神疾病的诊断与统计手册》(美国精神学会,1994)制定产褥期抑郁症诊断标准,见下表。

产褥期抑郁症诊断标准

产褥期抑郁症诊断标准
1.在产后2周内出现下列5条或5条以上的症状,必须具备(1)(2)两条
(1)情绪抑郁
(2)对全部或多数活动明显缺乏兴趣或愉悦
(3)体重显著下降或增加
(4)失眠或睡眠过度
(5)精神运动性兴奋或阻滞
(6)疲劳或乏力
(7)遇事均感毫无意义或有自罪感
(8)思维能力减退或注意力不集中
(9)反复出现想死亡的想法
2.在产后4周内发病

5.治疗

包括心理治疗和药物治疗。

6.预防

加强对孕产妇的精神关怀,减轻孕产妇对妊娠、分娩的紧张、恐惧心情,完善自我保健。

三、典型病案

患者,女,31岁,G_1P_1。产后1个月出现抑郁、失眠,加重3 d,伴轻生。患者1月前剖宫产产下2个男婴,产后第3天出现紧张、情绪低落、对带小孩无信心,心情很痛苦,同时晚间难以入眠,有时彻夜不眠。3 d前症状加重,并有严重的自杀观念和行为。

四、临床思维建立

产后出现情绪改变、自我评价降低、创造性思维受损、主动性降低、对生活缺乏信心,可诊断为产后抑郁。本病的病因不明。产后的内分泌环境的变化与社会心理因素与本病的发生可能有关。

处理:抗抑郁治疗,心理治疗,注意护理。

第四节　产褥中暑

一、基本纲要

了解:产褥中暑的临床表现与治疗原则。

二、要点提示

1.定义

产褥期因高温、高湿、通风不良的环境使体内余热不能及时散发,引起中枢性体温调节功能障碍的急性热病,表现为高热,水、电解质紊乱,循环衰竭和神经系统功能损害等。本病起病急骤,发展迅速,处理不当会遗留严重后遗症,甚至死亡。

2.临床表现

(1)中暑先兆发病急骤,发病前多有短暂的先兆症状,称为中暑先兆。表现为口渴、多汗、心悸、恶心、胸闷、四肢无力。此时体温正常或低热。

(2)轻度中暑先兆未能及时处理,产妇体温逐渐升高为38.5 ℃以上,随后出现面色潮红、胸闷、脉搏增快、呼吸急促、口渴、痱子满布全身。

(3)重度中暑产妇体温继续升高达41~42 ℃,呈稽留热型,可出现面色苍白、呼吸急促、谵妄、抽搐、昏迷。数小时内可因呼吸、循环衰竭而死亡。幸存者也常遗留中枢神经系统不可逆的后遗症。

3.诊断和鉴别诊断

从发病季节、患者家居环境、产妇衣着以及临床表现不难诊断产褥中暑,但需与产后子痫、产褥感染、败血症等相鉴别。产褥感染产妇可以发生产褥中暑,产褥中暑患者又可并发产褥感染。

4.治疗

立即改变高温和不通风环境,迅速降温,及时纠正水、电解质紊乱及酸中毒。迅速降低体温是抢救成功的关键。

5.预防

做好卫生宣教,破除旧风俗习惯,居室保持通风,避免室温过高,产妇衣着应宽大透气,有利于散热,以舒适为宜。

三、典型病案

患者,女,26岁,G_1P_1。产后3周,头晕、胸闷1 d。患者正值暑期分娩,产后多汗,肌肉关节困痛,故起居谨慎,着长衣、长裤以避风寒。近期出现口渴、多汗、心悸、胸闷、恶心、头晕、四肢无力。体格检查:体温37.8 ℃,脉搏96次/min,呼吸25次/min。面色潮红。

四、临床思维建立

产褥期因高温、高湿、通风不良的环境使体内余热不能及时散发,引起中枢性体温调节功能障碍的急性热病,表现为口渴、多汗、心悸、恶心、胸闷、四肢无力。此时体温正常或低热。诊断为产褥中暑先兆。鉴别如下表。

鉴别疾病	症状	体征	辅助检查
上呼吸道感染	发热、乏力、鼻塞、流清涕、打喷嚏、咽痛	鼻咽部充血水肿，肺下部有少量湿啰音或哮鸣音	白细胞、淋巴细胞比异常
急性乳腺炎	乳房红、肿、热，压痛、高烧、寒战、全身无力	乳汁分泌不畅，乳房肿块或有或无	B 型超声检查且具有定位作用
产褥中暑	发热、头晕、口渴、面色潮红、大量出汗或出现四肢湿冷、面色苍白等	可有明显脱水征：血压下降、脉搏增快、心动过速、直立性低血压或晕厥	检查可见血细胞比容增高、高钠血症、轻度氮质血症和肝功能异常
产褥感染	发热、疼痛、异常恶露，严重者全身中毒症状	下腹部压痛、反跳痛，局部伤口红肿、发硬、压痛，脓性分泌物	B 型超声、彩超、CT、血清 C 反应蛋白>8 mg/L，有助于早期诊断
妊娠合并心脏病	轻微活动即有心慌、胸闷、气短，脉搏快，较严重时表现为咳嗽、咯血及粉红色泡沫样痰	两肺基底部有细湿啰音，两肺散在哮鸣音或湿啰音	X 线检查和心电图、超声心动图改变

诊断：产褥中暑先兆。

处理：立即改变高温和不通风环境，迅速降温，及时纠正水、电解质紊乱及酸中毒，加强护理。

五、课后复习题

（一）名词解释

1.产褥期　2.产褥感染　3.晚期产后出血　4.产褥期抑郁症　5.产褥中暑　6.中暑先兆

（二）填空题

1.产褥感染来源有二，一是________，二是________。

2.急性盆腔结缔组织炎、急性输卵管炎时病原体沿子宫旁或血行达宫旁组织，出现急性反应而形成炎性包块，同时波及输卵管、管壁。若侵及整个盆腔，也可形成________。

3.产后血栓性静脉炎的病变多为________侧性，患者多于产后________周，继子宫内膜炎之后出现寒战、高热、反复发作，持续数周，不易与盆腔结缔组织炎鉴别。

4.下肢血栓性静脉炎，病变多在________静脉、________静脉及________静脉，出现弛张热，下肢持续性疼痛，局部静脉压痛，或触及硬索状，使血液回流受阻，引起下肢水肿，皮肤发白，习称________。

5.晚期产后出血是指分娩________小时后，在产褥期内发生的子宫大量出血，多于产后________周发病，但也有迟至________周甚至________周发病者。

6.产褥中暑治疗原则是________，及时纠正________、休克，补充水及________。

7.产褥中暑时不论产妇神志是否清楚，均应置于________、通风环境中，用冷水、乙醇擦浴，快速________。

8.剖宫产切口裂开出血的主要原因是________、________、________及________等。

9.外界气温超过______℃时，机体依靠大量汗液蒸发进行散热。

10.虽造成产褥病率的原因以产褥感染为主，但也包括其他感染，如______、______、

________等。

11.目前认为孕期及产褥期阴道内的环境极复杂,有大量需氧菌、厌氧菌、真菌以及衣原体、支原体等寄生,但以________占优势。

12.产褥期抑郁症通常需要治疗,包括________及药物治疗。药物治疗主要应用抗抑郁症药,包括________、________等。

13.产褥中暑应注意与________、________相鉴别。

14.产褥中暑关键在于________,做好卫生宣教,能识别产褥中暑。

(三)选择题

1.下列是产后异常表现的是　(　)

A.产后12 h体温37.8 ℃　B.产后3 d下腹阵缩,需服止痛药

C.产后4 d,双腋下出现肿、胀、痛　D.产后7 d仍为血性恶露

E.产后半月,宫底在耻上1指

2.产褥感染最常见的致病菌为　(　)

A.大肠杆菌　B.产气荚膜杆菌

C.溶血性链球菌　D.厌氧链球菌

E.葡萄球菌

3.产褥病率的定义是(产后每4 h测体温1次)　(　)

A.分娩24 h后体温两次大于或等于38 ℃者

B.产后24 h至10 d内体温两次大于或等于38 ℃者

C.产后1月内体温两次大于或等于38 ℃者

D.产后10 d内体温两次大于或等于38 ℃者

E.产褥期内体温两次大于或等于非孕月,宫口未开

4.产褥感染中最常见者为　(　)

A.急性输卵管炎　B.急性盆腔结缔组织炎

C.急性子宫内膜炎　D.急性盆腔腹膜炎

E.血栓性静脉炎

5.产后轻型子宫内膜炎很少出现　(　)

A.下腹隐痛　B.恶露混浊而臭

C.体温39 ℃以上　D.子宫复旧延迟

E.子宫压痛

6.产褥期急性输卵管炎是　(　)

A.主要是细菌经子宫黏膜面上升至输卵管

B.子宫感染灶沿血管及淋巴管扩散者较少见

C.产褥期感染急性输卵管炎不会引起以后的不孕

D.病原体经血管或淋巴管扩散,侵及输卵管系膜、管壁

E.无需积极抗感染治疗,可自愈

7.正常产褥期为产后　(　)

A.2~3周　B.4~5周

C.6~8周　D.9~12周

E.13~16周

8.产褥感染 ( )

A.厌氧链球菌感染最常见

B.大肠杆菌感染最常见

C.葡萄球菌感染最常见

D.溶血性链球菌感染最常见

E.临床上多见几种细菌引起的混合感染

9.在产褥感染处理中错误的是 ( )

A.选用有效的抗生素

B.纠正全身一般情况

C.半卧位

D.禁用肾上腺皮质激素,避免感染扩散

E.胎盘残留者应控制感染后清官

10.下列情况中不能说明患者有产褥感染的是 ( )

A.产后10 d恶露多且臭味

B.子宫压痛

C.产后10 d宫底脐下4指

D.产后宫缩痛

E.产后10 d阴道排出小块肉样物,臭味

11.下列预防产褥感染的措施中不正确的是 ( )

A.加强孕期宣教

B.孕晚期避免盆浴与性交

C.防止产道损伤及产后出血

D.破水24 h仍不能分娩应使用抗生素

E.减少不必要的阴道检查与肛查

12.下列有关正常产褥期的临床表现,错误的是 ( )

A.体温在产后24 h可略升高,但不超过38 ℃

B.产后腹压减低使呼吸深、慢,脉搏往往较慢

C.生理性贫血于产后2~3周可恢复

D.妊娠期血沉加快,产后1周恢复正常

E.白细胞于产褥早期升高可达20×10^9/L

13.关于产褥感染子宫内膜炎,不正确的是 ( )

A.急性子宫内膜炎是常见的一种产褥感染

B.细菌由胎盘剥离面侵入,扩散全内膜及肌层

C.可引起盆腔结缔组织炎、盆腔炎、血栓静脉炎

D.炎症轻重主要与产妇抵抗力有关,与细菌种类无关

E.多为厌氧菌、链球菌等混合感染

14.会阴侧切患者,术后5 d拆线,伤口感染裂开,用消毒液坐浴应从何时开始最适宜 ( )

A.拆线后即日

B.产后10 d

C.产后2周

D.拆线后1周

E.拆线后2周

问题15、16

足月自然分娩后3 d,出现下腹痛,体温正常,恶露多,有臭味,宫底脐上1指,宫体软

15.首先考虑的诊断为 ( )

A.子宫内膜炎

B.子宫肌炎

C.盆腔结缔组织炎

D.急性输卵管炎

E.腹膜炎

16.其处理措施错误的是 ( )

A.支持疗法 B.应用宫缩药

C.宫腔分泌物培养+药敏 D.在药敏结果回报前首先应用广谱抗生素

E.阴道冲洗

问题17、18

A.产后1月内每4 h测体温，体温>38 ℃，WBC 10×10^9/L以上

B.产后24 h到10 d内，每4 h测体温，两次超过38 ℃

C.分娩后至子宫内膜完全修复时发生的感染

D.分娩后由生殖道感染所引起的疾病

E.分娩24 h后至30 d内，体温>38 ℃

17.产褥感染 ( )

18.产褥病率 ( )

问题19、20

A.厌氧性链球菌及大肠杆菌 B.大肠杆菌

C.β-溶血性链球菌 D.葡萄球菌

E.产气荚膜杆菌及肺炎球菌

19.产褥感染中最常见的病原菌是 ( )

20.致病性最强的病原菌是 ( )

(四)简答题

1.何谓晚期产后出血？主要原因有哪些？

2.试述产褥中暑的预防。

3.试述产褥感染的治疗。

六、复习题答案

(一)名词解释

1.产褥期：从胎盘娩出至产妇全身各器官(除乳腺外)恢复或接近正常未孕状态的一段时间，一般为6周。

2.产褥感染：是指分娩时及产褥期生殖道受病原体感染，引起局部和全身的炎性变化。

3.晚期产后出血：是指分娩24 h后，在产褥期内发生的子宫大量出血(约500 mL)。

4.产褥期抑郁症：是指产妇在分娩后出现抑郁症状，是产褥期精神综合征中最常见的一种类型。常在产后2周出现症状，表现为易激惹、恐怖、焦虑、沮丧和对自身及婴儿健康过度担忧，常失去生活自理及照料婴儿的能力，有时还会陷入错乱或嗜睡状态。

5.产褥中暑：是指在产褥期因高温环境，体内余热不能及时散发引起中枢性体温调节功能障碍的急性热病。

6.中暑先兆：产褥中暑发病急骤，发病前多有口渴、多汗、心悸、恶心、胸闷及四肢无力等短暂的先兆症状，称为中暑先兆。

(二)填空题

1.内源性感染　外源性感染

2.冰冻骨盆

3.单　1~2

4.股　腘　大隐　股白肿

5.24　1~2　6~8　10

6.迅速降温　酸中毒　氯化钠

7.低温　物理降温

8.子宫切口感染　切口选择不合理　切口缝合不合理　切口延裂而未被重视

9.35

10.泌尿系感染　乳腺炎　上呼吸道感染

11.厌氧菌

12.心理治疗　5-羟色胺再吸收抑制剂　三环类抗抑郁药

13.产后子痈　产褥感染败血症

14.预防

(三)选择题

1.E　2.C　3.B　4.C　5.C　6.D　7.C　8.E　9.D　10.D　11.D　12.D　13.D　14.B　15.A　16.E　17.D　18.B　19.A　20.C

(四)简答题

1.晚期产后出血是指分娩24 h后,在产褥期内发生的子宫大量出血。主要原因有胎盘、胎膜残留,蜕膜残留,子宫胎盘附着面感染或复旧不全,剖宫产术后子宫伤口裂开,产后子宫滋养细胞肿瘤、子宫黏膜下肌瘤等。

2.产褥中暑关键在预防,做好卫生宣教,能识别产褥中暑的先兆症状。破除旧风俗习惯,居室保持通风,避免室温过高,产妇衣着应宽大透气,有利于散热,以舒适为度。

3.①支持疗法:加强营养,增强抵抗力,纠正水、电解质平衡。②清除宫腔残留物,脓肿切开引流。③按药敏试验选用高效广谱抗生素,必要时应用肾上腺皮质激素。④血栓性静脉炎,在应用大量抗生素的同时可加用肝素。

第二十三章　妇科病史及检查

一、基本纲要

掌握：妇科病史、体格检查、病历小结、临床常见症状的鉴别要点。

二、要点提示

(一)妇科病史

1.病史采集方法。

2.病史内容。

(二)体格检查

1.全身检查。

2.腹部检查。

3.盆腔检查。

(1)基本要求。

(2)方法及步骤：窥器检查、双合诊、三合诊、直肠—腹部诊。

(三)妇科常见症状的鉴别要点

1.阴道出血

(1)分类：①卵巢内分泌功能失调。②与妊娠有关的子宫出血。③生殖器炎症。④生殖器肿瘤。⑤损伤、异物和药物。⑥与全身疾病有关的阴道出血。

(2)表现形式：①经量增多。②周期不规则的阴道出血。③无任何周期可辨的长期持续阴道出血。④停经后阴道出血。⑤阴道出血伴白带增多。⑥性交后出血。⑦经间出血。⑧经前或经后点滴出血。⑨绝经多年后阴道出血。⑩间歇性阴道排出血水。

2.异常白带

(1)无色透明白带呈蛋清样。

(2)白色或灰黄色泡沫状稀薄白带为滴虫阴道炎的特征。

(3)凝乳块状白带为念珠菌阴道炎的特征，常伴有严重外阴瘙痒或灼痛。

(4)灰色均质鱼腥味白带常见于细菌性阴道病。

(5)脓样白带色黄或黄绿，黏稠，多有臭味。

(6)血性白带。

(7)水样白带，持续流出淘米水样白带。

3.下腹痛

(1)起病缓急。

(2)下腹痛部位

(3)下腹痛性质。

(4)下腹痛时间。

(5)腹痛放射部位。

(6)腹痛伴随症状。

4.下腹部肿块

(1)子宫增大。

(2)子宫附件肿块。

(3)肠道肿块。

(4)泌尿系肿块。

三、课后复习题

(一)填空题

1.病史内容包括______、______、______、______、______、______、______、______。

2.三合诊即____________联合检查。

3.除正常月经外,________、________、________、________、________、________是引起阴道出血的原因。

(二)选择题

1.盆腔检查的基本要求不包括　　(　　)

A.检查前应解净小便　　B.尽量避免经期做盆腔检查

C.未婚患者禁做双合诊及阴道窥器检查　　D.所有盆腔检查均取膀胱截石位

E.检查时应每人一垫单,避免交叉感染

2.妇科病人体格检查范围包括　　(　　)

A.盆腔检查　　B.全身检查,腹部检查和盆腔检查

C.全身检查和盆腔检查　　D.腹部检查和盆腔检查

E.盆腔检查和阴道排出物检查

3.外阴部检查不包括　　(　　)

A.外阴发育及阴毛多少和分布情况　　B.外阴皮肤和黏膜色泽及质地变化

C.尿道口、尿道旁腺　　D.大小阴唇、阴蒂、阴道口、前庭大腺

E.会阴体、肛门

4.阴道窥器检查不准确的是　　(　　)

A.选用适当大小的阴道窥器

B.为减少插入阴道口时的不适感,可用润滑剂润滑窥器两叶前端

C.作宫颈刮片和阴道上1/3段涂片细胞学检查,亦可用润滑剂

D.注意防止窥器两叶顶端直接伤宫颈以致宫颈出血

E.无论放入或取出过程中,注意必须旋紧窥器中部螺丝

5.未婚患者适合的检查方法是　　(　　)

A.阴道窥器检查　　B.双合诊

C.三合诊　　D.直肠—腹部诊

E.阴道B超检查

6.关于双合诊,描述错误的是　　(　　)

A.盆腔检查中最重要的项目

B.扪及宫颈外口方向朝后时宫体多为后倾
C.扪及宫体朝向耻骨时称前倾
D.上抬宫颈时患者感疼痛为盆腔内器官有病变的表现
E.正常输卵管不能扪及
7.除正常月经外,引起阴道出血最多见的原因是 ( )
A.卵巢内分泌功能失调 B.与妊娠有关的子宫出血
C.生殖器炎症 D.生殖器肿瘤
E.损伤、异物和药物
8.凝乳状或豆渣样白带见于 ( )
A.滴虫性阴道炎 B.念珠菌性阴道炎
C.细菌性阴道炎 D.老年性阴道炎
E.慢性宫颈炎
9.灰色均质鱼腥味白带见于 ( )
A.滴虫性阴道炎 B.念珠菌性阴道炎
C.细菌性阴道炎 D.老年性阴道炎
E.慢性宫颈炎
10.某女,30岁,突发下腹痛伴有休克症状,考虑是 ( )
A.盆腔炎症 B.恶性肿瘤
C.腹腔内出血 D.急性阑尾炎
E.子宫腺肌症
问题11—15
A.性交后出血 B.经间期出血
C.绝经多年后阴道出血 D.停经后阴道出血
E.经前或经后点滴出血
11.排卵期 ( )
12.子宫内膜癌 ( )
13.宫颈息肉 ( )
14.先兆流产 ( )
15.宫颈癌 ( )
问题16、17
A.脓样白带 B.下腹剧痛
C.下腹部肿块 D.闭经 E.痛经
16.卵巢囊肿蒂扭转 ( )
17.子宫肌瘤 ( )
问题18—20
A.子宫肌瘤 B.子宫腺肌症
C.葡萄胎 D.卵巢囊肿 E.子宫畸形
18.子宫增大伴痛经 ( )
19.停经后不规则阴道流血子宫迅速增大 ( )

20.子宫增大伴月经增多 ( )

问题21、22

A.性交后出血　　B.阴道出血伴白带增多

C.两者均有　　D.两者均无

21.子宫黏膜下肌瘤 ( )

22.子宫内膜癌 ( )

问题23、24

A.腹水　　B.下腹部肿块

C.两者均有　　D.两者均无

23.输卵管妊娠 ( )

24.卵巢囊肿 ( )

问题25、26

A.子宫增大　　B.腹痛

C.两者均有　　D.两者均无

25.绒癌 ( )

26.卵巢癌 ( )

27.能够引起月经过多的疾病是 ( )

A.卵巢畸胎瘤　　B.卵巢纤维瘤

C.卵巢无细胞瘤　　D.子宫黏膜下肌瘤

E.子宫浆膜下肌瘤

28.妇科检查的注意事项不包括 ( )

A.检查前应排空膀胱

B.男医师检查女患者应有其他医护人员在场

C.对疑有盆腔病变而检查不满意,可在麻醉下进行

D.就诊患者均应行双合诊检查

E.避免经期做妇科检查

29.盆腔检查应采用的体位是 ( )

A.胸膝卧位　　B.膀胱截石位

C.平卧位　　D.臀高头低位

E.自由体位

30.女患者就诊妇科门诊,除一般查体外应进行 ( )

A.B型超声检查盆腔　　B.血尿常规化验

C.双合诊检查或直肠—腹部诊　　D.性激素水平测定

E.血肿瘤标记物检测

31.收集妇科病史时,错误的是 ( )

A.对患者可以启发,但避免暗示

B.对外院转诊者,应阅读转诊病情介绍

C.主诉简单明确地提出主要症状和持续时间

D.病情越重,抢救前需详细了解和掌握病情

E.对有鉴别诊断意义的阴性症状应列入现病史中

32.月经史中常规询问的内容不包括 ( )

A.末次月经日期 B.月经经量

C.月经持续时间 D.前次月经持续时间

E.已绝经妇女应询问绝经年龄

(三)简答题

1.简述子宫增大见于哪些情况。

2.简述盆腔肿块伴月经异常见于哪些疾病。

四、复习题答案

(一)填空题

1.一般项目 主诉 现病史 月经史 婚育史 过去史 个人史 家族史

2.腹部 阴道 直肠

3.卵巢内分泌功能失调、与妊娠有关的子宫出血、生殖器炎症、生殖器肿瘤损伤、异物和药物、全身疾病有关的阴道流血

(二)选择题

1.D 2.B 3.E 4.C 5.D 6.B 7.A 8.B 9.C 10.C 11.B 12.C 13.A 14.D 15.A 16.B 17.C 18.B 19.C 20.A 21.C 22.B 23.B 24.C 25.C 26.B 27.D 28.D 29.B 30.C 31.D 32.D

(三)简答题

1.妊娠子宫、子宫肌瘤、子宫腺肌症、子宫畸形、子宫阴道积血或子宫积脓、子宫恶性肿瘤。

2.盆腔肿块常伴月经量增多,经期延长,周期紊乱及不规则阴道出血等症状,常见疾病有:子宫肌瘤、子宫腺肌症、子宫内膜癌、子宫肉瘤、卵巢颗粒细胞瘤、卵巢卵泡膜细胞瘤。

第二十四章　外阴上皮内非瘤样变

一、基本纲要

了解:外阴瘙痒的病因、临床表现及治疗。

二、要点提示

外阴上皮非内瘤样病变是指女性外阴皮肤和黏膜组织发生变性及色素改变的一组慢性疾病。分为外阴鳞状上皮增生、外阴硬化性苔癣及其他外阴皮肤病。由于外阴鳞状上皮及外阴硬化性苔癣的患者外阴皮肤黏膜多呈白色,故也称为外阴白色病变。

1.外阴鳞状上皮细胞增生

以外阴瘙痒为主要症状但病因不明的鳞状上皮细胞良性增生为主的外阴疾病。恶变率2%~5%。是最常见的外阴白色病变。确诊靠病理组织学检查。治疗以局部药物治疗及物理治疗为主。

2.外阴硬化性苔癣

外阴硬化性苔藓是一种以外阴及肛周皮肤萎缩变薄、色素减退变白为主要特征的疾病。症状主要为病损区皮肤发痒。病理检查是确诊方法,治疗以局部用药为主。

3.外阴硬化性苔藓合并鳞状上皮增生

治疗选用氟轻松软膏及丙酸睾酮交替涂擦局部,也可选择物理治疗。需活检鉴别不典型增生。

三、典型病案

患者,女,45岁,G_1P_1,外阴奇痒2年,外阴皮肤增厚,变硬,且由于长时间搔抓出现不同程度的破损、皲裂、隆起。

四、临床诊治思路

根据该患者病史及临床特点,诊断应该是外阴硬化性苔藓。外阴硬化性苔藓的主要症状是外阴瘙痒,程度较外阴鳞状上皮增生轻,早期皮肤发红肿胀,出现小丘疹,进一步发展,皮肤黏膜变白变薄,失去弹性,干燥易皲裂,病理检查是确诊方法,治疗包括一般治疗、局部药物治疗、物理治疗、手术治疗,以局部用药为主。丙酸睾丸酮局部涂擦是治疗的主要方法,应用丙酸睾丸酮治疗期间,出现毛发增多或阴蒂增大等男性化副反应或疗效欠佳时,可改用0.3%黄体酮油膏局部涂擦,近年采用0.05%氯倍他索软膏局部治疗取得了良好效果。

五、课后复习题

(一) 名词解释

1.外阴上皮内非瘤样病变

2.外阴硬化性苔藓

（二）填空题

1.外阴鳞状上皮细胞增生是以__________为主要症状的外阴疾病。

2.外阴局部皮肤长期处于__________和__________的刺激等解剖生理因素，可能与外阴鳞状上皮细胞增生发病有关。

3.外阴鳞状上皮细胞增生多见于__________以前的中年妇女。

4.患外阴鳞状上皮细胞增生行病理检查取材时，可先用__________涂抹病变皮肤，干后用__________脱色。

5.幼女硬化性苔藓治疗目的是__________。

（三）选择题

1.幼女硬化性苔藓最常用的治疗是（　　）

A.物理治疗　　B.氢化可的松
C.丙酸睾丸酮外用　　D.氯倍他索外用
E.手术治疗

2.外阴鳞状上皮增生的治疗药物首选（　　）

A.红霉素软膏　　B.鱼肝油软膏
C.皮质激素类软膏　　D.维生素B_6软膏
E.口服B族维生素

3.能引起外阴瘙痒的原因不包括（　　）

A.高血压　　B.糖尿病
C.黄疸　　D.外阴白色病变
E.维生素A、B缺乏

4.女，45岁，外阴奇痒两年多，外阴皮肤增厚，纹理突出，且由于长时间搔抓出现不同程度的破坏、皲裂、隆起。为确诊，应（　　）

A.刮片细胞学检查　　B.分泌物细菌学检查
C.阴道镜检查　　D.活组织病理检查
E.B型超声检查

5.外阴鳞状上皮增生的活检区域应为（　　）

A.碘着色区　　B.碘不着色区
C.醋白上皮区　　D.1%甲苯胺蓝脱色区
E.1%甲苯胺蓝不脱色区

问题6—8

女，48岁，主诉外阴瘙痒，阴道分泌物不多。体格检查：小阴唇皮肤变白、变薄、弹性差，表面可见皲裂。

6.本例最可能的诊断是（　　）

A.外阴白化病　　B.外阴白癜风
C.外阴不典型增生　　D.外阴鳞状上皮增生
E.外阴硬化性苔藓

7.为确诊，有价值的辅助检查是（　　）

A.阴道分泌物培养　　B.阴道镜检查

C.阴道病理学检查　　D.外阴脱落细胞学检查

E.外阴病灶区碘染色

8.本病恰当的处理措施是　　(　　)

A.激光治疗　　B.手术切除病灶

C.2%氢化可的松软膏涂擦　　D.丙酸睾丸酮凡士林软膏涂擦

E.外阴红外线照射

(四)简答题

1.简述外阴硬化性苔藓的诊断和鉴别诊断。

2.简述幼女外阴硬化性苔藓的治疗。

六、复习题答案

(一) 名词解释

1.外阴上皮内非瘤样病变:外阴上皮非内瘤样病变是指女性外阴皮肤和黏膜组织发生变性及色素改变的一组慢性疾病。分为外阴鳞状上皮增生、外阴硬化性苔癣及其他外阴皮肤病。

2.外阴硬化性苔藓:外阴硬化性苔藓是一种以外阴及肛周皮肤萎缩变薄、色素减退变白为主要特征的疾病。

(二) 填空

1.外阴瘙痒

2.潮湿状态　阴道排出物

3.50岁

4.1%苯甲胺蓝　1%醋酸

5.暂时缓解瘙痒症状

(三) 选择题

1.B　2.C　3.A　4.D　5.E　6.E　7.C　8.D

(四)简答题

1.一般根据临床表现作出诊断,病理检查是唯一确诊的方法,其应与老年性生理萎缩相鉴别,后者仅见于老年妇女,其外阴皮肤萎缩与身体其他部位相同,外阴皮肤各层及皮下脂肪层均萎缩,大阴唇变平,小阴唇退化,患者无任何自觉症状。

2.其治疗有别于成年妇女,一般不采用丙酸睾丸酮治疗。治疗目的为暂时缓解症状。多采用1%氢化可的松软膏或用100 g黄体酮油剂+30 g凡士林油膏涂擦局部。

第二十五章　外阴及阴道炎症

一、基本纲要

掌握：滴虫性阴道炎、真菌性阴道炎、老年性阴道炎的临床表现、诊断和治疗。

熟悉：滴虫性阴道炎、真菌性阴道炎、老年性阴道炎的传染方式及预防。外阴炎症的临床表现及防治方法。

了解：外阴炎症的病因，滴虫性阴道炎、真菌性阴道炎、老年性阴道炎的病因。

二、要点提示

非特异性外阴炎：发病与不良因素长期刺激有关，表现为外阴瘙痒、肿痛为主，局部治疗。

前庭大腺炎：病原体侵入前庭大腺引起，可有前庭大腺脓肿，以单侧发病为多见，有红肿热痛，治疗以造口术有效。

前庭大腺囊肿：系腺管开口被阻塞引起，外阴不适；治疗多为囊肿造口术。

阴道炎：病原体侵入阴道，使阴道黏膜产生炎症，白带出现量、色、质的异常，称为阴道炎。临床常见的有滴虫阴道炎、阴道假丝酵母菌外阴阴道炎、老年性阴道炎及细菌性阴道病。

（一）滴虫阴道炎、假丝酵母菌外阴阴道炎、细菌性阴道炎、老年性阴道炎的比较

项目	滴虫阴道炎	假丝酵母菌外阴阴道炎	细菌性阴道炎	老年性阴道炎
病因	阴道毛滴虫	假丝酵母菌	正常菌群失调	致病菌
传染方式	性交传播，衣物、浴池、器械等接触性传播	内源性传染、接触感染		
症状	分泌物增多，外阴瘙痒	重度瘙痒，烧灼	分泌物增多，伴轻度瘙痒	分泌物增多，外阴瘙痒、灼热感
分泌物特点	稀薄脓性、黄绿色、泡沫状、有臭味	白色稠厚呈凝乳或豆腐渣样	灰白色稀薄均质，腥臭味	稀薄，淡黄色，严重者呈脓血性白带
阴道黏膜	散在出血点	红斑，水肿，糜烂	正常	皱襞消失，黏膜充血散在出血点或溃疡
阴道pH值	5~6.5	<4.5	>4.5	
胺试验	−	−	+	−
显微镜检查	阴道毛滴虫，多量白细胞	芽孢及假丝菌，少量白细胞	线索细胞，几乎无白细胞	
治疗	全身用药，甲硝唑	消除病因，局部或全身用抗真菌药物	抗厌氧菌药物（甲硝唑、克林霉素等）	1%乳酸或0.5%醋酸液冲洗，抗生素，雌激素

(二)鉴别诊断

滴虫阴道炎有传染病史,黄色或脓性泡沫状白带增多,外阴瘙痒症状,白带化验找到阴道毛滴虫,即可诊断。

阴道假丝酵母菌病白带呈白色乳酪样或豆腐渣样,外阴奇痒、灼痛。检查阴道壁覆盖一层白膜状分泌物,擦去可见黏膜充血。白带镜检可见芽孢和假菌丝或白假丝酵母菌。

细菌性阴道病阴道分泌物增多,灰白色,稀薄,均匀一致,有鱼腥味,轻度外阴瘙痒或灼热感;检查阴道黏膜无充血;分泌物涂片可找到一般病原菌,无滴虫、白假丝酵母菌。

老年性阴道炎阴道分泌物增多,稀薄,淡黄色,严重时呈脓血性白带。外阴、阴道有瘙痒、烧灼感。检查阴道黏膜萎缩,皱襞少,常有小出血点或小溃疡。阴道分泌物镜检无滴虫、假丝酵母菌。

三、典型病案

张某,女性,已婚,G_1P_1,外阴及阴道口瘙痒3周就诊,经检查:阴道分泌物呈灰黄色,稀薄泡沫状,伴腥臭味,在阴道分泌物中检查到滴虫,应考虑为何种疾病?叙述其防治原则。

四、临床诊治思路

已婚女性,白带呈灰黄色稀薄泡沫状伴腥臭味,量多,外阴瘙痒,白带化验找到阴道毛滴虫,即可诊断为滴虫性阴道炎。

健康指导:

1.加强卫生宣教,改进公共卫生设备;

2.指导妇女在特殊生理期(经期、孕期)后预防感染;

3.夫妻同治,已婚者应检查其配偶,如有感染需同时进行治疗;

4.避免交叉和重复感染,治疗期间禁止性生活,内裤、坐浴及洗涤用物应煮沸消毒5~10 min以消灭病原体,防止交叉和重复感染。

治愈标准:督促病人于治疗后在每次月经干净后复查一次白带,连续检查3次均为阴性方为治愈。

五、课后复习题

(一) 名词解释

1.细菌性阴道病

2.阴道自净作用

(二)填空

1.阴道正常的酸性环境pH≤______。

2.前庭大腺位于两侧后1/3,腺管开口于______、______、______之间。

3.滴虫性阴道炎的主要症状是______白带增多及______。

4.白色念珠菌为条件致病菌,约______非孕妇女及______孕妇阴道中有此菌寄生。

5.细菌性阴道病______患者临床无症状。

6.老年性阴道炎常见于______的老年妇女。

(三) 选择题

1.病人外阴痒1周,查阴道黏膜覆以膜状物,擦除后露出红肿黏膜面。正确的处理应是

( )

A.局部用克林霉素软膏　B.阴道内放置达克宁栓

C.阴道内放置甲硝唑片　D.阴道内放置尼尔雌醇片

E.外阴部用0.5%醋酸液洗涤

2.滴虫阴道炎的治愈标准是 ( )

A.临床症状消失　B.局部用药3个疗程

C.连续3次月经后检查滴虫阴性　D.连续3次月经前检查滴虫阴性

E.治疗后悬滴法检查滴虫阴性

3.滴虫阴道炎的白带性状呈 ( )

A.稠厚豆渣样　B.血性

C.脓性　D.稀薄泡沫状

E.白色均匀稀薄

4.老年性阴道炎的治疗可在阴道内放置少量 ( )

A.孕激素　B.雌激素

C.雄激素　D.糖皮质激素

E.促性腺激素

5.女性,56岁,外阴痒1周,白带乳块状,镜检发现真菌菌丝,合理的处理是 ( )

A.阴道内放置米康唑栓　B.阴道内放置甲硝唑栓

C.阴道内放置己烯雌酚栓　D.外阴应用氢化可的松软膏

E.外阴应用0.5%醋酸液清洗

6.在女性阴道炎的症中,下列正确的是 ( )

A.妊娠期间不易发生滴虫性阴道炎

B.滴虫性阴道炎夫妻间不会相互传播

C.绝经后雌激素水平低,易发生念珠菌阴道炎

D.滴虫性阴道炎用甲硝唑治疗,足量用药一次彻底治愈

E.人体口腔、阴道黏膜、肠道存在的念珠菌可相互传播

7.现前庭大腺囊肿的最常用、有效的治疗方法是 ( )

A.造口术　B.药物

C.激光　D.囊肿剥离术　E.注射酒精

8.关于滴虫性阴道炎的临床表现,正确的是 ( )

A外阴瘙痒、红肿　B.悬滴法找到白细胞增多

C.阴道pH值4.5　D.阴道黏膜上附着白带,擦后露出红肿黏膜

E.稀薄泡沫样白带

9.关于念珠菌阴道炎的易发因素,不正确的是 ( )

A.糖尿病　B.酸度增加

C.长期应用抗生素　D.肥胖　E.吃辛辣食物

10.下列关于老年性阴道炎的病因,描述错误的是 ( )

A.雌激素水平下降　B.阴道黏膜变薄

C.上皮细胞内糖原含量升高　D.阴道内pH值升高

E.局部抵抗力低下

11.女,23岁,服务员,近半月自觉外阴肿痛,无发热,体格检查见右大阴唇红肿,发热,压痛,有波动感,此病应考虑为 ( )

A.前庭大腺脓肿
B.前庭大腺囊肿
C.前庭大腺炎
D.外阴炎
E.外阴脂肪瘤感染

12.女,34岁,因下肢骨折感染入院治疗,应用抗生素12 d,自觉外阴瘙痒,分泌物增多,应首先考虑是 ( )

A.慢性阴道炎
B.细菌性阴道炎
C.滴虫性阴道炎
D.念珠菌性阴道炎
E.非特异性外阴瘙痒

问题13、14

A.滴虫性阴道炎
B.真菌性阴道炎
C.老年性阴道炎
D.幼女性阴道炎
E.淋球菌性阴道炎

13.妊娠、糖尿病患者及接受大量雌激素治疗者易于发生 ( )

14.白带呈脓性泡沫状,用酸性液体冲洗阴道可提高疗效 ( )

问题15—17

A.稀薄的泡沫状白带
B.匀质、稀薄、有恶臭味
C.白色黏稠呈凝乳状或豆腐渣样
D.血性白带
E.水样白带

15.念珠菌性阴道炎的白带特点为 ( )

16.滴虫性阴道炎的白带特点为 ( )

17.细菌性阴道炎的白带特点为 ( )

问题18—20

23岁,无业,尿频3 d,近四天白带量增多,呈脓性,伴外阴疼。检查:外阴肿,黏膜充血,以手指压尿道旁腺时脓性分泌物流出,触痛明显。

18.此病人可能为 ( )

A.泌尿系感染
B.念珠菌阴道病
C.淋球菌性阴道炎
D.滴虫性阴道炎
E.梅毒

19.应做的化验是 ( )

A.分泌物悬滴
B.宫颈刮片细胞学检查
C.宫颈分泌物图片革兰氏染色
D.分泌物加生理盐水镜检
E.衣原体培养

20.假设找到了革兰氏阴性双球菌,应 ( )

A.首选用甲硝唑
B.首选链霉素
C.首选庆大霉素
D.首选头孢曲松钠
E.首选青霉素

(四)简述题

1.某女,40岁,外阴奇痒,白带呈白色豆腐渣样,持续近两年,反复治疗不见好转。经检查,此病人属于念珠菌阴道炎顽固病例,叙述其可能发生的原因。

2.如何诊断滴虫阴道炎、念珠菌性阴道炎及细菌性阴道病?

六、复习题答案

(一)名词解释

1.细菌性阴道病:曾被命名为嗜血杆菌阴道炎、加德纳菌性阴道炎、非特异性阴道炎,统称为细菌性阴道病。称细菌性是由于阴道内有大量不同的细菌;称阴道病是由于临床及病理特征无炎症改变,并非阴道炎。

2.阴道自净作用:女子进入青春期后,阴道上皮在卵巢激素的影响下,上皮细胞增生角化,可防止性交损伤及病原体向深层侵入;同时阴道上皮内含丰富糖原,在阴道杆菌作用下,分解为乳酸,使阴道保持弱酸性,因而大部分病原体的生长繁殖受到抑制,此功能称为阴道自净作用。

(二)填空

1.4.5

2.大阴唇 处女膜 小阴唇

3.稀薄的泡沫状 外阴瘙痒

4.10% 30%

5.10%~40%

6.绝经后

(三)选择题

1.B 2.C 3.D 4.B 5.A 6.E 7.A 8.E 9.E 10.C 11.A 12.D 13.B 14.A 15.C 16.A 17.B 18.C 19.C 20.D

(四)简述题

1.①广谱抗生素或免疫抑制药的长期使用;②丈夫未同时进行治疗;③肠道念珠菌的活跃;④合并滴虫感染或未应用有效抗念珠菌药物治疗;⑤合并糖尿病等。应仔细询问病史,配合医生查明其复发的原因。

2.滴虫性阴道炎、念珠菌性阴道炎及细菌性阴道病的诊断如下所述。

项目	滴虫性阴道炎	念珠菌性阴道炎	细菌性阴道病
症状	阴道分泌物增多,轻度瘙痒	阴道烧灼感,重度瘙痒	阴道分泌物增多,无或轻度瘙痒
分泌物特点	稀薄,脓性,泡沫状	白色,豆腐渣样	白色,匀质,有腥臭味
阴道黏膜	散在出血点	水肿,红斑	正常
阴道 pH 值	> 5(5~6.5)	< 4.5	> 4.5(4.7~5.7)
胺试验	阴性	阴性	阳性
显微镜检查	阴道毛滴虫,多量白细胞	芽孢和假菌丝,少量白细胞	线索细胞,极少量白细胞

第二十六章 宫颈炎

一、基本纲要

掌握：宫颈炎的临床表现、诊断及处理。

熟悉：宫颈糜烂与宫颈炎的区别。

了解：宫颈柱状上皮与鳞状上皮的转化机制。

二、要点提示

宫颈炎是妇科常见的疾病之一。正常情况下，宫颈具有多种防御功能(包括黏膜免疫、体液免疫)，是阻止病原菌进入上生殖道的重要防线，但宫颈亦易受分娩、性交及宫腔操作的损伤，且宫颈管单层柱状上皮抗感染能力较差，易发生感染。宫颈炎包括宫颈阴道部及宫颈管黏膜炎症。因宫颈阴道部鳞状上皮与阴道鳞状上皮相延续，阴道炎症均可引起宫颈阴道部炎症。临床多见宫颈炎是宫颈管黏膜炎，由于宫颈管枯膜皱襞多，一旦发生感染，很难将病原体完全清除，久而导致慢性宫颈炎症。

1.急性宫颈炎

最常见病原体感染；宫颈红肿、充血；主要症状为阴道分泌物增多；每油镜视野下10个以上中性多核白细胞可确诊；治疗主要针对病原体。

2.慢性宫颈炎

多见于宫颈损伤后；病理分5型；临床特征为白带增多；宫颈糜烂分轻、中、重三度，分三型；可物理治疗、药物治疗。

三、典型病案

患者，女，22岁，G_1P_1，有不洁性生活史。自述阴道分泌物增多5 d，伴外阴灼热不适。妇科检查：阴道分泌物增多，宫颈充血，宫颈管有黏液脓性分泌物，宫体正常大、无压痛，附件区未触及异常。

四、本病临床思路

根据患者的病史、体征提示，该患者有宫颈炎。行宫颈分泌物显微镜检查，提示中性粒细胞>30/高倍视野。这样出现了两个特征性体征：宫颈管肉眼见脓性分泌物，棉签擦拭宫颈管时，容易出现宫颈管出血，显微镜检查宫颈分泌物白细胞增多，即可作出宫颈炎的初步诊断。指导治疗应行分泌物培养，若分泌物培养报告提示淋病奈瑟菌，其治疗主要为头孢曲松钠。由于淋病奈瑟菌感染常合并沙眼衣原体感染，可同时加用抗沙眼衣原体的药物，常用多西环素或红霉素。

五、课后复习题

(一) 名词解释

1.宫颈糜烂

2.慢性宫颈炎

(二) 填空

1.宫颈糜烂患者,其活检报告为鳞状上皮化生,提示______。

2.宫颈糜烂的首选治疗方法是______,治疗前应先做______。

3.表示病变深浅程度的子宫颈糜烂可分为三型,即______、______、______。

4.临床上对子宫颈糜烂可根据______分为三度,其糜烂面占宫颈面积的______为中度糜烂。

(三) 选择题

1.关于宫颈糜烂,下列正确的是 ( )

A.分为单纯型、颗粒型两型　　B.分为Ⅰ、Ⅱ度

C.宫颈腺囊肿与宫颈糜烂无关　　D.近年以物理治疗为主

E.鳞状上皮脱落,柱状上皮覆盖,糜烂治愈,宫颈光滑

2.宫颈息肉的治疗,下列最合适的是 ( )

A.电熨　　B.息肉摘除并送病理学检查

C.局部消炎　　D.宫颈锥形切除术

E.微波治疗

3.宫颈中度糜烂,单纯型是指 ( )

A.糜烂面积在宫颈总面积的1/3之内,表面较光滑

B.糜烂面积在宫颈总面积的1/3~2/3之间,表面较光滑

C.糜烂面积在宫颈总面积的1/3~2/3之间,表面有颗粒

D.糜烂面积在宫颈总面积的2/3以上,表面有细小颗粒

E.糜烂面积在宫颈总面积的1/3之内,表面有颗粒

问题4、5

女,35岁,阴道分泌物多,伴腰酸。妇科检查:宫颈肥大,呈颗粒状突起,波及面积不到整个宫颈面的2/3。

4.该病人的可能诊断是 ( )

A.颗粒型轻度糜烂　　B.乳突型轻度糜烂

C.颗粒型中度糜烂　　D.颗粒型重度糜烂

E.乳突型中度糜烂

5.该病人最佳的治疗手段是 ( )

A.宫颈锥切术　　B.局部药物治疗

C.全身抗炎　　D.物理治疗

E.手术切除子宫

6.关于宫颈防御机能,错误的是 ( )

A.宫颈阴道部覆以复层鳞状上皮细胞　　B.亦覆有单层柱状上皮细胞

C.宫颈内口紧闭　　D.宫颈管形成黏液栓

E.黏液栓中有溶菌酶

7.下面关于宫颈黏液栓的描述,错误的是　　(　　)

A.黏液栓中有溶菌霉　　B.其上2/3查不到细菌

C.含抗白细胞蛋白酶　　D.其下1/3可查到细菌

E.由宫颈管子宫分泌黏液形成

8.沙眼衣原体感染宫颈,一般仅形成急性宫颈炎的原因是　　(　　)

A.只在宫颈管柱状上皮　　B.只感染鳞状上皮

C.其感染力差　　D.不沿宫颈管黏膜面扩散

E.全不对

9.一般来说,衣原体宫颈炎　　(　　)

A.常有接触性出血　　B.常有多量脓性分泌物

C.常并发阴道炎　　D.常同时感染柱状上皮鳞状上皮

E.常侵及尿道旁腺

10.关于宫颈糜烂,正确的是　　(　　)

A.是慢性宫颈炎少见的一种变化　　B.分为单纯性、颗粒型两型

C.按糜烂面积分为三度　　D.幼女不会有宫颈糜烂

E.是宫颈糜烂所致

11.关于宫颈息肉,正确的是　　(　　)

A.慢性宫颈炎症刺激使宫颈阴道部黏膜增生所致

B.由子宫内膜增生所致

C.一般只有一个

D.质软,不易出血

E.摘除后可复发

12.关于宫颈腺囊肿,正确的是　　(　　)

A.宫颈糜烂愈合过程中,新生的单层柱状上皮伸入腺管

B.腺管周围的结缔组织增生长入腺管

C.一般腺体引流仍可正常

D.宫颈表面突起多个青白色小囊泡

E.囊肿感染,外观呈红色

13.现在慢性宫颈炎中较少用的治疗是　　(　　)

A.激光　　B.冷冻

C.红外线　　D.微波

E.硝酸银

问题14—16

22岁,未婚,无业,白带多,性交后出血,经查阴道前庭充血,阴道有大量脓性分泌物,宫颈充血水肿。

14.首选的检查方法是　　(　　)

A.宫颈分泌物革兰氏染色　　B.分泌物培养

C.PCR技术　　　　　　　　　　　　　　D.分泌物悬滴法检查

E.抽血查ESR

15.以下治疗最有效的是 (　　)

A.激光治疗　　　　　　　　　　　　　B.微波治疗

C.冷冻　　　　　　　　　　　　　　　D.头孢类药

E.甲硝唑

16.如果没有并发症,下面治疗正确的是 (　　)

A.甲硝唑用药1周　　　　　　　　　　B.红霉素治疗1周

C.四环素口服　　　　　　　　　　　　D.头孢类单次、大剂量给药

E.大观霉素用药3 d

问题17—19

24岁,下腹痛2 d,发热1 d入院,已停经40 d,体格检查:体温38.9 ℃,血压120/70 mmHg,腹部压痛明显,有反跳痛,阴道少许出血,宫颈举痛明显,子宫后位,大小正常,活动度差,双侧压痛,无包块。

17.应考虑的疾病可能性大的是 (　　)

A.宫外孕　　　　　　　　　　　　　　B.急性盆腔炎

C.不全流产　　　　　　　　　　　　　D.阑尾炎

E.肠炎

18.如果病人有性乱史,不必要的检查是 (　　)

A.B型超声　　　　　　　　　　　　　B.后穹隆穿刺

C.诊刮　　　　　　　　　　　　　　　D.血常规

E.分泌物革兰氏染色

19.最有效的处理是 (　　)

A.后穹隆切开引流　　　　　　　　　　B.青霉素静脉用药

C.头孢类静脉用药　　　　　　　　　　D.半卧位

E.剖腹探查

问题20—22

50岁女性,G_5P_5,绝经3年,阴道不规则流血1个月。妇科检查:外阴、阴道正常,宫颈肥大、糜烂、触之易出血,子宫后屈、稍大,双侧附件未见异常。

20.该病人绝经后最可能的出血原因是 (　　)

A.子宫颈炎　　　　　　　　　　　　　B.子宫颈癌

C.子宫内膜癌　　　　　　　　　　　　D.子宫颈尖锐湿疣

E.子宫内膜炎

21.进一步确诊时需做 (　　)

A.B型超声检查　　　　　　　　　　　B.宫颈涂片细胞学检查

C.宫颈活组织检查　　　　　　　　　　D.子宫颈碘试验

E.阴道镜检查

22.若以上检查未发现可疑病灶,下一步最恰当的处理是 (　　)

A.分段刮宫　　　　　　　　　　　　　B.宫腔镜+子宫内膜活检

C.宫颈激光　　　　　　　　　　D.宫颈锥切术

E.3~6个月后复查

(四)简答题

1.试述慢性宫颈炎的病理、临床特点及治疗。

2.试述急性宫颈炎的常见病原体及临床表现。

六、复习题答案

(一)名词解释

1.宫颈糜烂:宫颈表面鳞状上皮脱落,被宫颈管的柱状上皮取代。因柱状上皮菲薄,血管容易透出红色,称为糜烂,其实不是真的糜烂,也称为假性糜烂。

2.慢性宫颈炎:多由急性宫颈炎转变而来,常因急性宫颈炎治疗不彻底,病原体隐藏于宫颈黏膜内而形成慢性炎症,多见于分娩、流产或手术损伤宫颈后,病原体侵入而引起慢性炎症。

(二) 填空题

1.宫颈糜烂愈合过程

2.物理治疗　宫颈刮片以排除早期宫颈癌

3.单纯型　颗粒型　乳突型

4.糜烂面积大小　1/3~2/3

(三)选择题

1.D　2.B　3.B　4.C　5.D　6.B　7.C　8.A　9.A　10.C　11.E　12.D　13.E　14.C　15.D　16.D　17.B　18.C　19.C　20.B　21.C　22.A

(四)简答题

1.慢性宫颈炎的病理分为:宫颈糜烂;宫颈肥大;宫颈息肉;宫颈腺囊肿;宫颈黏膜炎。 临床特点:白带增多为主要症状,白带可为白色、淡黄或脓性或血性,有时有接触性出血,可伴有外阴瘙痒、下腹坠痛、腰骶部酸胀,经期劳累后加重。黏稠脓性白带不利于精子存活及穿过,可引起不孕。检查见宫颈有不同程度糜烂、肥大,有时质较硬,有时见息肉、裂伤或宫颈腺体囊肿。治疗以局部治疗为主,物理治疗是最常见的有效治疗方法,如激光治疗、冷冻治疗、红外线凝结疗法、微波疗法。局部药物治疗适用于糜烂面积小和炎症浸润较浅的病例。中药有许多验方、配方,临床应用有 一定疗效。宫颈息肉可行息肉摘除术,术后将切除息肉送病理组织学检查。慢性炎症久治不愈,伴有颈管炎或宫颈严重外翻者,或有癌前病变需做进一步检查时,可行宫颈椎形切除术。局部慢性增生者可行局部病变电切术(Leep刀手术)。宫颈管黏膜炎局部用药疗效差,需行全身治疗。

2.最常见的急性宫颈炎病原体是淋病奈氏菌、沙眼衣原体。临床表现为阴道分泌物增多,脓血性,可伴有腰酸、下坠感,有时伴有下泌尿道的感染症状。妇科检查可见宫颈明显充血、水肿、糜烂,有黏液脓性分泌物从宫颈管流出。

第二十七章 盆腔炎症

一、基本纲要

掌握:急性盆腔炎不同发展过程的临床表现以及防治原则。

熟悉:女性生殖系统的自然防御机制。

了解:慢性盆腔炎的临床表现、诊断、鉴别诊断及治疗原则。

二、要点提示

女性内生殖器及其周围的结缔组织、盆腔腹膜发生炎症时称为盆腔炎。引起盆腔炎的病原体有两个来源:来自原寄居于阴道内的菌群,包括需氧菌及厌氧菌;来自外界的病原体,如淋病奈氏菌、沙眼衣原体、结核杆菌、绿脓杆菌等。

女性生殖道在解剖、生理上的特点是有比较完善的自然防御功能,增强了对感染的防御能力。孕龄妇女子宫内膜的周期性剥脱,也是消除宫腔感染的有利条件。此外,输卵管黏膜上皮细胞的纤毛向子宫腔方向摆动以及输卵管的蠕动,均有利于阻止病原体的侵入。但当机体免疫功能下降、内分泌发生变化或外源性致病菌侵入,均可导致炎症的发生。

1.急性盆腔炎

主要病因有多种,主要由各种感染引起;病理分5型;临床表现因病原体不同而不同;诊断多可根据病史、症状和体征作出,应与阑尾炎、宫外孕等鉴别;各种抗生素联合应用治疗。

2.慢性盆腔炎

病理分三型;临床表现:发热、腹痛、月经改变、不孕;综合治疗。

3.生殖器结核

以血性传播为主;病理分5种;临床特点:月经失调、腹痛、全身症状、不孕;抗结核治疗。

三、典型病案

患者,女,30岁,G_1P_1,盆腔炎性疾病病史4年,炎症反复发作。此次因阴道分泌物增多1月余,高热伴下腹痛2 d入院。体格检查:体温39.3°C,心率104次/min,腹肌紧张,压痛、反跳痛。妇科检查:宫颈充血,少量脓性分泌物自宫口流出,右附件区触及6 cm×5 cm×5 cm囊性包块,边界不清,活动受限,压痛明显。辅助检查:尿妊娠试验阳性。白细胞总数18×10^9/L,中性粒细胞90%,淋巴细胞10%。

四、本病临床思路

该患者有盆腔炎性疾病史4年,本次患者阴道分泌物增多,高热,下腹痛。查体:腹肌紧张,压痛、反跳痛,宫颈充血,见少量脓性分泌物自宫口流出,子宫右侧触及6 cm×5 cm×5 cm囊肿包块,边界不清,活动受限,压痛明显。白细胞增高。考虑该患者盆腔炎症急性发作，进一步行B型超声检查，可有特异性显示：盆腔积液、输卵管卵巢肿块等。确诊为急性盆腔炎后应尽早给予抗生素治疗，给药途径以静脉滴注收效快。若药物治疗无效、脓肿持续存在、脓肿破裂时选择手术治疗。

五、课后复习题

(一) 名词解释

1.输卵管卵巢炎

2.慢性盆腔炎

3.生殖器结核

(二)填空题

1.女性内生殖器及其周围的结缔组织、盆腔腹膜发生炎症时称________。

2.盆腔炎的感染途径有________、________、________、________。

3.盆腔炎治疗及时，用药得当，________附件脓肿能得到控制。

4.慢性盆腔炎有时与________不易鉴别。

5.________占生殖器结核的90%~100%。

6.抗结核药物治疗对女性生殖器结核________有效。

7.________是诊断子宫内膜结核最可靠的依据。

(三) 选择题

1.下列哪种在盆腔炎中少见 ( )

A.附件炎

B.输卵管炎

C.输卵管积脓

D.盆腔结缔组织炎

E.单纯子宫内膜炎

2.关于引起盆腔炎的病原体，描述不正确的是 ( )

A.可以为单纯需氧菌

B.可以为单纯厌氧菌

C.可以为需氧菌混合厌氧菌

D.可伴有性传播疾病的病原体

E.以厌氧菌为主

3.盆腔炎中经淋巴系统蔓延，描述错误的是 ( )

A.产褥感染经此途径传播

B.流产后感染经此途径传播

C.放置宫内节育器感染亦经此途径

D.少见于链球菌感染

E.见于厌氧菌感染

4.腹腔镜诊断急性输卵管炎肉眼诊断标准下列哪个不是 ( )

A.输卵管明显充血

B.输卵管明显扭曲

C.管壁水肿
D.伞端有脓性物
E.浆膜面有脓性物

5.关于慢性输卵管炎,错误的是　(　)
A.双侧居多
B.输卵管有轻中度水肿
C.伞端罕有完全闭锁
D.与周围粘连
E.可有输卵管扭曲

6.乙胺丁醇的主要副反应是　(　)
A.眩晕
B.口麻
C.四肢麻木
D.球后视神经炎
E.耳聋

7.生殖器结核一般首先侵犯的器官是　(　)
A.外阴　B.阴道
C.宫颈　D.子宫
E.输卵管

8.女性生殖器结核的病理变化,正确的是　(　)
A.输卵管结核多为双侧性,由子宫内膜结核蔓延而来
B.卵巢结核通常是卵巢深部形成结节和干酪样坏死
C.子宫内膜结核可使子宫腔粘连、变形、缩小
D.宫颈结核在生殖道结核中最常见
E.盆腔腹膜结核分粘连型和渗出型,粘连型不易形成瘘管

9.有关女性生殖器结核病理,正确的是　(　)
A.输卵管结核多为双侧性
B.输卵管结核常由子宫内膜结核蔓延而来
C.宫颈结核较多见,呈菜花状
D.卵巢结核易侵犯卵巢深层
E.盆腔腹膜结核多合并子宫内膜结核

10.子宫内膜结核最可靠的诊断依据是　(　)
A.月经血结核菌培养
B.子宫内膜病理活检
C.宫腔镜检查
D.子宫输卵管碘油造影
E.盆腔X线片见孤立钙化点

11.有关盆腔脓肿的治疗错误的是　(　)
A.盆腔脓肿未形成时,应以药物为主,辅以物理疗法

B.小脓肿可采用非手术治疗
C.脓肿较大时,须手术治疗
D.可采用经腹腔排脓
E.已婚妇女可采用后穹隆途径排脓
12.下面关于葡萄球菌的描述,不正确的是 ( )
A.是产后、手术后生殖器炎症常见的致病菌
B.常沿阴道、子宫、输卵管黏膜上行感染
C.分表皮、金黄色葡萄球菌两种
D.表皮葡萄球菌偶可致病
E.金黄色葡萄球菌致病力强
13.盆腔炎的感染途径有 ( )
A.经淋巴系统蔓延
B.沿生殖器黏膜上行蔓延
C.经血循环传播
D.直接蔓延
E.全对
14.关于盆腔炎的发病,描述正确的是 ( )
A.往往是需氧菌与厌氧菌的混合感染
B.以厌氧菌为主
C.以需氧菌为主
D.以兼性厌氧菌为主
E.以淋病奈氏菌为主
15.近几年附件肿物的治愈率为 ( )
A.50%
B.60%
C.75%
D.85%
E.90%
16.硝咪唑类抗生素主要用于的感染是 ( )
A.支原体
B.衣原体
C.厌氧菌
D.立克次体
E.全不对
17.生殖器结核好发的年龄是 ( )
A.儿童
B.青壮年
C.围绝经期
D.绝经期

E.无好发年龄

问题18—20

30岁，低热数月，月经紊乱，结婚3年未孕，查体子宫略小，轻压痛，双附件轻压痛，附件区有5 cm表面不平包块。

18.本病应行何检查以明确诊断 (　　)

A.血常规

B.尿常规

C.粪常规

D.结核菌培养

E.ESR

19.首先考虑为 (　　)

A.生殖器结核

B.非特异性急性盆腔炎

C.慢性盆腔炎

D.宫外孕

E.阑尾炎

20.治疗应选 (　　)

A.理疗

B.中药

C.中药+理疗

D.抗生素

E.抗结核治疗

问题21—23

27岁，女性，有性生活史，人工流产后2 d突发下腹疼痛，发热，查体：体温38.9 ℃，宫颈口有脓性分泌物，宫颈举痛，子宫压痛，B超检查示盆腔积液。

21.应做何检查明确诊断 (　　)

A.血常规

B.尿常规

C.盆腔X线片

D.腹腔镜

E.血沉

22.可能诊断为 (　　)

A.阑尾炎

B.宫外孕

C.急性宫颈炎

D.急性盆腔炎

E.肠梗阻

23.下列哪个处理最不妥 (　　)

A.立即剖腹

B.后穹隆切开

C.中药+抗生素

D.卧床头高脚低位

E.抗生素

(四)简答题

1.盆腔炎的主要致病菌有哪些?

2.急性盆腔炎的手术指征有哪些?

3.简述急性盆腔炎的处理原则。

六、复习题答案

(一)名词解释

1.输卵管卵巢炎:卵巢很少单独发炎,白膜是良好的防御屏障,卵巢常与发炎的输卵管伞端粘连而发生卵巢周围炎,又称附件炎。

2.慢性盆腔炎:常为急性盆腔炎未能彻底治愈,或患者体质较差迁延所致,亦可无急性盆腔炎症病史,如沙眼衣原体所致输卵管炎。

3.生殖器结核:由结核杆菌引起的盆腔生殖器结核,又称结核性盆腔炎。

(二)填空题

1.盆腔炎

2.经淋巴系统蔓延　沿生殖道黏膜上行蔓延　经血循环传播　直接蔓延

3.75%

4.子宫内膜异位症

5.输卵管结核

6.90%

7.子宫内膜病理检查

(三)选择题

1.E　2.E　3.D　4.B　5.C　6.E　7.D　8.C　9.A　10.B　11.D　12.C　13.E　14.A　15.C　16.C　17.B　18.D　19.A　20.E　21.A　22.D　23.A

(四)简答题

1.(1)内源性病原体:来自原寄居于阴道内的菌群,包括需氧菌及厌氧菌,以需氧菌及厌氧菌混合感染为多见。厌氧菌感染的特点是容易形成盆腔脓肿、感染性血栓静脉炎,脓液有粪臭并有气泡。(2)外源性病原体:主要为性传播疾病的病原体。性传播疾病常同时伴有需氧菌及厌氧菌感染。

2.手术指征如下。(1)药物治疗无效:输卵管卵巢脓肿或盆腔脓肿经药物治疗48~72 h,体温持续不降,患者中毒症状加重或包块增大者,应及时手术,以免发生脓肿破裂。(2)脓肿持续存在:经药物治疗,病情有好转,继续控制炎症数日(2~3周),包块仍未消失但已局限化,应手术切除,以免日后再次急性发作或形成慢性盆腔炎。(3)脓肿破裂:突然腹痛加剧,寒战、高热、恶心、呕吐、腹胀,检查腹部时拒按或有中毒性休克表现,应怀疑脓肿破裂,须立即在抗生素治疗的同时行剖腹探查。

手术可根据情况选择经腹手术或腹腔镜手术。手术范围应根据病变范围、患者年龄、一般状态等全面考虑。原则以切除病灶为主。年轻妇女应尽量保留卵巢功能，以采用保守性手术为主；年龄大、双侧附件受累或附件脓肿屡次发作者，行全子宫及双侧附件切除术。

3.急性盆腔炎主要用抗生素药物治疗。处理原则为：加强支持、联合用药、足量、全程(症状消失后继续用药10~14 d)、纠正电解质紊乱及酸碱失衡的综合治疗。手术治疗主要用于治疗抗生素控制不满意的输卵管卵巢脓肿或盆腔脓肿。

第二十八章　外阴肿瘤

一、基本纲要

掌握：外阴肿瘤的诊断及治疗原则。

熟悉：外阴肿瘤的病因及预防。

二、要点提示

外阴良性肿瘤：主要有平滑肌瘤、纤维瘤、脂肪瘤、乳头瘤、汗腺瘤等。

外阴上皮内瘤样病变：是一组外阴病变的病理学诊断名称；表现为外阴瘙痒，皮肤破损、溃疡等；病理学分三级；治疗：Ⅰ级药物，Ⅱ~Ⅲ级手术治疗。

外阴恶性肿瘤：外阴鳞状细胞癌；临床表现：外阴痒及外阴肿物，主要有直接浸润、淋巴转移传播；临床分期；手术治疗为主。

三、典型病案

病案一

患者，女，46岁，G_1P_1。因"左侧外阴肿物10余年，无意中发现近两个月增长较快"入院。妇科检查：左侧大阴唇后部突出一约鹅卵大肿物；阴道通畅，分泌物白色无臭味；宫颈光滑，正常大、无接触性出血；宫体前倾屈，活动尚好，双附件区未触及异常。诊断为"外阴肿块性质待查"。

病案二

患者，女，60岁，G_3P_3。患者于6年前开始外阴瘙痒，逐渐加重，半年前反复外阴瘙痒后自觉右侧外阴部疼痛，长期用茶水洗外阴，自用镜子照右侧外阴局部发现溃疡黄豆大，用红霉素软膏外涂治疗半年仍不见好转，因害羞迟迟未去医院就诊，近期外阴肿物明显增大。

四、临床诊治思路

病案一

1.患者，女，46岁，发现左侧外阴肿物10余年。增长较快2个月。妇科检查左侧大阴唇后方突出一约鹅卵大肿物。与下列疾病鉴别：前庭大腺囊肿、外阴纤维瘤、外阴平滑肌瘤。①前庭大腺囊肿，位于大阴唇后部，外观、大小、扪诊均相似。前庭大腺囊肿多发生于生育年龄，囊肿增大压迫阴道外口，合并感染时常引起肿痛，囊性感比较明显，经抗感染、理疗后多可迅速缩小。②女性外阴纤维瘤，其来源于外阴结缔组织，由成纤维细胞增生而成，多位于大阴唇。常为单发，初起为硬的皮下结节，增大后形成带蒂的肿块，大小不一，表面可有坏死和溃疡，切面为致密、灰白色纤维结构。此病行局部组织活检是确诊的关键。

2.外阴有上皮来源的肿瘤，如乳头状瘤、色素瘤及汗腺瘤。有中胚叶来源的肿瘤，如平滑肌瘤、纤维瘤、脂肪瘤、神经纤维瘤、淋巴管瘤和血管瘤等，神经纤维瘤、淋巴管瘤和血管瘤更少见。外阴平滑肌瘤来源于外阴平滑肌、毛囊立毛肌或血管平滑肌。多发生于生育年龄，肌瘤常位于大阴唇、阴蒂及小阴唇。有蒂或突出于皮肤表面，质硬，表面光滑。镜下见平滑肌细胞排列呈束状，与胶原纤维束纵横交错或形成漩涡状结构，常伴退行性变。治疗原则为有蒂肌瘤局部切除或深部肌瘤摘除。

病案二

1.患者，女，60岁。①外阴瘙痒6年，逐渐加重，反复外阴瘙痒后感右侧外阴部疼痛半年，并发现右侧外阴病变部位黄豆大溃疡，药物治疗未见显效。②妇科检查：右侧小阴唇中段肿物直径4 cm，表面溃疡1.5 cm×1.5 cm×0.5 cm、质硬未侵犯骨质，双侧腹股沟淋巴结及锁骨上淋巴结均未扪及，右侧外阴色素减退，尿道口周围正常。③行外阴肿块活检为鳞状细胞癌Ⅱ期。诊断时还应注意与外阴色素减退疾病、外阴尖锐湿疣、外阴上皮内瘤变、外阴汗腺瘤等疾病相鉴别。a.外阴色素减退疾病：外阴皮肤瘙痒、疼痛、烧灼感，于活动、性交、排尿、排便时加重，局部充血、糜烂、抓痕，严重时形成溃疡；检查外阴皮肤增厚、粗糙、破裂甚至苔癣样变，活检可确诊。b.外阴尖锐湿疣：外阴癌与外阴尖锐湿疣均可见外阴部赘生物，呈菜花状，可伴有外阴瘙痒，以年轻妇女居多，病变以性交时容易受损的部位多见，小而尖的丘疹，质稍硬、孤立，散在或呈簇状，粉红或白色。病灶逐渐扩大呈菜花状，活检可确诊。c.外阴上皮内瘤变：有外阴瘙痒、皮肤破损、烧灼感及溃疡等，检查时丘疹或斑点、单个或多个、融合或分散、灰色或粉红色，与早期外阴癌难以区别。d.外阴汗腺瘤：为外阴良性肿瘤，由汗腺上皮增生而成，少见；生长缓慢，直径1~2 cm。包膜完整，与表皮不粘连；切面见囊性结构，其中有乳头状生长；镜下为囊肿，近腔面为高柱状或立方形腺上皮交织形成绒毛突起；病理特征为分泌型柱状细胞下衬有一层肌上皮细胞；极少恶变。

2.此患者的临床表现比较典型，必须认识到病灶活检的重要性，有的基层医院无条件做病理检查，仅凭经验容易误诊。对外阴早期浸润癌的诊断确实有一定难度，因其与外阴慢性良性病变和外阴上皮内瘤变同时存在，且浸润癌灶可能不明显，病灶早期容易漏诊。对可疑病变应及时做外阴活组织检查。

五、课后复习题

(一)名词解释

外阴上皮内瘤样病变

(二)填空题

1.________是最常见的外阴癌，占外阴恶性肿瘤的________。

2.外阴鳞状细胞癌的转移途径主要为________、________两种。

3.VINⅡ—Ⅲ：采用手术治疗，行________切除或________切除。

(三)选择题

1.关于外阴上皮内瘤样病变，正确的是　（　）

A.是外阴病变的临床诊断名称

B.为Pagets病的别称

C.好发于30岁以下妇女

D.近年发病率下降

E.很少发展为癌

2.现代分子技术检测80%VIN伴有的感染是 ( )

A.单纯疱疹病毒

B.E细胞病毒

C.支原体

D.HPV

E.衣原体

3.VINⅡ~Ⅲ治疗 ( )

A.5-Fu软膏

B.激光

C.微波刀

D.外阴病灶切除或单纯外阴切除

E.广泛外阴切除

4.下列不是外阴癌的临床表现的是 ( )

A.外阴溃疡

B.外阴充血

C.疼痛

D.渗血

E.出血

5.外阴癌晚期主要的转移方式是 ( )

A.直接浸润

B.淋巴转移

C.血行转移

D.种植

E.A+B

6.外阴癌侵犯下尿道,为哪一期 ( )

A.I期

B.Ⅱ期

C.Ⅲ期

D.IvA期

E.IvB期

7.外阴癌预后与下列哪项无关 ( )

A.病灶大小

B.部位

C.细胞分化程度

D.有无淋巴转移

E.瘙痒程度

8.56岁,外阴瘙痒2年,妇查:右小阴唇见2 cm大皮肤粗糙区,活检为pagets病为 ( )

A.外阴白色病变

B.外阴炎

C.外阴非鳞状上皮内瘤样病变

D.外阴癌

E.外阴不典型增生

9.60岁，外阴瘙痒1年，妇查：右小阴唇1 cm溃疡，检查为外阴癌Ⅰ期，其主要转移途径（　　）

A.直接浸润

B.淋巴转移

C.血行播散

D.A+B

E.B+C

问题10、11

61岁，大阴唇1.5 cm溃疡，活检为外阴鳞状细胞癌，未见转移征象。

10.为何期（　　）

A.0期

B.Ⅰ期

C.Ⅱ期

D.Ⅲ期

E.ⅣA期

11.何种手术范围（　　）

A.单纯外阴切除

B.外阴广泛切除

C.病灶切除+腹股沟淋巴清扫

D.外阴广泛切除及病灶同侧或双侧腹股沟淋巴清扫

E.D+盆腔淋巴清扫

问题12—14

25岁，右侧小阴唇1 cm结节状隆起，有色素沉着，病人自述外阴瘙痒，色素沉着范围较前扩大，发热4 d。

12.明确诊断，应行何种检查（　　）

A.血常规

B.尿常规

C.阴道分泌物检查

D.外阴活检

E.宫颈刮片

13.应高度怀疑（　　）

A.外阴复合痣

B.外阴鳞状细胞癌

C.pagets病

D.外阴基底细胞癌

E.外阴恶性黑色素瘤

14.如为59岁，应 ( )

A.病灶切除

B.外阴切除

C.外阴根治术

D.外阴根治术+腹股沟淋巴结清扫

E.D+盆腔淋巴结清扫

(四)问答题

1.试述外阴鳞状上皮内瘤样病变的治疗。

2.试述外阴鳞状细胞癌的放疗指征。

3.试述外阴鳞状细胞癌的随访方案。

六、复习题答案

(一)名词解释

外阴上皮内瘤样病变：是一组外阴病变的病理学诊断名称，包括外阴鳞状细胞上皮内瘤样病变和外阴非鳞状上皮细胞内瘤样病变，多见于45岁左右妇女。近年本病发生率有所增加，很少发展为浸润癌。

(二)填空题

1.外阴鳞状细胞癌　80%~90%

2.直接浸润　淋巴转移

3.外阴病灶　单纯外阴

(三)选择题

1.E　2.D　3.D　4.B　5.C　6.C　7.E　8.C　9.D　10.B　11.D　12.D　13.E　14.E

(四)问答题

1.①VINⅠ可用5-Fu涂或激光治疗；②Ⅱ~Ⅲ行外阴病灶切除或单纯外阴切除。

2.①不能手术或手术危险大；②晚期病例先放疗再手术；③复发可能性大的。

3.第一年：1~6月每月一次，7~12月每2月一次；第二年：3个月一次，第3~4年半年1次。第5年及以后：1年1次。

第二十九章　子宫颈肿瘤

一、基本纲要

掌握：子宫颈癌的诊断及治疗原则。

熟悉：子宫颈肿瘤的病因及预防措施。

二、要点提示

1.宫颈上皮内瘤变

是与宫颈浸润癌密切相关的一组癌前病变，它反映宫颈癌发生发展中的连续过程。与性生活紊乱、吸烟密切相关。

2.宫颈癌

宫颈癌病因与性生活过早、性生活紊乱、早婚、早育、多产等有关；组织发生和发展；病理：CIN、宫颈上皮不典型增生、宫颈浸润癌；转移途径主要为直接蔓延和淋巴转移；临床分期：0~Ⅳ期，临床表现早期可无症状，中晚期症状明显；宫颈和宫颈管活检及宫颈锥切术病理检查可靠；手术治疗为主。

三、典型病案

病案一

患者，女，39岁，G_5P_1。因“性交后出血2月余”就诊。2个多月前出现性交后阴道流血，量不多，色淡红，门诊行宫颈细胞刮片检查，结果为“不典型鳞状上皮细胞”。高危型HPVDNA检测895.27 pg/mL；阴道镜检查见宫颈异常转化区，在6、9点处大片醋酸白色上皮和点状区，2、3点处粗大不规则镶嵌，未见明显异型血管，碘试验不着色，分别在该两处行活组织病理检查，报告为宫颈上皮内瘤变Ⅱ~Ⅲ级。

病案二

患者，女，51岁，G_1P_1。近2个月无明显诱因出现白带增多，呈淡黄色、水样，有时较黏稠呈块状，伴腰痛及尿频，无尿痛、腹痛和阴道不规则流血，无明显体重下降。妇科检查：外阴无异常，阴道右穹隆可见一约1 cm直径的菜花样赘生物，宫颈外形轮廓尚存，明显增粗呈桶状，直径约5 cm，宫颈外口见一2 cm×3 cm×3 cm、质脆、菜花样肿物，触之易出血；两侧宫旁无明显增厚。宫体后倾屈，稍大，活动受限；双附件区未触及包块。辅助检查：盆腔B型超声检查子宫正常大，内膜厚4 mm。宫颈形态失常，宫颈管结构欠清，宫颈管内不均低回声29 mm×19 mm，边界欠清。行宫颈液基细胞学检查提示为“鳞状细胞癌”，于阴道镜下行宫颈活组织检查，结果为“宫颈浸润性中分化鳞状细胞癌”。

四、临床诊治思路

病案一

1.患者为育龄妇女，出现性交后出血，考虑为炎症、宫颈癌前病变、子宫腔内出血以及血液系统疾病。常规行宫颈液基细胞检查,本例检查为不典型鳞状上皮细胞。随后进行一系列检查,包括宫颈高危型HPVDNA检测及阴道镜下活组织检查,提示宫颈上皮内瘤变Ⅱ~Ⅲ级。生育年龄女性需要进行B型超声检查、宫颈细胞学检查等,必要时行宫腔镜检查,排除宫腔内出血。本病行宫颈锥形切除,术后随访是关键。

2.宫颈上皮内瘤变反映宫颈癌发生中连续发展的过程,即宫颈不典型增生(轻—中—重)—原位癌—早期浸润癌—浸润癌的一系列病理变化。宫颈细胞学检查是筛查宫颈癌的主要手段。宫颈上皮内瘤变一般无明显症状和体征,部分有白带增多、白带带血、接触性出血,正常宫颈也占相当比例(10%~50%),单凭肉眼观察无法诊断宫颈上皮内瘤变。目前借助宫颈细胞学检查、宫颈高危型HPVDNA检测,但最后确诊仍需要依靠病理学检查。规范的筛查可检出宫颈癌前病变,合理干预处理宫颈上皮内瘤变同样是重要的。宫颈上皮内瘤变Ⅰ级,若病灶较小、患者年轻、有良好随访条件,可以不做特殊处理,密切随访即可;若病灶较大,有临床症状,应进行治疗,以破坏性治疗为宜,如冷冻、电灼、微波和激光治疗。宫颈上皮内瘤变Ⅱ~Ⅲ级的处理,应进行切除性治疗。切除范围包括病灶和整个宫颈转化区,可选用宫颈电环切除术或宫颈冷刀锥形切除术,术后密切随访。

病案二

1.患者,51岁,围绝经期的妇女,无明显诱因出现白带增多,检查见阴道后穹隆处有一约1 cm直径的菜花样赘生物,宫颈外形轮廓尚存,明显增粗呈桶状,直径约5 cm,宫颈外口见一2 cm×3 cm×3 cm、质脆、菜花样肿物,触之易出血。两侧宫旁无明显增厚。此病诊断主要行宫颈液基细胞学检查和宫颈组织活检,结果均提示为“宫颈浸润性低分化鳞状细胞癌”。宫颈浸润癌的诊断成立。此病主要依据视诊、触诊、阴道镜、宫颈管诊刮术、宫颈锥形切除术等检查作出分期,有些检查如计算机体层扫描(CT)和磁共振成像、超声探查等的结果可帮助设计治疗计划。宫颈癌的治疗,应根据患者年龄、临床期别、全身情况、对生育要求、医疗单位设备条件和医疗技术水平来制定相应方案。一般认为手术治疗适用于ⅠA~ⅡA期患者,其中原位癌ⅠA1期患者可采用筋膜外全子宫切除,可不行盆腔淋巴结切除术;ⅠA2期应行改良根治性子宫切除+盆腔淋巴结切除术,ⅠB~ⅡA期采用根治性全子宫切除术及盆腔淋巴结切除术,年轻宫颈鳞癌患者卵巢正常应予保留。

2.患者为围绝经期妇女,宫颈表面病灶虽不大,但宫颈管增粗,磁共振成像检查提示宫颈病灶最大径线达4.2 cm,子宫峡部、阴道前壁和右侧阴道穹隆有浸润,属于宫颈管巨块型,可以先行盆腔动脉灌注化疗+宫颈后装放疗,待宫颈局部病灶缩小后再手术。化疗方案可用顺铂与博来霉素子宫动脉灌注化疗+环磷酰胺静脉滴注。经过第一阶段治疗后,患者宫颈局部病灶明显缩小,一般情况良好,决定行根治性子宫切除术+双侧附件切除术+盆腔淋巴结切除术。常见术时并发症为大血管损伤、脏器损伤、神经损伤。常见术后并发症为:①膀胱功能障碍,包括尿潴留、压力性尿失禁、膀胱膨出、尿道膨出、排尿困难、尿感消失、逼尿肌麻痹等;②淋巴囊肿;③术后感染;④输尿管瘘、膀胱阴道瘘;⑤静脉血栓形成。

五、课后复习题

(一)名词解释

1.移行带区

2.宫颈原位

3.镜下早期浸润癌

(二)填空题

1.在原始鳞一柱交接部和生理性鳞一柱交接部间所形成的区域称______。

2.宫颈鳞状细胞癌巨检有______、______、______、______四型。

3.宫颈癌主要转移途径为______、______。

(三)选择题

1.关于正常宫颈上皮描述正确的是　(　)

A.主要为鳞状上皮　B.主要为柱状上皮

C.由鳞状上皮和柱状上皮共同组成　D.由化生的鳞状上皮覆盖

E.A+B+D

2.关于鳞状上皮化生不正确的是　(　)

A.镜检可见化生的鳞状上皮与正常者有分界线

B.不同于不典型增生

C.有鳞化腺体

D.柱状上皮下未分化储备细胞增生

E.等同于鳞状上皮化

3.CINI级为　(　)

A.异型细胞局限在上皮层的下1/3　B.上1/3

C.中1/3　D.下2/3

E.上2/3

4.宫颈癌转移途径主要为　(　)

A.由下向子宫方向直接扩散　B.向前后直接侵犯膀胱、直肠

C.经淋巴向盆腔淋巴结转移　D.经体循环向肺、肾转移

E.以上都不是

5.宫颈癌普查,最常用的方法是　(　)

A.血清学肿瘤标记物检测　B.细胞学检查

C.碘试验　D.宫颈活检

E.阴道镜检查

6.宫颈糜烂,巴氏Ⅲ级,而活检阴性应　(　)

A.重复刮片　B.重复活检

C.诊刮　D.阴道镜

E.宫颈锥切术

7.关于宫颈癌临床表现“阴道流血”,不正确的是　(　)

A.年轻患者常表现为接触性出血　B.出血量可多可少

C.早期血量少　D.晚期血量多

E.内生型出血早

8.关于宫颈刮片细胞学检查,不正确的是　(　)

A.用巴氏染色　B.Ⅲ级可疑

C.Ⅳ级应重复刮片并活检　　D.Ⅲ级应重复刮片并活检
E.Ⅱ级按炎症处理,不复查

9.关于碘试验正确的是（　）
A.为筛查宫颈癌最有效手段　　B.柱状上皮含糖元丰富
C.若不染色,为阳性　　D.本试验对癌有特异性
E.不能提高活检成功率

10.关于阴道镜检查,不正确的是（　）
A.宫颈刮片细胞学检查Ⅲ级需行该检查　　B.Ⅲ级以上需行该检查
C.荧光阳性患者应行本检查　　D.有特异性
E.提高活检成功率

11.关于宫颈锥切术,不正确的是（　）
A.现已少做诊断性宫颈锥切术
B.宫颈活检基本上可代替诊断性宫颈锥切术
C.活检为原位癌时,不用做本术
D.宫颈刮片多次阳性,活检阴性,需做本术
E.切下的宫颈组织多分成12块

12.宫颈癌手术治疗适用范围（　）
A.ⅠA期　　B.ⅠB期
C.ⅠA1期　　D.ⅠA~ⅡA 期
E.ⅠA~ⅡB期

13.宫颈癌ⅠA1期手术范围（　）
A.宫颈锥切术　　B.激光
C.经腹子宫全切术　　D.子宫根治术
E.子宫根治术+双卵巢切除

14.关于宫颈癌放疗,不正确的是（　）
A.ⅡB以上需放疗　　B.腔内照射多用后装治疗机
C.放射源可为^{60}Co　　D.早期病例以体外照射为主
E.近期反应一般多能自愈

15.50岁,妇查宫颈中度糜烂,子宫正常大小,双附件正常,宫颈活检原位癌。应（　）
A.子宫全切　　B.子宫全切及附件切除
C.宫颈锥切　　D.B及清扫盆腔淋巴
E.放疗

16.宫颈癌ⅠB合并妊娠的正确治疗是（　）
A.继续妊娠　　B.子宫根治术及盆腔淋巴结清扫术
C.剖宫取胎+放疗　　D.先放疗
E.化疗

17.48岁,绝经1年,阴道少许接触出血,体查:宫颈中度糜烂,宫体稍小,子宫颈刮片检查两次均为阳性,阴道镜下宫颈活检阴性,应首选下列哪种方法排除子宫颈癌（　）

A.随访　　B.分段诊刮
C.染色体检查　　D.宫颈锥形切除
E.子宫腔冲洗液诊断

18.45岁妇女，不规则阴道流液及流血半年，妇科检查：宫颈呈菜花状，阴道顶端穹隆消失，宫体大小硬度正常，欠活动，双侧穹隆增厚而硬，但未达盆壁，宫颈活检为宫颈鳞状上皮癌，临床分期应为（　）
A.Ⅰ期　　B.Ⅳ期
C.ⅡB期　　D.ⅠB期
E.ⅡA期

19.40岁，不规则阴道流血3个月，阴道顶端及宫颈均为硬、脆、易出血的组织代替，宫体前位，大小正常，欠活动，双侧增厚、硬、未达盆壁，宫颈活检为鳞状上皮癌，其最适合的治疗是（　）
A.宫颈癌根治术及盆腔淋巴清扫　　B.广泛性子宫切除术
C.化疗+放疗　　D.放疗
E.化疗后子宫全切除术

20.60岁，绝经后阴道流水半年，妇科检查：宫颈光滑，宫颈外口息肉样物，活检为腺癌，应先做的检查是（　）
A.活检　　B.分段诊刮
C.阴道镜　　D.宫颈锥切术
E.CT

问题21—23

40岁，无症状，妇科检查：宫颈见0.5 cm×1 cm小突起，子宫体双附件正常，宫颈活检鳞癌。

21.诊断为（　）
A.原位癌　　B.ⅠA期
C.ⅠB　　D.ⅡA
E.ⅢA

22.正确处理的是（　）
A.宫颈锥切术　　B.子宫全切
C.广泛子宫切除　　D.子宫根治术+盆腔淋巴清扫
E.激光

23.若扫淋巴，不含（　）
A.髂内　　B.髂外
C.髂总　　D.腹股沟
E.闭孔

问题24—26

50岁，阴道不规则出血半年，宫颈桶状，有溃疡，左宫旁组织增厚未达盆壁，阴道上1/3硬。

24.应行何检查确诊（　）

A.碘试验　　B.宫颈刮片
C.宫颈活检　　D.阴道镜
E.宫颈锥切术

25.期别　　(　　)
A.ⅠA　　B.ⅠB
C.ⅡA　　D.ⅡB
E.ⅢA

26.治疗　　(　　)
A.放疗　　B.子宫全切
C.扩大子宫全切　　D.子宫根治术及盆腔淋巴清扫术
E.对症处理

问题27—29
49岁,宫颈活检诊为宫颈癌,体查:病灶侵入阴道后穹隆,双附件区未见异常。

27.最早临床表现　　(　　)
A.接触性出血　　B.阴道出血
C.血性白带　　D.腰骶痛
E.排便困难

28.治疗　　(　　)
A.放疗　　B.化疗
C.放疗+化疗　　D.子宫根治术
E.D+盆腔淋巴清扫

29.普查此病时最应　　(　　)
A.妇科查体　　B.治疗宫颈糜烂
C.予以卫生指导　　D.宫颈刮片
E.活检

(四)问答题

1.试述CIN各级病理分型依据。
2.宫颈癌常用辅助诊断方法有哪些。
3.试述CIN的处理原则。
4.试述宫颈癌化疗适应证及方案。

六、复习题答案

(一)名词解释

1.移行带区:在原始鳞—柱交接部和生理性鳞—柱交接部间所形成的区域,称为移行带区。

2.宫颈原位:又称上皮内癌。上皮全层极性消失,细胞显著异型,核大、深染、染色质分布不均,有核分裂象。但病变限于上皮层内,基底膜未穿透,间质无浸润。

3.镜下早期浸润癌:原位癌基础上在镜下发现癌细胞小团似泪滴状、锯齿状穿破基底膜或进而出现膨胀性间质浸润,称为镜下早期浸润癌。

(二)填空题

1.移行带区

2.外生型　内生型　溃疡型　颈管型

3.直接蔓延　淋巴转移

(三)选择题

1.E　2.E　3.A　4.C　5.B　6.E　7.E　8.E　9.C　10.D　11.C　12.E　13.C　14.D　15.A　16.B　17.D　18.C　19.A　20.D　21.C　22.D　23.D　24.C　25.D　26.D　27.A　28.E　29.D

(四)问答题

1.CINⅠ级：异型细胞局限在上皮层的下1/3。CINⅡ级：异型细胞局限在上皮层的下1/3~2/3。CINⅢ级：异型细胞几乎累及或全部累及上皮层。

2.(1)宫颈刮片细胞学检查；(2)碘试验；(3)氮激光肿瘤固有荧光诊断法；(4)阴道镜检查；(5)宫颈活检；(6)宫颈锥切术。

3.CINⅠ级，暂时按炎症处理，每3~6个月随访刮片，必要时活检，病变无变化者观察。CINⅡ级，应用激光、电熨、冷凝、宫颈锥切术治疗，术后3~6个月随访一次。CINⅢ级，主张行子宫全切术，要求生育者行宫颈锥切术，并随访。

4.主要用于晚期或复发转移患者，近年用以治疗局部巨大肿瘤，作为手术或放疗的辅助治疗，有PVB、BIP、PM、FIP方案。

第三十章　子宫肿瘤

一、基本纲要

掌握：子宫肿瘤的诊断及治疗。

熟悉：子宫肿瘤的发病原因及临床分期。

二、要点提示

1.子宫肌瘤

其发生与雌激素有关；分为浆膜下、肌壁间、黏膜下三种；根据月经改变、体征及辅助检查可诊断；要与妊娠子宫、子宫腺肌病、腺肌瘤、盆腔炎性包块鉴别；治疗根据病人年龄、生育要求、症状、肿瘤大小等全面考虑。

2.子宫内膜癌

其发生主要与雌激素有关；内膜不典型增生分轻、中、重三度；病理类型分四型；转移途径：直接蔓延、淋巴转移、血行转移；分期；临床表现；诊断：分段诊刮；手术治疗为主。

3.子宫肉瘤

平滑肌肉瘤、内膜间质肉瘤、恶性苗勒管混合瘤；最常见症状为不规则阴道流血；临床分期：Ⅰ~Ⅳ；转移途征：血行转移多见；分段诊刮有助于诊断；治疗以手术为主。

三、典型病案

病案一

患者，女，46岁，已婚，G_2P_1。"尿频半年，发现下腹包块3个月"入院。平素月经规律4/30 d，无痛经，末次月经2006年7月20日，无经期经量改变，近半年无诱因出现尿频，无尿急、尿痛，未在意，3个月前晨起无意中触摸下腹，有一硬块，无压痛，当地医院B型超声检查提示子宫肌瘤。体格检查：腹部检查耻骨联合上方2横指可触及质硬包块，活动，表面不平，无压痛。妇科检查：宫颈肥大，Ⅱ度糜烂，宫颈口见一黄豆大息肉，子宫增大如孕14周大小，表面不平，多个结节，质硬，无压痛，双附件未触及异常。辅助检查：血红蛋白110 g/L，TCT(-)。盆腔B超检查：子宫增大，形态失常，肌壁间及浆膜下见多发中低回声，最大者直径6 cm，子宫内膜厚8 mm，双侧附件区未见异常。

病案二

患者，女，55岁，G_3P_2。因"绝经后阴道流血并阴道分泌物增多1月余"就诊。5年前(50岁)绝经，1个多月前无明显诱因出现阴道少量流血和阴道分泌物增多，黏稠，带有血丝。发病以来，未见明显消瘦。妇科检查：宫颈光滑，宫体平位，稍大、稍软，双附件区未触及明显肿物，直肠指检黏膜光滑，指套无血染。辅助检查：B型超声检查示子宫前壁浆膜下肌瘤大小46 mm×27 mm，宫腔积液。血白细胞15.7×10^9/L，中性粒细胞为57%，血红蛋白132 g/L。分段诊刮病理示宫颈管及宫腔刮出物中见分化差腺癌细胞。腹盆腔CT扫描提示盆腔双侧髂血管旁淋巴结增大；子宫稍大，诊断为子宫内膜癌。行根治性子宫切除+双侧盆腔淋巴结+腹主动脉旁淋巴结切除术，病理结果：宫颈、宫腔低分化子宫内膜腺癌，腹膜后淋巴结见癌转移灶。术后用紫杉醇和卡铂联合化疗4个疗程，并行盆腔外照射放疗，随访至今未见肿瘤复发。

四、临床诊治思路

病案一

1.子宫肌瘤的症状与肌瘤所在的部位有关，而与大小和个数无关。此病的诊断依据：①中年女性，无经期经量改变；②尿频半年，发现下腹包块3个月；③腹部检查耻骨联合上方2横指可触及质硬包块，活动，表面不平，无压痛；④妇科检查：宫颈肥大，Ⅱ度糜烂，宫颈口见一黄豆大息肉，子宫增大如孕14周大小，表面不平，多个结节，质硬，无压痛，双附件未触及异常；⑤盆腔B超检查：子宫增大，形态失常，肌壁间及浆膜下见多发中低回声，最大者直径6 cm，双侧附件区未见异常。

2.此病应与下列疾病进行鉴别。①卵巢肿瘤：附件区触及包块，有时包块较大时挤压子宫，宫体触及不清，可误诊子宫肌瘤。②妊娠子宫及与妊娠有关的疾病。③子宫畸形：双子宫或残角子宫易误诊为子宫肌瘤。④子宫腺肌病和子宫腺肌瘤：常有痛经史，子宫大小很少超过2.5个月妊娠大小。⑤炎性肿物：有感染病史，包块质软或实性，边界不清。B型超声检查、腹腔镜检查、子宫输卵管造影可协助诊断。子宫肌瘤发生的变性有：玻璃样变、囊性变、红色变、肉瘤变和钙化。治疗原则：①保守治疗：a.随访观察，若肌瘤小且无症状，尤其近绝经年龄患者，雌激素水平低落，肌瘤可自然萎缩或消失，每3~6个月随访一次。随访期间若发现肌瘤增大或症状明显时，再考虑进一步治疗。b.药物治疗，肌瘤在2个月妊娠子宫大小以内，症状不明显或较轻，近绝经年龄及全身情况不能手术者，均可给予药物对症治疗。

②手术治疗：若子宫大于2.5月妊娠子宫大小或症状明显致继发贫血者，常需手术治疗。手术方式有：a.肌瘤切除术，适用于40岁以下未婚或已婚未生育、希望保留生育功能的患者。多经腹或经腹腔镜下切除肌瘤。突出宫颈口或阴道内的黏膜下肌瘤经阴道或经宫腔镜切除。b.子宫切除术，肌瘤较大，症状明显，经药物治疗无效，不需保留生育功能，或疑有恶变者，可行子宫次全切除术或子宫全切除术。50岁以下、卵巢外观正常者可保留卵巢。巨大肌瘤，特别是宫颈肌瘤或阔韧带肌瘤，常压迫输尿管、膀胱及髂内外动脉，失去正常的解剖关系，手术时应避免损伤。可先进行肌瘤摘除，再按正常操作进行。

病案二

1.患者绝经后阴道流血，是子宫内膜癌的典型表现，分段诊断性刮宫是常用的诊断方法，了解宫颈管及宫内膜情况。结果提示均为低分化腺癌。经手术病理分期，诊断为子宫内膜癌ⅢC期，给予相应治疗。对于一位绝经后阴道流血患者，不论以何种症状为主要临床表现，均需注意子宫内膜病变的可能性，应高度怀疑子宫内膜癌。本例经病理证实宫颈、宫腔及腹膜后皆存在低分化腺癌。已知宫颈癌转移至宫体的概率很小，而子宫内膜癌转移至宫颈的概率较大。宫颈癌以鳞癌居多，子宫内膜癌以腺癌常见；因此，本例以原发为子宫内膜，扩散至宫颈的可能性较大，诊断为子宫内膜癌较合适。治疗考虑先行手术治疗，手术方式可行根治性子宫切除+腹膜后淋巴结切除术，术后辅以化疗及放疗。

2.子宫内膜癌是女性生殖系统最常见的恶性肿瘤之一，占女性生殖道恶性肿瘤的20%~30%。其病理类型主要为子宫内膜样腺癌以及腺棘皮癌、腺鳞癌等，未分化癌非常少见。主要包括小细胞型、梭形细胞型和大细胞型。分化越低，预后越差。对任何绝经后阴道流血的妇女，均要高度怀疑子宫内膜癌的可能。分段诊刮和宫腔镜检查有助于子宫内膜癌的诊断。目前子宫内膜癌常用的是手术病理分期，有规范的手术程序。手术分期后，根据手术分期的结果决定后续的辅助治疗方案。

五、课后复习题

(一)名词解释

1.子宫肌瘤

2.子宫内膜癌

3.玻璃样变

(二)填空题

1.子宫肌瘤失去原有典型结构时称________。

2.肌瘤变性中______最多见。

3.肌瘤变性中恶性变的为______。

4.子宫内膜癌分为________、________型。诊断子宫内膜癌最常用最可靠的方法是______。

5.子宫内膜癌首选治疗方法是______。

6.子宫内膜癌Ⅰa期宫腔长度≤______。

(三)选择题

1.子宫肌壁间肌瘤最主要的症状为 ( )

A.月经不调　B.绝经后出血　C.月经过多

D.接触性出血　E.不规则阴道出血

2.子宫肌瘤的症状与下述关系密切的是 ( )

A.肌瘤的大小　B.肌瘤生长的部位(宫颈、宫体)

C.发生年龄　D.肌瘤与肌层的关系(肌壁内、浆膜下、黏膜下)

E.肌瘤数目

3.哪一类子宫肌瘤最易引起阴道不规则出血 ( )

A.壁间肌瘤　B.浆膜下肌瘤　C.宫颈肌瘤

D.阔韧带内肌瘤　E.黏膜下肌瘤

4.子宫肌瘤月经量增多的主要原因是 ( )

A.子宫肌层肥厚　B.子宫肌瘤变性　C.子宫内膜面积增大

D.子宫肌瘤增大迅速　E.子宫肌瘤影响子宫收缩

5.关于子宫肌瘤的手术治疗，下述不正确的是 ( )

A.近绝经期，子宫如孕3个月大小，症状轻者，可暂不手术

B.肌瘤小，症状明显，经保守治疗无效者应考虑手术

C.突出于阴道内的黏膜下肌瘤应行手术治疗

D.年轻，未生育过的妇女的壁间肌瘤不论多发或单发，均应行肌瘤剔除术

E.疑有恶变者不宜行剔除术

6.早期诊断子宫内膜癌最简便可靠的方法是 ( )

A.阴道涂片细胞学检查 B.分段诊刮术、组织病理学检查

C.子宫腔冲洗细胞学检查 D.宫腔镜直视法

E.腹腔镜检查

7.Ⅰa期子宫内膜癌,较理想的治疗方法是 ( )

A.手术治疗 B.放射治疗 C.孕酮治疗

D.化疗 E.放疗+手术

8.子宫内膜病变恶性程度最高的是 ( )

A.腺癌 B.腺棘皮癌 C.腺鳞癌

D.腺瘤样增生过长 E.腺囊性增生过长

9.孕激素治疗子宫内膜癌指征 ( )

A.晚期 B.复发 C.不能手术

D.年轻要求生育 E.全对

10.子宫内膜癌Ⅱ期首选的手术治疗方式是 ( )

A.全子宫+双附件切除术

B.全子宫和双附件切除术及盆腔淋巴结切除术

C.筋膜外子宫切除术及双附件切除术加盆腔淋巴结切除术

D.子宫广泛切除和双附件切除术及盆腔和腹主动脉旁淋巴结切除术

E.子宫次广泛切除和双附件切除术及盆腔淋巴结切除术

11.子宫内膜癌易发因素下面哪个不是 ( )

A.肥胖 B.多产 C.高血压

D.糖尿病 E.未婚

12.子宫肉瘤Ⅰ期应行的手术是 ( )

A.子宫全切 B.广泛性子宫切除 C.B+盆腔淋巴结清扫

D.A+双附件切除 E.C或D

13.43岁,因子宫肌瘤行子宫全切术,哪个韧带不必切除 ( )

A.圆韧带 B.阔韧带 C.主韧带

D.骶韧带 E.骨盆漏斗韧带

14.34岁,不规则阴道出血,体查:自宫颈口脱出5 cm大肿物,质软,应 ( )

A.应用抗生素 B.开腹手术

C.宫颈锥切术 D.经阴道摘除 E.先活检

问题15—17

42岁,近两年月经较前增多约2倍,查子宫约4月妊娠大,表面有突起质硬,其他正常。

15.最可能的诊断是 ( )

A.浆膜下子宫肌瘤 B.肌壁间子宫肌瘤 C.黏膜下子宫肌瘤

D.多发子宫肌瘤 E.子宫肌腺瘤

16.进一步治疗 ( )

A.米非司酮 B.孕激素 C.雄激素

D.子宫全切　　E.D+双附件切除

问题17—21

57岁，绝经2年，阴道流血量少，伴阴道少许脓性分泌物2月，既往有糖尿病史5年。妇科查体未见异常。

17.最有可能的诊断是　( )

A.子宫内膜癌　B.子宫颈癌　C.外阴癌

D.卵巢癌　E.功血

18.此患者最可靠的检查方法是　( )

A.诊刮　B.分段诊刮　C.宫颈刮片

D.宫颈锥切　E.宫腔镜

19.术中切除病灶示宫颈已有病灶侵蚀。期别　( )

A.0期　B.ⅠA期　C.ⅠB期

D.Ⅱ期　E.Ⅲ期

20.此患者应选择的治疗方式是　( )

A.广泛子宫切除　B.A+双侧盆腔淋巴结清扫

C.B+腹主动脉旁淋巴清扫　D.放疗　E.化疗

21.如术中发现膀胱有转移灶，应　( )

A.手术　B.放疗　C.化疗

D.B+C　E.中药

(四)简答题

1.简述子宫肌瘤肉瘤变。

2.子宫肌瘤与子宫肌腺病及肌腺瘤怎样鉴别?

3.简述子宫内膜癌放疗指征及方法。

六、复习题答案

(一)名词解释

1.子宫肌瘤：是女性生殖器最常见的良性肿瘤。主要由子宫平滑肌组织增生而成，其间有少量纤维结缔组织。多见于30~50岁妇女，40~50岁最多见，20岁以下少见。

2.子宫内膜癌：又称子宫体癌，是指子宫内膜发生的癌，绝大多数为腺癌。为女性生殖道常见三大恶性肿瘤之一，高发年龄58~61岁。

3.玻璃样变：是肌瘤变性中最常见的。肌瘤部分组织水肿变软，剖面漩涡状结构消失，被均匀的透明样物质取代，色苍白。镜下见病变区域肌细胞消失，为均匀粉红色无结构区，与无变性区边界明显。

(二)填空题

1.肌瘤变性

2.玻璃样变

3.肉瘤变

4.弥漫型　局限型　分段诊刮

5.手术治疗

6.8 cm

(三)选择题

1.C 2.D 3.E 4.C 5.D 6.B 7.A 8.C 9.E 10.D 11.B 12.A 13.E 14.D 15.D 16.D 17.A 18.B 19.D 20.C 21.D

(四)问答题

1.肌瘤恶变即为肉瘤变,少见。多见于年龄较大妇女。因无明显症状,易被忽视。肌瘤在短期内迅速增大,或伴不规则阴道流血者,应考虑有肉瘤变可能,若绝经后妇女肌瘤增大,更应警惕发生恶变。

2.两者均可使子宫增大,经量增多,但子宫腺肌病时,子宫常均匀性增大,子宫肌瘤则表现子宫有局限性、质硬的结节状突起。后两者多有继发性痛经,且进行性加重;子宫很少超过2~3个月妊娠大小,且有经期子宫增大,经后缩小的特征。

3.老年或有严重合并症不能耐受手术者与Ⅲ、Ⅳ期病例不宜手术者可放疗,包括腔内照射及体外照射。

第三十一章　卵巢肿瘤

一、基本纲要

掌握：卵巢肿瘤的分类、诊断和鉴别诊断以及治疗原则。

熟悉：卵巢肿瘤的发病原因及预防。

二、要点提示

1.卵巢肿瘤概论：卵巢虽小，组织复杂，是全身各脏器肿瘤类型最多的部位。卵巢肿瘤组织学类型多且有良性、交界性及恶性之分。卵巢肿瘤的组织学分五大类；病理分四大类型；良恶性肿瘤鉴别重点：恶性肿瘤晚期有腹胀、腹水、生长快、恶病质等；并发症：蒂扭转、感染、破裂、恶变；治疗原则：手术治疗为主；妊娠合并卵巢肿瘤；处理原则：妊娠3个月后手术，恶性肿瘤应尽早手术。

2.卵巢上皮肿瘤：为最常见的卵巢肿瘤，发病年龄多为30~60岁，有良性、交界性和恶性肿瘤之分。良性肿瘤应手术治疗。恶性肿瘤治疗原则以手术为主，加用化疗、放疗的综合治疗。

3.卵巢非上皮性肿瘤：常见的卵巢非上皮性肿瘤有生殖细胞肿瘤、性索间质肿瘤及转移性肿瘤。恶性非上皮性肿瘤约占卵巢恶性肿瘤的10%。

三、典型病案

病案一

患者，女，27岁，已婚，G_1P_1。活动时突感左下腹剧痛1 h，恶心、呕吐2次。体格检查：体温37.2 ℃，脉搏88次/min，呼吸22次/min，血压100/70 mmHg，心肺正常。妇科检查：外阴、阴道正常；宫颈光；左侧附件区可扪及一7 cm×6 cm×6 cm肿块，界清、张力大、活动、触痛明显，右侧附件未见异常。辅助检查：B超检查示：左附件区有一7 cm的囊实性包块。

病案二

患者，女，61岁。绝经9年，阴道不规则流血4个月余。既往体健。妇科检查：外阴、阴道正常；宫颈轻度糜烂，质地正常；子宫前位，大小、质地正常；右侧附件区可见一直径7~8 cm大小包块，实质性，光滑，形状规则；左侧附件区未见异常。辅助检查：血、尿、便常规，肝肾功能，心电图，胸片等均正常。行分段诊刮切片报告子宫内膜单纯性增生过长。B型超声检查：子宫右侧实质性包块，直径8 cm，无腹水。

四、临床诊治思路

病案一

1.患者，27岁，活动后出现下腹部疼痛，左侧附件区可见一7 cm×6 cm×6 cm肿块，界清、张力大、活动、触痛明显，多考虑左卵巢囊肿蒂扭转。处理方法：患侧附件切除。注意：术中若有条件应行快速冰冻，以排除交界性或恶性肿瘤，并制定相应的诊疗方案。

2.卵巢因某种诱因导致其根蒂扭转而发生急性下腹痛，是卵巢肿瘤最常见的并发症及妇科急腹症，10%的卵巢肿瘤并发蒂扭转。卵巢肿瘤的瘤蒂有骨盆漏斗韧带、卵巢固有韧带、输卵管及卵巢输卵管系膜组成。①病因：患者突然改变体位、剧烈运动、肠蠕动等，均易导致腹腔内肿瘤发生扭转；妊娠子宫增大将肿瘤挤入腹腔，或产后子宫缩小、腹壁松弛，使卵巢肿瘤活动空间增大，也易导致腹腔内肿瘤发生扭转。卵巢肿瘤蒂扭转好发于瘤蒂长中等大小(直径8~15 cm)、活动度好、较重且重心偏于一侧的肿瘤。良、恶性肿瘤均可发生扭转。②临床表现：典型症状是突然发生一侧下腹剧烈疼痛，常伴恶心、呕吐甚至休克，系腹膜牵拉引起。可伴有发热、白细胞增多。血管栓塞时疼痛明显。腹部检查发现下腹部有明显触痛，有时可见肿物且触痛明显。若卵巢肿瘤蒂扭转后发生瘤体坏死，则表现为腹部反跳痛、腹肌紧张。盆腔检查一侧可见肿物，常有明显触痛，活动受限子宫与肿物之间的瘤蒂触痛尤为明显。③处理：一旦确诊立即剖腹探查。a.良性卵巢肿瘤蒂扭转：原则上将卵巢肿瘤及其扭转的瘤蒂、输卵管一并切除。术中常规探查剖视对侧卵巢，术中还应行快速冰冻。b.恶性卵巢肿瘤蒂扭转：术中根据病检结果初步确定临床分期，结合患者年龄以及生育要求，决定手术方式及范围。

病案二

1.患者为绝经后9年女性，阴道不规则流血4个月余。查体：子宫大小正常，右附件区可见一实质性包块，B超检查提示右附件实质性包块8 cm，无腹水。子宫内膜病检示单纯性增生过长，提示患者体内雌激素水平过高。考虑右侧卵巢性索间质肿瘤的可能。处理原则：手术治疗。

2.卵巢性索间质肿瘤是由性索组织(支持细胞/颗粒细胞)及特殊间叶组织(睾丸间质细胞/卵泡膜细胞)分化而来的细胞形成的肿瘤，多由单一细胞组成。此类肿瘤中大多数能分泌不同的类固醇激素，因此临床上可表现出其对靶器官的影响，诸如对发育、月经紊乱及绝经后出血的特点，有助于临床诊断。①卵巢颗粒细胞瘤：是性索间质肿瘤最常见的一种，临床上属低度恶性。发病年龄42~47岁。临床症状：a.雌激素影响的症状，70%可出现相关症状。幼年及青春期女孩，表现出性早熟；生育期女性，表现为月经紊乱；绝经期女性，表现为绝经期出血，阴道柔软，子宫似正常大小而无萎缩表现，与其年龄不相称。b.盆腹腔包块，平均直径为10~12 cm，空腹时有时可见肿块。c.腹痛，少数患者因出现肿瘤自发性破裂或扭转出现腹痛。d.腹水。e.妇科检查，于一侧附件可见实质性或部分囊性的肿块，直径10 cm左右，巨大者可达30 cm，5%于双侧均可扪及肿块；老年女性阴道仍柔软，子宫并不萎缩。最后诊断需依靠病理诊断。预后：为低—中度恶性肿瘤，有晚期复发倾向，复发率20%~30%，5年生存率84%。治疗原则：手术治疗为主，必要时辅以化疗及放疗。②卵泡膜细胞瘤：本病发病率较低，除少数外，是一种良性肿瘤。瘤细胞可分泌雌激素，多为单侧，大小不一，圆形或椭圆形，有分叶，表面被覆有光滑、薄的纤维胞膜。切面实性，灰白色，可与颗粒细胞瘤合并存在，常合并子宫内膜增生症甚至子宫内膜癌，病理可确诊。治疗原则：40岁以上女性可考虑全子宫切除及双侧附件切除；未生育女性可先行患侧附件切除。

五、课后复习题

(一)名词解释

1.肿瘤细胞减灭术

2.梅格斯综合征

3.二次探查手术

(二)填空题

1.工业发达国家卵巢癌发病率高,与饮食中______含量高可能有关。

2.卵巢瘤样病变直径<______。

3.卵巢恶性肿瘤肿瘤细胞减灭术应使肿瘤残余灶直径≤______。

(三)选择题

1.不是卵巢生殖细胞肿瘤的是 ( )

A.良性囊性畸胎瘤 B.内胚窦瘤 C.库肯勃瘤

D.绒毛膜癌 E.睾丸母细胞瘤

2.对于一位18岁未生育过的女性,可疑的畸胎瘤的治疗方法是 ( )

A.全子宫切除术 B.单侧卵巢—输卵管切除术

C.卵巢囊肿切除术 D.观察 E.一侧附件切除术

3.一个44岁的女性,卵巢上有一个30 cm的肿瘤,最可能的细胞类型是 ( )

A.皮样囊肿 B.卵巢性索间质肿瘤 C.浆液性瘤

D.黏液性瘤 E.库肯勃瘤

4.关于卵巢肿瘤,下面描述不正确的是 ( )

A.是女性生殖器常见肿瘤 B.缺乏有效诊断方法

C.恶性肿瘤5年存活率25%~30% D.肿瘤类型不多

E.女性生殖器三大恶性肿瘤之一

5.畸胎瘤的良恶性取决于 ( )

A.肿瘤大小 B.肿瘤质地 C.胚层来源

D.组织分化程度 E.囊内被覆柱状上皮

6.关于卵巢内胚窦瘤,正确的是 ( )

A.由人内胚窦而来 B.罕见 C.恶性低

D.多见于老年 E.多双侧

7.梅格斯综合征特征为 ( )

A.有胸、腹水 B.肥胖 C.多毛

D.甲亢 E.肾衰

8.关于库肯勃瘤,错误的是 ( )

A.原发部位是胃肠道 B.双侧性 C.中等大

D.实性 E.少有腹水

9.关于卵巢肿瘤蒂扭转,不正确的是 ( )

A.瘤蒂长 B.瘤中等大 C.瘤活动好

D.重心偏于一侧 E.与病人改变体位无关

10.卵巢恶性肿瘤ⅠA期正确手术是 ( )

A.全子宫切除 B.双附件切除 C.A+B

D.A+B+盆腔淋巴清扫 E.一侧附件切除

11.能合成甲胎蛋白的肿瘤是 ( )

A.纤维瘤 B.内胚窦瘤 C.畸胎瘤

D.库肯勃瘤 E.间质细胞瘤

12.对放疗最敏感的卵巢肿瘤是 ( )

A.颗粒细胞瘤 B.纤维瘤 C.无性细胞瘤

D.内胚窦瘤 E.畸胎瘤

13.怎样鉴别卵巢巨大囊肿和腹水 ( )

A.B超检查 B.腹部触诊 C.腹部叩诊

D.X线 E.听诊

14.58岁,绝经8年,少许阴道流血2个月,查体:外阴较丰满,阴道可见黏膜皱襞,分泌物多,应疑为 ( )

A.畸胎瘤 B.卵巢颗粒细胞瘤 C.纤维瘤

D.透明膜癌 E.睾丸母细胞瘤

15.17岁,剖腹手术中快速冰冻病理切片为:右卵巢颗粒细胞瘤低度恶性。肉眼:右卵巢略大,左侧卵巢及子宫正常,应行 ( )

A.右附件切除 B.双附件切除 C.子宫全切+A

D.子宫次全切+A E.A+放疗

16.47岁,有慢性胃溃疡4年,查体:移动性浊音(-),双附件区能扪及5 cm左右实质性包块,应疑为 ( )

A.库肯勃瘤 B.畸胎瘤 C.纤维瘤

D.内胚窦瘤 E.宫颈癌

17.女,28岁,患卵巢肿瘤伴甲亢2年,如疑甲亢由卵巢肿瘤引起,应为 ( )

A.颗粒细胞瘤 B.无性细胞瘤 C.高度特异性畸胎瘤

D.皮样囊肿 E.纤维瘤

问题18—20

25岁,已婚,无子女。现停经2个月,尿HCG(+)。半年前查体、B超检查无异常,妇查:子宫2个月妊娠大小,右附件区及一直径4 cm囊性包块,活动好,无压痛。

18.应极力避免的措施是 ( )

A.B型超声 B.X线平片 C.血HCG

D.腹腔镜 E.剖腹探查

19.应疑诊断为 ( )

A.妊娠合并巧克力囊肿 B.妊娠合并卵巢皮样囊肿

C.妊娠合并卵巢黄体囊肿 D.妊娠合并卵泡膜细胞瘤

E.妊娠合并卵巢纤维瘤

20.正确处理为 ( )

A.观察 B.卵巢肿瘤切除 C.人流后切除卵巢囊肿

D.妊娠3个月后手术 E.妊娠足月后手术

问题21、22

62岁,绝经6年,阴道流血2个月,查外阴丰满,阴道无萎缩,子宫正常大,右附件区可扪及

6 cm质中包块,光滑,其他均正常。

21.最佳的治疗是 ( )

A.化疗 B.放疗 C.A+B

D.右附件切除 E.全子宫切除+双侧附件切除+大网膜切除

22.最应加何治疗 ( )

A.放疗 B.化疗 C.中药

D.A+B E.孕激素

问题23—27

28岁,未婚,婚前查体发现盆腔肿块,妇查:子宫正常大小,左附件区扪及6 cm包块,质中。活动好,无粘连。

23.下面哪个检查能明确诊断 ( )

A.B型超声 B.X线 C.CT

D.腹腔镜 E.血RT

24.应疑诊断为 ( )

A.子宫内膜异位症 B.卵巢肿瘤 C.子宫肌瘤

D.阔韧带肿瘤 E.腹腔后肿瘤

25.X线示肿瘤内有钙化灶,应为 ( )

A.畸胎瘤 B.颗粒细胞瘤 C.纤维瘤

D.子宫内膜样肿瘤 E.类癌

26.患者突发左下腹痛,查体:左附件肿瘤消失,应疑为 ( )

A.肿瘤破裂 B.肿瘤扭转 C.阑尾炎

D.盆腔炎 E.恶变

27.处理最恰当的是 ( )

A.剖腹手术 B.放疗 C.中药

D.抗生素 E.观察

(四)问答题

1.试述卵巢癌的随访时间及监测内容。

2.大量腹水怎样与巨大卵巢囊肿鉴别?

3.试述卵巢良恶性肿瘤的辨别诊断。

4.试述CA125与卵巢肿瘤的关系。

六、复习题答案

(一)名词解释

1.肿瘤细胞减灭术:是指对卵巢癌晚期(ⅠC期和Ⅱ期)患者应尽量切除原发病灶及转移灶,使肿瘤残余灶直径≤2 cm,必要时切除部分肠管、膀胱、胆囊或肝脾等。

2.梅格斯综合征:卵巢纤维瘤,偶见伴有腹水或胸水,称为梅格斯综合征。手术切除肿瘤后,胸水、腹水自行消失。

3.二次探查手术:卵巢恶性肿瘤手术后,通常在6~8个疗程化疗后,行第二次探查手术,目的在于判断治疗效果,早期发现复发。二次探查对估计化疗的效应及指导以后的治疗有一定的价值,但目前有争议。

(二)填空题

1.胆固醇

2.5 cm

3.2 cm

(三)选择题

1.C 2.C 3.D 4.D 5.D 6.B 7.A 8.E 9.E 10.C 11.B 12.C 13.A 14.B 15.E 16.A 17.C 18.B 19.C 20.A 21.E 22.D 23.D 24.B 25.A 26.A 27.A

(四)问答题

1.术后1年内,每月1次;术后第2年,每3月1次;术后第3年,每6月1次;3年以上者,每年1次。随访内容:临床症状、体征、全身及盆腔检查。B型超声、CT或MRI。肿瘤标志物测定。

2.腹水常有肝病、心脏病史。平卧叩诊,腹部中间鼓音,两侧浊音。移动性浊音阳性,B超检查无占位性病变。后者平卧时腹部两侧叩鼓音,移动性浊音阴性。

3.

鉴别内容	良性肿瘤	恶性肿瘤
病史	病程长,逐渐增大	病程短,迅速增大
体征	多为单侧,活动,囊性,表面光滑常无腹水	多为双侧,固定,实性或囊实性,表面不平结节状,常有腹水,多为血性,可查到癌细胞
一般情况	良好	恶病质
B型超声	为液性暗区,可有间隔光带,边缘清晰	液性暗区内有杂乱光团、光点,肿瘤边界不清

4.80%的卵巢上皮性癌患者CA125水平高于正常值;90%以上患者CA125水平的消长与病情缓解和恶化相一致,尤其对浆液性腺癌更具特异性。

第三十二章　妊娠滋养细胞疾病

一、基本纲要

掌握：葡萄胎的临床表现、诊断、鉴别诊断和临床处理，侵蚀性葡萄胎的临床表现、诊断和随访。

熟悉：绒毛膜癌的诊断、鉴别诊断和治疗。

了解：葡萄胎的病因、分类及发病率。

二、要点提示

(一)葡萄胎

1.概念。

2.临床表现：完全性葡萄胎、部分性葡萄胎。

3.诊断：临床特征、辅助检查。

4.鉴别诊断：流产、双胎妊娠、羊水过多。

5.临床处理：清宫、卵巢黄素化囊肿的处理、预防性化疗、子宫切除术。

6.随访。

(二)侵蚀性葡萄胎和绒毛膜癌

1.概念。

2.临床表现：无转移妊娠滋养细胞肿瘤、转移性妊娠滋养细胞肿瘤。

3.诊断：临床诊断、组织学诊断。

4.随访。

三、典型病案

患者，女，25岁，已婚，G_1P_0，既往月经规律，停经3个月，阴道少量流血20 d。宫底部脐上1横指，听不到胎心，扪不到胎体。妇科B超检查提示：子宫增大明显大于孕周，宫腔内充满不均质密集状，呈“落雪状”，无妊娠囊及胎心搏动。

四、临床诊治思路

1.患者育龄期女性，有停经史伴阴道少量流血，首先考虑该病与妊娠有无相关。正常妊娠3个月时宫底部在耻骨联合上始能触及，该患者宫底部已在脐上触及，表明其子宫增大明显大于相应孕周，且不能触及胎体，应怀疑葡萄胎。要明确诊断本病需做其他相关辅助检查。

2.B超检查是诊断葡萄胎的重要辅助检查方法，其影像学特点为子宫明显大于相应孕周，无妊娠囊或胎心搏动，宫腔内充满不均质密集状或短条状回声。呈“落雪状”。故本病B超检查符合葡萄胎诊断。妊娠后滋养细胞分泌HCH，血HCG在孕8~10周达高峰，持续1~2周后逐渐下降，而葡萄胎时，血HCG持续上升，故测定该值可诊断本病。流式细胞仪，其他如胸片、血常规、出凝血时间、血型肝肾功能检查等有助于本病诊断。

3.患者出现停经、阴道流血还需与流产、双胎妊娠、羊水过多相鉴别。(1)先兆流产时有腹痛症状,B超检查见胎囊及胎心搏动相鉴别。(2)双胎妊娠子宫亦大于相应孕周,但无阴道流血症状。(3)羊水过多时无阴道流血,血HCG水平在正常范围之内,B型超声可以鉴别。

4.关于本病诊治:葡萄胎一经确诊,应及时行清宫术,刮出物送组织学检查。取材时应选择近宫壁种植部位新鲜无坏死的组织送检。该患者是高危人群,其随访有重要意义,可发现滋养细胞肿瘤并及时处理。清宫术后行HCG定量测定,每周1次,直至连续3次正常,后每月1次持续半年。此后可半年1次,共随访2年。每次随访时注意月经是否规律,有无异常阴道流血,有无咳嗽、咯血及其转移病灶症状,并做妇科检查,必要时行B型超声、胸片、CT等检查。

五、课后复习题

(一)名词解释

1.侵蚀性葡萄胎

2.胎盘部位滋养细胞肿瘤

3.卵巢黄素化囊肿

(二)填空题

1.滋养细胞疾病包括________、________、________和________。

2.葡萄胎的组织学特点是________,诊断葡萄胎的主要辅助方法有________、________。

3.绒毛膜促性腺激素的一项主要功能是延长黄体寿命,称为________黄体,增加________的分泌以维持妊娠。

4.绒毛膜癌是一种高度恶性肿瘤,可继发于________或________之后,组织学诊断学依据是________。

(三)选择题

1.对于侵蚀性葡萄胎的治疗原则,下面不恰当的是 (　　)

A.化疗为主要治疗手段

B.手术切除子宫并辅以化疗

C.化疗原则是临床治愈后巩固治疗2~3个疗程

D.手术用于切除残存或耐药病灶

E.当转移灶发生大出血时应考虑手术治疗

2.葡萄胎最可靠的辅助诊断手段是 (　　)

A.β-HCG定量检查　　B.腹部X线片

C.胸部X线摄片　　D.B型超声检查

E.宫腔镜检查

3.完全性葡萄胎的高危因素不包括 (　　)

A.饮食中缺乏维生素A　　B.饮食中缺乏动物脂肪

C.年龄大于40岁　　D.年龄小于20岁

E.葡萄胎病史

4.对于绒毛膜促性腺激素，下面不恰当的是 ( )

A.是由合体滋养叶细胞产生

B.是一种甾体激素

C.检测时可因与促黄体生成素有交叉反应而成假阳性

D.妊娠8~10周时达高峰

E.葡萄胎妊娠在孕12周后HCG继续上升

5.女，27岁，月经周期规则。停经10周，1周前出现阴道少量流血至今。妇科检查：宫颈口未开，子宫如新生儿头大，两侧附件区触及小手拳大、囊性、活动良好、无压痛肿物，分泌物陈旧血性。尿妊娠试验阳性。本例双侧附件区肿物最可能的诊断是 ( )

A.输卵管积水 B.输卵管卵巢囊肿

C.卵巢黄素化囊肿 D.卵巢浆液性囊肿

E.卵巢子宫内膜异位囊肿

6.初产妇，26岁。停经近4月，阴道流血2周，宫底脐上1横指，听不到胎心，扪不到胎体。本例有价值的辅助检查是 ( )

A.腹部X线片 B.B型超声检查

C.尿妊娠试验 D.血HCG测定

E.双合诊检查

7.女，28岁。人工流产术后5个月，阴道不规则流血12 d，妇科检查：阴道右侧壁2 cm×3 cm×2 cm紫蓝色结节。子宫稍大，右宫角处稍软，尿妊娠试验阳性，本例最可能的诊断是 ( )

A.子宫复旧不全 B.子宫内膜异位症

C.阴道壁囊肿伴出血 D.绒毛膜癌阴道转移

E.前庭大腺囊肿感染

8.女，49岁。因患侵蚀性葡萄胎行子宫切除。见子宫肌壁有水泡状组织，镜下见滋养细胞增生活跃。本例准确的处理措施是 ( )

A.化学药物治疗 B.放疗+化疗

C.免疫疗法 D.随访观察

E.放射治疗

9.女，48岁，因侵蚀性葡萄胎行子宫切除。子宫肌深层镜下见肿大绒毛，滋养细胞高度增生并分化不良。本例准确的处理措施是 ( )

A.随访观察2年 B.广谱抗生素治疗

C.化学药物治疗 D.放射治疗

E.免疫疗法

10.女，25岁。停经3月，阴道少量流血5 d。查子宫如妊娠4月大、较软，双侧附件区各有5 cm×5 cm×3 cm囊性肿物，本例最可能的诊断是 ( )

A.先兆流产 B.难免流产

C.葡萄胎 D.早孕合并卵巢囊肿

E.先兆流产合并卵巢囊肿

问题11—14

A.增生的细胞滋养细胞和合体滋养细胞侵犯子宫肌层及血管找不到绒毛结构

B.细胞滋养细胞与合体滋养细胞增生、绒毛间质水肿、血管消失

C.子宫肌层可见滋养细胞过度增生，其不典型增生的程度不等，镜下找到残存肿大的绒毛

D.镜检瘤组织几乎完全由中间滋养细胞组成

E.胎盘绒毛增大，间质液化，无滋养细胞增生

11.葡萄胎 ( )

12.侵蚀性葡萄胎 ( )

13.绒癌 ( )

14.胎盘部位滋养细胞肿瘤 ( )

问题15—17

A.氟尿嘧啶　B.更生霉素

C.甲氨蝶呤　D.环磷酰胺

E.长春新碱

15.绒毛膜癌阴道转移时，首选药物是 ( )

16.绒毛膜癌肺转移时，首选药物是 ( )

17.绒毛膜癌癌脑转移时，首选药物是 ( )

问题18—20

A.绒毛膜肺转移　B.绒毛膜癌脑转移

C.侵蚀性葡萄胎　D.子宫内膜癌

E.卵巢上皮性癌

18.甲氨蝶呤适用于治疗 ( )

19.放线菌素D适用于治疗 ( )

20.顺铂适用于治疗 ( )

(四)简答题

妊娠滋养细胞肿瘤组织学如何诊断？

六、复习题答案

(一)名词解释

1.侵蚀性葡萄胎：葡萄胎组织侵入子宫肌层或转移至子宫外，称为侵蚀性葡萄胎。发生的概率为5%~20%，多数在葡萄胎清除后6个月内发生。主要临床表现为阴道流血和转移灶表现。症状体征视转移部位而异，最常见的是肺转移，转移灶小时可无症状，以后病灶扩大产生症状，又因部位不同而症状各异，X线肺片可见转移阴影。发生在阴道、宫颈的转移，表现为紫蓝色结节，溃破后可大量出血。转移至脑部者出现脑部症状。转移至消化道者有消化道大出血。

2.胎盘部位滋养细胞肿瘤：指起源于胎盘种植部位的一种特殊类型的滋养细胞肿瘤，主要由中间型滋养细胞组成，无绒毛结构，血β-HCG多数阴性或轻度升高。

3.卵巢黄素化囊肿：由于滋养细胞显著增生，产生大量HCG，刺激卵巢卵泡内膜细胞，

使之发生黄素化而形成囊肿。

(二)填空题

1.葡萄胎　侵蚀性葡萄胎　绒毛膜癌　胎盘部位滋养细胞肿瘤

2.滋养细胞增生　HCG测定　B型超声检查

3.妊娠　甾体激素

4.葡萄胎　流产　不形成绒毛或水泡样结构

(三)选择题

1.B　2.A　3.B　4.B　5.C　6.B　7.D　8.A　9.C　10.C　11.B　12.C　13.A　14.D　15.A　16.B　17.C　18.B　19.A　20.E

(四)简答题

(1)继发于葡萄胎排空后半年以内的妊娠滋养细胞肿瘤组织学诊断多数为侵蚀性葡萄胎。(2)半年至1年者绒毛膜癌和侵蚀性葡萄胎均有可能,时间间隔越长,绒毛膜癌的可能性就越大。(3)继发于流产、足月妊娠、异位妊娠者,组织学诊断应为绒毛膜癌。

第三十三章 生殖内分泌疾病

第一节 功能失调性子宫出血

一、基本纲要

掌握：功能失调性子宫出血(以下简称功血)的诊断及鉴别诊断要点，功血的治疗原则与治疗措施。

熟悉：各类功血的临床表现和特征。

了解：功血的分类、病因及出血机理。

二、要点提示

功血是由于调节生殖的神经内分泌机制失常引起的异常子宫出血，而全身及内外生殖器官无器质性病变存在。功血可分为排卵性和无排卵性两类，其中85%病例属于后者。

1.无排卵性功血

临床表现：子宫不规则出血(月经过多、经量过多、子宫不规则出血)。

诊断：根据病史、体格检查及辅助检查作出诊断，需排除一些器质性的情况或疾病(妊娠相关出血，生殖器官肿瘤，感染，内科血液系统及肝肾重要脏器疾病，甲状腺疾病，生殖系统发育畸形，外源性激素及异物引起的异常子宫出血)。

治疗：一般治疗/药物治疗。青春期及生育期无排卵性功血以止血、调整周期、促排卵为主；绝经过渡期功血以止血、调整周期、减少经量，防止子宫膜病变为治疗原则。

2.排卵性月经失调

黄体功能不足(LPD)：临床表现为月经周期缩短，以致患者不易受孕或在孕早期流产。

诊断：月经周期缩短、不孕或早孕时流产，妇科检查无引起功血的生殖器官器质性病变，基础体温双相型，但高相期小于11 d，子宫内膜活检显示分泌反应至少落后2 d，可作出诊断。

治疗：促进卵泡发育、促进月经中期LH峰形成、黄体功能刺激疗法、黄体功能替代疗法、黄体功能不足合并高催乳素血症治疗。

三、典型病案

患者，女，44岁，已婚，G_3P_2。于2006年7月19日就诊。患者经期延长1年，伴经量增多3个月。平素月经规律，月经周期26 d，经期3~7 d，末次月经2006年6月6日，月经量中等，无痛经。2005年9月发现甲状腺功能低下，口服优甲乐(左甲状腺素钠)治疗后开始出现经期延长，未治疗。2006年4月起出现经期延长近20 d，同时伴经量增多，有时有血块，未治疗。末次月经自2006年6月6日来潮至今，无明显腹痛，渐感头晕、乏力，故来院就诊。患者否认妊娠可能，未服用过激素类药物，自发病以来，食欲可，睡眠差，经常头痛，晨起面部水肿。妇科查体：外阴已婚已产型；阴道通畅，内有少量暗红血迹；宫颈轻度糜烂，质硬，可见宫颈口有少量暗红色血液流出。子宫后位，正常大小，质硬，活动尚可，无压痛。双附件区未触及明显异常。辅助检查：红细胞2.1×10^{12}/L，血红蛋白59 g/L，血小板470×10^{9}/L，白细胞9.8×10^{9}/ L，余正常。甲状腺激素检查：T_3、T_4、TSH、FT_3和FT_4，结果均在正常范围内。查凝血功能正常。B超检查提示：子宫后位，大小6.4 cm×5.3 cm×5.0 cm，于前壁见一低回声结节，约2.3 cm×2.0 cm×1.1 cm，边界清楚，内部回声不均，CDFI内未见明显血流信号。子宫内膜厚1.0 cm，宫腔线显示清晰，宫腔内未见异常回声。双卵巢未见异常。超声检查诊断：符合子宫肌瘤声像图改变，内膜增厚。

四、临床思维建立

患者无性激素类药物应用史，排除性激素类药物原因。妇科检查见出血系宫腔流出，宫颈仅仅轻度糜烂，排除宫颈息肉、生殖器炎症等原因，可诊断宫颈炎。妇科超声检查提示前壁肌壁间肌瘤诊断。排除子宫肌瘤外的生殖器肿瘤，因子宫肌瘤较小，且为肌壁间肌瘤，故目前可考虑不是子宫肌瘤引起的月经改变。子宫内膜是否异常需病检结果确定。否认妊娠可能，排除妊娠有关的出血性疾病，对生育年龄的已婚妇女，如发生子宫出血，应首先考虑异常妊娠，如流产、宫外孕、葡萄胎等，如继发于产后或流产后，需考虑胎盘残留、胎盘息肉、子宫复旧不全、子宫内膜炎、绒毛膜癌等，应查尿HCG以确定。无血液病、高血压、肝病等病史，均可排除这些内科疾病导致出血。甲状腺功能低下病史，口服优甲乐后出现经期延长、经量增多，但现甲状腺功能正常。患者为继发于甲状腺功能异常的功血。有头晕、乏力等症状。血常规红细胞2.1×10^{12}/L，血红蛋白59 g/L，因失血量多导致贫血。

诊断：功血、贫血重度、子宫肌瘤、宫颈炎。

处理：给予输红细胞3 U后，于2006年7月20日急诊行分段诊刮术，刮出物送病理检查。术后给予抗生素预防感染、纠正贫血等治疗。病理回报：(宫颈管内容物)少许宫颈黏膜呈慢性炎症改变，另见少许晚期增殖期子宫内膜；(宫腔内容物)子宫内膜单纯性增生。

第二节　闭　经

一、基本纲要

掌握：闭经常用的诊断方法，不同原因闭经的处理原则。

熟悉：闭经程度分级、病因分类。

了解：发病机理。

二、要点提示

1.病因。

- 1.1原发性闭经
  - (1) 第二性征存在的原发性闭经
    - 1) 米勒管发育不全综合征。
    - 2) 雄激素不敏感综合征,又称睾丸女性化完全型。
    - 3) 对抗性卵巢综合征,或称卵巢不敏感综合征。
  - (2) 第二性征缺乏的原发性闭经
    - 1) 低促性腺激素性腺功能减退
    - 2) 高促性腺激素性腺功能减退
      - ① 特纳综合征。
      - ② 46,XX单纯性腺发育不全。
      - ③ 46,XY单纯性腺发育不全,又称Swyer综合征。

1.2继发性闭经。

子宫性闭经	Asherman 综合征、子宫内膜炎、子宫切除后或官腔放射治疗后、其 他内分泌功能异常
卵巢性闭经	卵巢早衰、卵巢切除或组织破坏、卵巢功能性肿瘤、多囊卵巢综合征
垂体性闭经	经垂体前叶功能减退症、垂体肿瘤
下丘脑性闭经	紧张应激、体重下降和营养缺乏、过剧运动、药物
其他原因或内分泌功能异常	甲状腺、肾上腺等功能亢进或不足

2.诊断。

3.治疗。

全身治疗:积极治疗全身性疾病提高机体体质供给足够营养保持标准体重;

激素治疗:性激素替代治疗、促排卵、溴隐亭及其他激素药;

辅助生育技术;

手术。

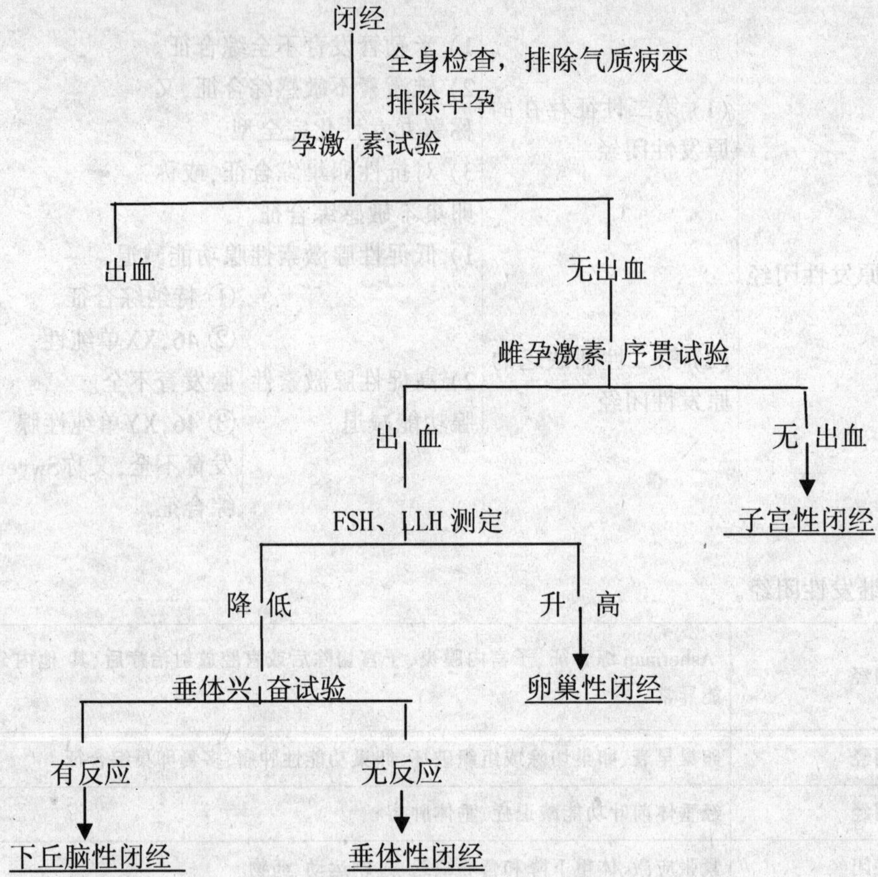

闭经诊断步骤示意图

三、典型病案

患者，女，已婚，35岁，G_1P_1。闭经8年来院就诊。8年前因产后出血及感染并发休克，经住院抢救康复。此后闭经，无乳汁分泌。尚有全身乏力、怕冷、血压低、毛发脱落、面部水肿、食欲下降、烦躁失眠、性欲减退等症状。曾口服雌孕激素有月经来潮。既往无肝炎、结核病史。体格检查：体温36.2 ℃，脉搏94次/min，血压11.9/7.9 kPa(90/60 mmHg)。面部轻度水肿。甲状腺无肿大。乳房发育欠丰满。心肺正常。肝脾未触及。双下肢无肿胀。妇科检查：阴毛稀少，阴道壁略萎缩，分泌物较少，宫颈光滑，子宫体略小，活动好，双附件无异常。舌淡，苔薄，脉沉细弱。辅助检查：阴道细胞成熟指数30/70/0。子宫输卵管碘油造影子宫形态正常，双输卵管通畅。血常规正常。血雌二醇90 pmol/L。

四、临床思维建立

因子宫输卵管碘油造影子宫形态正常、输卵管通畅，可排除结核病变。曾口服雌孕激素有月经，阴道细胞成熟指数底层细胞>20%，说明雌激素中度低落，应排除子宫性闭经。因卵巢雌激素水平低落可能为卵巢本身功能低下也可能由垂体或丘脑下部功能失调所致，本例无其他检查说明，不能肯定闭经原因是卵巢。若做垂体兴奋试验，若FSH>40 U/L，说明闭经原因是卵巢。8年前患产后感染性休克，存在致垂体缺血梗死的病因，产后无乳汁分泌、无生乳素释放、全身乏力、血压低，为肾上腺皮质功能减退的症候。面部水肿、怕冷、食欲下降，为甲状腺机能减退症状。阴毛稀少、生殖道萎缩、性欲减退，为性腺功能不足的表现。综合上述，可表明垂体促激素不足或很少。闭经原因应为垂体。为垂体性闭经。

处理：行激素替代治疗。

第三节 多囊卵巢综合征

一、基本纲要

了解：多囊卵巢综合征的主要临床表现及内分泌特征。

二、要点提示

1.多囊卵巢综合征(PCOS)是一种发病多因性、临床表现呈多态性的内分泌综合征，以雄激素过多和持续无排卵为临床主要特征，是导致生育期妇女月经紊乱最常见的原因之一。

2.其发病原因至今尚未阐明。

3.PCOS的主要内分泌特征：雄激素过多、雌激素过多、促性激素比例失常、胰岛素抵抗。

4.临床表现：月经失调、不孕、多毛、痤疮、肥胖黑棘皮症。

5.诊断：临床表现和辅助检查。

6.治疗：一般治疗、药物治疗、手术治疗

三、典型病案

患者，女，31岁，G_0P_0，婚后未避孕，10年未孕，查体发现多囊卵巢10 d。初潮时10岁，平素月经欠规律，7/15~25 d，量中等，近2年偶有痛经。本次月经2007年3月20日，前次月经2007年2月22日。规律性生活10年，未避孕至今未孕，10年前妇科超声示卵巢大（报告未见），未予特殊处理，4年前结婚，性生活正常，配偶的精液检查结果正常。患者于2007年3月14日超声检查示子宫肌瘤，双卵巢增大(多囊样改变)。月经第18天查激素水平：睾酮87 ng/dL，E2 32.33 pg/mL，胰岛素5.02 U/L，近年体重无明显改变，体毛正常，偶有泌乳症状，饮食睡眠好，大小便正常。体格检查：生命体征平稳，身高163 cm，体重73 kg，BMI 26.8 kg/m^2。营养良好，体毛正常，心、肺、腹查体无明显异常。神经系统查体示生理反射存在，病理反射未引出。妇科检查：外阴发育正常，已婚未产型，阴道通畅，分泌物少，色白，无异味，宫颈光滑，无接触性出血，子宫前位，形态正常，无压痛，双附件无增厚。辅助检查：性腺五项(2007年3月12日)：LH 116.72 IU/L，FSH 5.51 IU/L，T 87 ng/dL，E2 32.33 pg/mL，PRL 7.70 ng/mL。妇科超声检查(2007年3月14日)：子宫前位，4.9 cm×5.1 cm×3.8 cm，肌层不均，后壁外凸，实性低回声结节直径1.9 cm及0.7 cm，宫腔居中，内膜厚0.7 cm，右卵巢直径5.4 cm，内见多个囊腔，每平面10个，最大囊腔0.6 cm，左卵巢长径4.9 cm，回声同右侧，最大囊腔0.6 cm，CDFI未见异常。超声诊断：①子宫肌瘤(浆膜下?)；②双卵巢增大(多囊样改变？)。

四、临床思维建立

患者为育龄女性，婚后未避孕，10年未孕，诊断原发不孕。患者有明确的原发不孕病史，促黄体生成素(LH)/促卵泡生成激素(FSH)为116.72/5.51≥3，雄激素水平高。妇科B型超声见双侧卵巢均大于正常子宫的1/4以上，内有多个囊性卵泡，诊断为多囊卵巢综合征。B超检查见肌层不均，后壁外凸，实性低回声结节，诊断为子宫肌瘤。因位于后壁，较小，妇科检查未查及。

诊断：①多囊卵巢综合征；②子宫肌瘤；③原发不孕。

处理：在全身麻醉下行腹腔镜检查术、双侧卵巢打孔术+卵巢组织活检术+双输卵管通液术+子宫肌瘤剔除术。

第四节　痛　经

一、基本纲要

掌握：痛经的临床表现及治疗；经前期综合征的定义和可能的病因。

二、要点提示

1.原发性痛经的发生与月经时子宫内膜前列腺素(PG)含量增高有关。还受精神、神经因素影响，疼痛的主观感受也与个体痛阈有关。

2.临床表现：原发性痛经在青少年期常见，多在初潮后1~2年内发病，表现为月经期下腹坠痛，可伴发恶心、呕吐、腹泻、头晕、乏力等症状，严重时面色发白、出冷汗。

3.治疗：一般治疗应重视精神心理治疗，口服前列腺素合成酶抑制剂或口服避孕药。

三、典型病案

患者，女，16岁，G_1P_1。经行第2天，下腹剧痛1 h。平素月经规律，14岁初潮，周期28~32 d，经期5~7 d，量中，色暗红，夹血块，每次月经来潮第1、2天均出现下腹疼痛，甚至晕厥，需服止痛药，本次月经为8月29日，经前食冰冷寒凉食物，现经量中等，色暗红，夹血块，下腹疼痛，伴恶心、出汗，食欲差。查体：生命体征平稳，心肺无异常。全腹平软，下腹部正中轻压痛，无反跳痛。肛查：子宫稍小，无压痛，双附件压痛。B超检查示子宫稍小。

四、临床思维建立

患者是青少年期女性，有痛经病史，经期规律，于月经来潮第1、2天发病。经前食冰冷寒凉食物诱发。下腹痛为最主要症状，伴随乏力、纳差、恶心、呕吐、出汗等症状。首先考虑痛经。

肛查：子宫稍小，无压痛，双侧附件无压痛。B型超声检查：子宫稍小。可排除生殖道畸形导致痛经，如残角或始基子宫。既往月经规律，可排除处女膜闭锁、完全性阴道横隔。与继发性痛经鉴别，导致痛经的疾病如子宫内膜异位症、子宫腺肌症、慢性盆腔炎、宫内节育器、盆腔静脉淤血综合征等，多见于生育期妇女。生命体征平稳，全腹平软，下腹部正中轻压痛，无反跳痛。可与外科急腹症鉴别。鉴别如下表。

鉴别疾病	症状	体查	辅助检查
异位妊娠破裂	停经、不规则阴道流血、腹痛发作突然，呈撕裂样疼痛，并常伴有肛门坠胀	妇检患侧附件区压痛，可触及包块，后穹隆饱满、触痛，宫颈举痛。后穹隆穿刺抽出不凝血	妊娠试验阳性。超声宫内无妊娠囊，附件区不规则混合性包块
子宫内膜异位症	多见于30~40岁的妇女，痛经呈进行性加重。有原发性或继发性不孕	在宫颈后上方或韧带处有一个或数个质硬、触痛的结节	超声可协助诊断，必要时做腹腔镜检查可确定诊断
子宫腺肌症	继发性、进行性加剧的痛经，可有月经周期量增多或经期延长	子宫呈均匀性增大，呈球形，质地较硬，可有轻压痛	超声可协助诊断
胰腺炎	腹痛、腹胀、恶心、呕吐、发热、高热、黄疸	上腹部压痛、反跳痛及肌紧张	白细胞、血、尿淀粉酶升高。B型超声、CT有助于诊断
阑尾炎	早孕期转移性右下腹痛、恶心、呕吐。妊娠中、晚期无明显的转移性右下腹痛，腹痛和压痛的位置逐渐上升	查体腹麦氏点或稍高处有压痛、反跳痛和肌紧张。体温正常或升高。妊娠中、晚期查体压痛、反跳痛和肌紧张常不明显	白细胞计数>15×10⁹/L时有诊断意义。孕早期超声检查有一定帮助
急性胆囊炎及胆石症	有类似发作史，疼痛在右肋缘下，呈绞痛样阵发性加剧，可向右肩部放射，伴有寒战、发热、梗阻性黄疸	检查腹部时，可见右上腹有压痛和肌紧张；墨菲征阳性。右肋缘下还可以摸到肿大的胆囊，有触痛，随呼吸上下移动。	血常规检查，白细胞、中性粒细胞升高，B型超声显示胆囊增大、囊壁增厚、见胆囊结石

诊断：原发性痛经。

处理：热敷下腹部，服用前列腺素合成酶抑制剂，防止出现过强或痉挛性子宫收缩，从而减轻或消除痛经；或口服避孕药，以抑制子宫内膜的生长，减少月经量及排卵；也可口服解痉剂和镇静剂缓解症状。

第五节　围绝经期综合征

一、基本纲要

掌握：围绝经期综合征的预防措施及雌激素疗法的药物和适应证、禁忌证。

熟悉：围绝经期综合征的诊断。

了解：围绝经期综合征的病因病理及鉴别诊断。

二、要点提示

围绝经期综合征是指妇女绝经前后出现性激素波动或减少所致的一系列躯体及精神心理症状。

1.围绝经期的内分泌变化：雌激素水平不呈逐渐下降趋势、FSH水平升高。

2.临床表现：月经紊乱、雌激素下降的相关症状(潮热、记忆及认知功能症状、激动易怒、焦虑不安或情绪不能自我控制、阴道干燥、性交困难及反复发生的阴道炎，排尿困难等)。

3.诊断：病史、临床表现、FSH值、氯米芬兴奋试验。

4.治疗：一般治疗、激素替代疗法(适应证、禁忌证)、非激素类药物。

三、典型病案

患者，女，53岁，G_1P_1，潮热，出汗3年，加重伴右下腹部隐痛50 d，3年前感无故的烦恼，阵发性潮热，未诊治。因月经紊乱、周期长短不一、经量增多2年就诊，妇科检查发现子宫增大如7周妊娠大小，质硬，诊断为子宫肌瘤，于1976年12月8日行全子宫及双侧附件切除，手术经过顺利，病理报告子宫肌瘤。术后50 d自觉右腹部隐痛，四肢乏力，无故的烦恼，阵发性潮热较前加重，从上半身向上升起，直到颜面部，继之一阵出汗而缓解，每日发作10余次，每次持续数分钟，并有外阴部瘙痒症状。患者顾虑重，疑有癌症。体格检查：阴道残端愈合，盆腔内稍有增厚，无块物。辅助检查：血、尿检查正常。钡餐胃肠检查意见：盆腔内小肠有轻度粘连可能。

四、临床思维建立

患者53岁，围绝经期妇女，3年前自感无故的烦恼、阵发性潮热，卵巢切除后加重，诊断为围绝经期综合征。因雌激素水平波动或下降所致的以植物性神经系统功能紊乱合并神经心理症状为主的综合征，血管舒缩症状主要表现为潮热，是雌激素下降的特征性症状。情绪出现激动易怒、焦虑不安或情绪低落、抑郁寡欢、不能自我控制等情绪症状。围绝经期妇女卵巢功能衰退，切除后雌激素水平进一步下降，故而症状加重。术后出现腹痛，无腹胀、排气不畅等，钡餐胃肠检查意见：盆腔内小肠有轻度粘连可能。诊断为轻度肠粘连。

诊断：围绝经期综合征(卵巢切除术后)，轻度肠粘连。

处理：雌三醇口服、中药疏肝理气、腹部理疗等措施后，潮热等症状基本消失，腹痛好转，出院，门诊随访。

第六节　高泌乳素血症

一、基本纲要

了解：高泌乳素血症的定义、诊断、临床表现及治疗。

二、要点提示

1.定义：高泌乳素血症是指各种原因导致血清催乳激素异常升高，>1.14 nmol/L。

2.临床表现：月经紊乱及不育、溢乳、头痛、眼花及视觉障碍、性欲减退等。

3.诊断：临床症状+血清催乳激素、影像学检查、眼底检查。

4.治疗：药物治疗(溴隐亭)、手术、放疗。

三、课后复习题

(一)名词解释

1.功能失调性子宫出血

2.原发性闭经

3.继发性闭经

4.围绝经期综合征

5.经前期综合征

6.子宫性闭经

7.多囊卵巢综合征

8.无排卵性功血

9.黄体功能不足

10.子宫内膜不规则脱落

(二)填空题

1.正常月经的周期、持续时间、血量,表现明显的______和______。

2.无排卵性功血是由于单一雌激素刺激而无孕酮对抗引起的______或______。

3.排卵性功血有2种类型,______和______。

4.青春期功血的治疗原则:______,______,______。

5.围绝经期功血的治疗原则:______,______,______。

6.大量出血功血患者,要求在性激素治疗________内见效,______内出血基本停止,若______以上仍不止血,应考虑有______病变存在。

7.黄体功能不足是指月经周期中有卵泡发育及排卵,但黄体期______分泌不足使黄体______,导致子宫内膜______不良。

8.子宫内膜不规则脱落是指月经周期中有卵泡发育和排卵,黄体发育良好,但萎缩过程______,导致子宫内膜 ______。

9.垂体性闭经是腺垂体器质性病变或功能失调,影响______的分泌,继而影响而引起闭经。

10.多囊卵巢综合征患者多有______、______、______和______等症状,检查双侧卵巢呈______增大。

11.多囊卵巢综合征有两个重要特征:______和______。

12.围绝经期的最早变化是______功能衰退,然后才表现为______和______功能退化。

13.绝经期妇女血抑制素浓度______,较雌激素下降______且明显。

14.无排卵性功血是由于单一________刺激致成,补充孕激素使增生期内膜转化为______,此种内膜脱落彻底,又称为______。

(三)选择题

1.下列哪项不是无排卵性功血子宫内膜的病理变化 ( )

A.简单型增生过长　　B.复杂型增生过长

C.不典型增生过长　　D.增生期子宫内膜

E.分泌期子宫内膜

2.更年期功血的激素变化是 ( )

A.LH水平低 B.FSH水平低 C.FSH及LH均低

D.FSH及LH均高 E.孕激素水平高

3.青春期与更年期功血的治疗原则,下列哪一项不同 ( )

A.止血 B.调整周期 C.减少经量

D.改善全身状况 E.恢复卵巢功能

4.复杂型增生过长的病理特征是 ( )

A.瑞士下酪样外观 B.背靠背现象 C.腺上皮细胞层次增多

D.月经期仍表现为增生期形态 E.腺体少而小

5.为确定患者为子宫内膜脱落不全时,取子宫内膜行镜检的最合适时间是 ( )

A.月经来潮12 h内 B.排卵期前后 C.月经来潮第5~6天

D.月经前期 E.月经期任何时间

6.黄体萎缩不全型功血,其子宫内膜的病理改变为 ( )

A.腺型增生 B.囊型增生 C.间质增生

D.子宫内膜增生过长 E.子宫内膜增生与分泌并存

7.与子宫内膜癌的癌前病变关系最密切的是 ( )

A.子宫内膜简单型增生过长 B.子宫内膜复杂型增生过长

C.子宫内膜不典型增生过长 D.萎缩型子宫内膜

E.增生期子宫内膜

8.关于功血时使用性激素止血,下列不正确的是 ( )

A.孕激素可用于黄体萎缩不全

B.内膜增生过长可用孕激素止血

C.更年期功血患者止血可用雄激素

D.青春期无排卵型功血可采用人工周期疗法止血

E.无排卵型功血可用克罗米芬促排卵

9.治疗无排卵性功血,以下说法不正确的是 ( )

A.雌、孕激素序贯疗法适用于青春期功血

B.雌、孕激素合并应用适用于育龄期有避孕要求及更年期功血

C.雄激素有拮抗雌激素作用,单独应用效果良好

D.促排卵治疗适用于青春期和育龄期功血

E.口服避孕药可限制子宫内膜生长,使过度增生的内膜逐渐退化,可有效控制月经周期

10.HCG应用于排卵性月经失调的治疗是由于 ( )

A.HCG能使卵泡成熟并分泌雌激素

B.HCG有类似黄体生成素的作用,可促进及支持黄体

C.与雌激素竞争受体,接触雌激素的负反馈作用

D.加强卵泡发育,诱导排卵

E.抑制泌乳素的水平,调节垂体促性腺激素的分泌

11.子宫内膜不规则脱落的功血,其子宫内膜的病理改变为 ( )

A.腺型增生 B.囊型增生 C.间质增生

D.子宫内膜增生过长 E.子宫内膜增生与分泌并存

12.功血时使用性激素,下列不正确的是 ( )

A.雌激素可用于黄体萎缩不全 B.内膜增生过长可采用孕激素

C.更年期止血可用雄激素 D.无排卵性功血萎缩型内膜可用雌激素

E.无排卵性功血,可用克罗米芬促排卵

13.青春期无排卵性功血合并重度贫血,最恰当的止血方法是 ( )

A.黄体酮药物性刮宫 B.大剂量雄激素

C.大剂量雌激素 D.小剂量雌激素

E.以上都不是

14.功血与子宫内膜息肉最好的鉴别方法是 ( )

A.阴道脱落细胞涂片 B.基础体温

C.诊断性刮宫,内膜组织送病理检查 D.子宫输卵管碘油造影

E.根据病史及妇科检查鉴别

15.育龄妇女继发性闭经,孕酮试验阴性(-),下一步选择的检查方法是 ( )

A.基础体温测定 B.尿二醇测定 C.垂体兴奋试验

D.诊断性刮宫 E.雌激素试验

16.最简单而可靠的子宫性闭经诊断方法是 ( )

A.子宫输卵管碘油造影 B.阴道涂片 C.孕激素试验

D.雌激素试验 E.诊断刮宫

17.闭经的雌激素试验阴性,说明 ( )

A.说明体内无孕激素 B.病变在子宫内膜 C.病变在卵巢

D.病变在垂体 E.病变在下丘脑

18.闭经患者垂体兴奋试验阳性,可以证明 ( )

A.垂体性闭经 B.垂体功能正常,病变多在下丘脑

C.特纳综合征 D.有排卵 E.雌激素水平不足

19.下列哪项是子宫性闭经 ( )

A.给予孕酮,有子宫出血

B.给予孕酮,无子宫出血

C.雌激素及孕激素序贯用药,有子宫出血

D.雌激素及孕激素序贯用药,无子宫出血

E.给予促性腺激素,有子宫出血

20.未婚妇女,闭经,检查卵巢功能首选试验是 ( )

A.阴道脱落细胞检查 B.内膜活检 C.基础体温测定

D.宫颈黏液检查 E.血尿激素测定

21.闭经患者,用孕激素治疗,取得阳性结果,说明 ( )

A.子宫内膜损伤 B.子宫内膜高度萎缩

C.子宫内膜对雌激素不起反应 D.子宫内膜已受雌激素影响

E.子宫内膜缺如

22.患者26岁，婚后3年不孕，月经周期不规则。妇科检查无异常发现，基础体温呈单相型。应考虑为 ( )

A.无排卵性功血　　B.有排卵性功血　　C.黄体发育不全

D.黄体萎缩不全　　E.以上都不是

23.患者，女，28岁，继发闭经4个月。妇科检查：子宫无增大，双侧附件正常，尿妊娠试验阴性。肌内注射黄体酮10 mg/d，共5 d，停药后4 d有撤退性流血。再行垂体兴奋试验，注药后45 min黄体生成素增高8倍。引起此病例闭经的病变位于 ( )

A.丘脑下部　　B.垂体前叶　　C.卵巢

D.肾上腺皮质　　E.子宫

24.患者30岁，半年来月经不规则，月经周期为28~29 d，经期9~10 d，经量开始淋漓然后增多。妇科检查未发现异常，基础体温为双相型。应考虑为 ( )

A.无排卵型功能性子宫出血　　B.黄体萎缩不全　　C.正常月经

D.宫颈息肉　　E.慢性盆腔炎

25.患者32岁，已婚，以往月经正常，月经周期为28~29 d，经期6 d。3年前自然流产1次，流产后月经周期缩短为24~26 d，经期5~6 d，基础体温双相型，出现反复流产。此病例诊断为 ( )

A.无排卵型功血　　B.Asherman综合征　　C.黄体功能不足

D.子宫内膜不规则脱落　　E.多囊卵巢综合征

26.20岁未婚少女，18岁初潮，月经周期不规律，2~3个月来潮1次，每次经期达10余日，量多，无痛经。本例恰当诊断应是 ( )

A.月经过多　　B.黄体功能不足

C.子宫内膜不规则脱落　　D.无排卵型功血

E.以上都不是

27.15岁少女，月经周期延长，2~3个月来潮1次，经量多导致贫血，现阴道流血已8 d，量仍多。为止血目的，应采取的措施是 ( )

A.肌注黄体酮注射液　　B.口服小剂量雌激素

C.口服大剂量雌激素　　D.肌注丙酸睾丸酮

E.静脉滴注缩宫素

28.43岁妇女，月经周期延长，约2个月来潮1次，经期8~10 d，经量多。为确诊月经失调类型，在月经来潮前5 d检查，最有价值的辅助检查方法是 ( )

A.测基础体温　　B.阴道脱落细胞学检查

C.宫颈黏液涂片干燥后镜下检查　　D.子宫内膜活组织检查

E.测尿中孕二醇值

29.50岁女性，月经周期2~3个月，经期10~30 d，量多，贫血貌，药物治疗未奏效，刮宫，内膜报告：子宫内膜腺瘤型增生过长，部分不典型增生过长。本例处理建议 ( )

A.雌激素治疗　　B.孕激素治疗　　C.雄激素治疗

D.放疗　　E.子宫切除

30.一闭经患者，35岁，尿FSH水平高而雌激素水平较低，则考虑病变在 ( )

A.肾上腺疾病　　B.下丘脑　　C.垂体
D.卵巢　　E.子宫

31.一闭经患者,24岁,注射雌激素后,无药物撤退性流血,则应首先考虑为　　(　　)
A.肾上腺疾病　　B.下丘脑　　C.垂体
D.卵巢　　E.子宫

32.患者28岁,结婚3年未孕,月经周期40 d,经期5~6 d,现50 d未有月经来潮,基础体温双相,可能是　　(　　)
A.继发性闭经　　B.原发性闭经　　C.月经前期
D.妊娠　　E.黄体萎缩不全

问题33—35

患者女性,27岁,婚后3年未孕,且出现月经不规律,近半年出现闭经、发胖。

33.最可能的诊断是　　(　　)
A.闭经—溢乳综合征　　B.卵巢早衰　　C.子宫性闭经
D.下丘脑性闭经　　E.多囊卵巢综合征

34.最重要的辅助检查是　　(　　)
A.腹腔镜检查　　B.内分泌检查　　C.BUS检查
D.MRI检查　　E.头部CT

35.下列哪项不是应有的内分泌特征　　(　　)
A.雄激素过多　　B.LH升高　　C.FSH水平低
D.胰岛素过少　　E.LH/FSH为2~3

问题36—38

49岁妇女,近两年来月经不规律,周期延长,经期延长,经量多,此次月经量多已3 d。妇科检查,子宫正常大小。血常规提示重度贫血。

36.应给予的处理是　　(　　)
A.子宫输卵管造影　　B.尿妊娠试验　　C.测基础体温
D.诊断性刮宫,并送病理　　E.以上都不是

37.若B型超声检查提示子宫及双附件未见异常,该患者的诊断应为　　(　　)
A.围绝经期综合征　　B.有排卵性功血　　C.黄体功能不足
D.更年期无排卵性功血　　E.正常生理现象

38.若病理回报为:子宫内膜重度不典型增生,则下一步的处置应为　　(　　)
A.雌激素、孕激素序贯疗法　　B.人工周期疗法
C.纠正贫血的同时,行全子宫切除手术　　D.宫腔镜下行内膜电切术
E.只需纠正贫血,不用其他处置

问题39—42

患者28岁,已婚,以往月经正常,近4个月月经周期为21~23 d,经期4~8 d,中量,无腹痛、发热。

39.采集病史时,应特别注意询问　　(　　)
A.既往月经史　　B.既往是否有反复自然流产史
C.用药情况　　D.流血的性状

E.有无痛经

40.若B型超声检查提示子宫及双附件未见异常,还应做的辅助检查是 ( )

A.基础体温　B.阴道脱落细胞检查　C.宫颈涂片

D.激素水平测定　E.以上均可

41.若基础体温为双相,该患诊断应为 ( )

A.黄体功能不足　B.无排卵性功血

C.子宫内膜不规则脱落　D.内膜异位症引起的出血

E.以上都不是

42.该患者的主要治疗是 ( )

A.氯米芬　B.HCG　C.雌激素

D.雄激素　E.孕激素

问题43—45

A.诊刮大量雌激素使内膜迅速恢复　B.大量孕激素,药物性刮宫

C.大量雌激素,减少出血　D.大量止血药以减少出血

E.切除子宫

43.16岁,停经2个月,大量阴道出血伴重度贫血 ( )

44.54岁,停经2个月,大量阴道出血伴重度贫血 ( )

45.38岁,停经2个月,尿HCG(-),大量阴道出血伴重度贫血 ( )

问题46、47

A.子宫内膜增生过长　B.子宫内膜不规则脱落

C.黄体功能不全　D.萎缩型子宫内膜

E.分泌期子宫内膜

46.25岁妇女,月经周期正常,经期延长,现为月经第5天,进行刮宫,此时内膜活组织检查为 ( )

47.49岁妇女,月经周期为2~4个月1次,经期延长,经量多,末次月经持续20 d,现又有2个月未来潮。此时内膜活组织检查为 ( )

问题48—52

A.无排卵性功血　B.有排卵功血

C.黄体功能不足　D.子宫内膜不规则脱落

E.子宫内膜不典型增生过长

48.女性,28岁,妊娠3次均自然流产,基础体温双相,持续时间短 ( )

49.女性,45岁,反复功血,诊刮后需手术治疗的病理类型 ( )

50.多发与青春期及更年期 ( )

51.女性,30岁,近两年经期长达10 d,基础体温双相 ( )

52.多发于生育年龄的妇女 ( )

问题53—57

A.子宫性闭经　B.卵巢性闭经　C.垂体性闭经

D.下丘脑性闭经　E.原发性闭经

53.女性,18岁,第二性征已发育无月经来潮 ( )

54.女性，24岁，人工流产后7个月无月经来潮，有周期下腹痛　（　）

55.最常见的一类闭经　（　）

56.女性，32岁，肥胖，多毛，闭经4年，不孕，LH/FSH>2　（　）

57.产后大出血休克，现产后2年，闭经、无乳、性欲减退、毛发脱落、第二性征衰退、生殖器官萎缩　（　）

(四)简答及论述题

1.无排卵性功血药物治疗的原则有哪些？

2.多囊卵巢综合征有什么临床特征？

3.简述无排卵性功血的临床表现。

4.试述排卵性月经失调的诊治。

5.试述多囊卵巢综合征患者的激素特征。

6.无排卵性功血的辅助检查有哪些？

四、复习题答案

(一)名词解释

1.功能失调性子宫出血：简称功血，为妇科常见病。它是由于调节生殖的神经内分泌机制失常引起的异常子宫出血，而全身及内外生殖器官无器质性病变存在。功血可分为排卵性和无排卵性两类，其中85%病例属于后者。

2.原发性闭经：指年龄超过6岁（有地域差异），第二性征已发育，或年龄超过14岁，第二性征尚未发育且无月经来潮者。

3.继发性闭经：指以往曾建立正常月经，但此后因某种病理性原因而月经停止6个月，或按自身原来月经周期计算停经3个周期以上者。

4.围绝经期综合征：从接近绝经至绝经1年内出现与绝经有关的内分泌、生物学和临床特征等一系列性激素减少所致的症状。

5.经前期综合征：是指妇女反复在黄体期周期性出现躯体、精神以及行为方面的改变，严重者影响生活质量，月经来潮后，症状自然消失。其病因不明，可能由于卵巢激素、中枢神经传递和自主神经系统失调综合作用引起。如雌、孕激素比例失调，神经类阿片肽异常，精神因素等。

6.子宫性闭经：是指月经调节功能正常，第二性征发育也往往正常，但子宫内膜受到破坏或对卵巢激素不能产生正常的反应，引起闭经。如最常见的Asherman综合征、子宫内膜炎、子宫切除后或宫腔放疗后以及其他内分泌功能异常。

7.多囊卵巢综合征：是主要由于持续无排卵和雄激素过多引起。主要表现为月经失调，绝大多数是继发性闭经、不孕、多毛、肥胖、黑棘皮症，与雄激素过多有关，双侧卵巢增大。

8.无排卵性功血：是由于促性腺激素或卵巢激素在释出或调节方面的暂时性变化，体内外各种因素均可通过大脑皮质和中枢神经系统影响下丘脑—垂体—卵巢轴的相互调节，影响激素的合成、转运和对靶器官的效应而导致月经失调。无排卵性功血主要发生于青春期和围绝经期妇女。

9.黄体功能不足：是排卵型月经失调性功血的一种。黄体功能不足的病理表现为子宫内膜腺体分泌不足，间质水肿不明显，也可观察到腺体与间质发育的不同步现象，或在内膜各个部位显示分泌反应不均。临床表现为月经周期缩短，月经频发；或周期正常，但卵泡期延长，黄体期缩短，以致患者不易受孕或易于在孕早期流产。

10.子宫内膜不规则脱落：是由于下丘脑—垂体—卵巢轴调节功能紊乱引起黄体萎缩不全，内膜持续受孕激素影响，以致不能如期完整脱落。其病理表现为月经期第5~6天仍能见到呈分泌反应的内膜。临床表现为月经间隔时间正常，但经期延长，长达9~10 d，且出血量多。

(二)填空题

1.规律性　自限性

2.雌激素撤退性出血　雌激素突破性出血

3.黄体功能不足　子宫内膜不规则脱落

4.止血　调整周期　促使卵巢排卵

5.止血　调经　减少经量

6.6 h　24~48 h　96 h　器质性

7.孕激素　过早衰退　分泌反应

8.过长　不规则脱落

9.促性腺激素

10.月经稀发　闭经　不孕　多毛　肥胖　多囊性

11.持续无排卵　雄激素过多

12.卵巢　下丘脑　垂体

13.下降　早

14.雌激素　分泌期　药物性刮宫

(三)选择题

1.E　2.D　3.E　4.B　5.C　6.E　7.C　8.D　9.C　10.B　11.E　12.A　13.C　14.C　15.E　16.D　17.B　18.B　19.D　20.C　21.D　22.A　23.A　24.B　25.C　26.D　27.C　28.D　29.E　30.D　31.E　32.D　33.E　34.B　35.D　36.D　37.D　38.C　39.B　40.E　41.A　42.E　43.C　44.A　45.A　46.B　47.A　48.C　49.E　50.A　51.D　52.B　53.E　54.A　55.D　56.B　57.C

(四)简答题

1.青春期少女以止血、调整周期、促使卵巢排卵为主进行治疗；围绝经期妇女止血后以调整周期、减少经量为原则。

2.多囊卵巢综合征主要由于持续无排卵和雄激素过多引起。主要表现为月经失调，绝大多数是继发性闭经、不孕、多毛、肥胖、黑棘皮症，与雄激素过多有关，双侧卵巢增大。

3.无排卵性功血患者可有各种不同的临床表现。最常见的症状是子宫不规则出血，特点是月经周期紊乱，经期可长可短，经量可多可少，甚至大量出血。妇科检查子宫大小在正常范围，出血时子宫较软。

4.排卵性月经失调常见2种类型：黄体功能不足的病理表现为子宫内膜腺体分泌不足，间质水肿不明显，也可观察到腺体与间质发育的不同步现象，或在内膜各个部位显示分泌反应不均。临床表现为月经周期缩短、月经频发；或周期正常，但卵泡期延长，黄体期缩短，以致患者不易受孕或易于在孕早期流产。诊断：有月经周期缩短、不孕或早期流产病史。妇科检查生殖器官在正常范围内；基础体温双相型，排卵后体温上升缓慢，升高时间仅维持9~10 d即下降。子宫内膜显示分泌反应不良。治疗：促进卵泡发育；黄体功能刺激疗法；黄体功能替代疗法。另一种类型为子宫内膜不规则脱落，由于下丘脑—垂体—卵巢轴调节功能紊乱引起黄体萎缩不全，内膜持续受孕激素影响，以致不能如期完整脱落。其病理表现为月经期第5~6天仍能见到呈分泌反应的内膜。临床表现为月经间隔时间正常，但经期延长，长达9~10 d，且出血量多。诊断：除典型的临床表现外，基础体温双相型，但下降缓慢。诊断性刮宫应在月经期第5~6天进行，仍能见到呈分泌反应的内膜，与出血期及增生期内膜并存。治疗药物：孕激素、绒毛膜促性腺激素。

5.由于长期不排卵，雌激素负反馈作用使垂体分泌卵泡刺激素（FSH）水平低，月经中期不出现高峰；雌激素正反馈作用促使性腺激素（LH）持续分泌呈高水平，也不形成高峰。FSH/LH>2~3，影响卵泡发育不能达到成熟，也不发生排卵。雌二醇测定为正常值或稍高，雌酮/雌二醇比值高于正常周期。血清睾酮、雄烯二酮增高。

6.诊断性刮宫可排除子宫内膜病变和达到止血的目的。为了确定排卵或黄体功能，应在经前期或月经来潮6 h内刮宫，不规则流血者可随时刮宫。可见增生期子宫内膜，基础体温测定呈单相型，提示无排卵。宫颈黏液结晶检查，经前出现羊齿植物叶状结晶提示无排卵。阴道脱落细胞于经前期涂片检查呈中、高度雌激素影响。更准确的是激素测定，可测定血清孕酮或尿孕二醇呈低值。

第三十四章　子宫内膜异位症和子宫腺肌病

一、基本纲要

掌握：子宫内膜异位症的治疗方法。

熟悉：子宫内膜异位症的临床特征、诊断及鉴别诊断。

了解：子宫内膜异位症的有关发病因素和病理变化。

二、要点提示

（一）子宫内膜异位症

1.概念：具有活性的子宫内膜组织出现在子宫内膜以外部位。

2.临床特征

(1)症状：下腹痛和痛经、不孕、月经异常、性交不适和其他特殊症状。

(2)体征：子宫后倾固定，盆腔内扪及触痛性结节、囊实性包块，活动度差，可见紫蓝色斑点、小结节或包块。

3.诊断

(1)临床特征。

(2)辅助检查：影像学检查、血清CA125值测定、抗子宫内膜抗体、腹腔镜检查。

4.鉴别诊断：卵巢恶性肿瘤、盆腔炎性包块、子宫腺肌病。

5.治疗方法：(1)期待疗法。(2)药物治疗。(3)手术治疗。(4)手术与药物联合治疗。(5)不孕的治疗。

（二）子宫腺肌病

1.概念：子宫内膜腺体及间质侵入子宫肌层。

2.临床表现

(1)症状：经量过多、经期延长、逐渐加重的进行性痛经。

(2)体征：子宫呈均匀性增大或局限性结节隆起。

三、典型病案

患者，女，30岁，G_0P_0，婚后性生活正常，未避孕4年未孕。平素月经规律，近3年出现经期腹痛，并逐渐加重。男方精液检查未见明显异常。妇科检查：外阴、阴道、宫颈未见异常；子宫后倾后屈位，大小正常，后壁颈峡部可扪及触痛性结节；右侧附件区可触及一囊肿，大小约4 cm×5 cm，活动差。左侧附件未触及明显异常。

四、临床诊治思路

1.患者育龄期已婚女性，男方精液检查未见明显异常，排除男性不育因素，考虑为女性不孕因素引起不孕症。患者平素月经规律，有继发性痛经进行性加重和不孕史，盆腔检查时扪及盆腔内有触痛性结节或子宫旁有不活动的囊性包块，即可初步诊断为子宫内膜异位症。而确诊本病尚需下列辅助检查。

2.①影像学：B型超声检查可确定异位囊肿位置、大小、形状，但不能单纯依靠B型超声图像确诊。盆腔CT及MRI对盆腔内膜异位症有诊断价值。②血清CA125在诊断早期内膜异位症时，腹腔液CA125值较血清更有意义。在治疗有效时CA125降低，复发时增高，其监测疗效和复发较诊断更有临床价值。③抗子宫内膜抗体是内膜异位症的标志抗体，但测定方法繁琐，敏感性不高。④腹腔镜检查是目前诊断内膜异位症的最佳方法。本典型病案患者疑为内膜异位症的不孕症患者，应在腹腔镜检查或剖腹探查直视下才能确定内膜异位症临床分期。

3.患者附件区触及包块，还应考虑下列疾病可能：① 卵巢恶性肿瘤：患者一般情况差，除有盆腔包块外，多伴有腹水。B型超声检查包块多为混合性或实性，血清CA125值多显著升高。腹腔镜检查或剖腹探查可鉴别。② 盆腔炎性包块：多有急性盆腔感染和反复感染发作史，疼痛无周期性，平时亦有下腹部隐痛，可伴有发热和白细胞增高等，抗生素治疗有效。③ 子宫腺肌病：痛经症状与内膜异位症相似，甚至更剧烈。子宫多呈均匀性增大，质硬。经期检查时，子宫触痛明显。患者病情与上述疾病不相符，故诊断为子宫内膜异位症。

4.治疗：内膜异位症的治疗方法根据患者年龄、症状、病变部位和范围及对生育要求等选择，强调个性化治疗。患者年轻有生育要求，故尽早行不孕的各项检查如子宫输卵管造影或输卵管通畅试验，特别是行腹腔镜下输卵管通液检查，镜下对病症进行处理解除输卵管粘连扭曲，促使其尽早受孕。一旦妊娠，异位内膜病灶坏死萎缩，分娩后症状缓解并有望治愈。

五、课后复习题

（一）名词解释

1.子宫内膜异位症

2.子宫腺肌瘤病

3.假孕疗法

4.药物性卵巢切除

（二）填空题

1.子宫内膜异位症的典型症状是______，且______。

2.凡育龄妇女有继发性痛经进行性加重和不孕史，盆腔检查时扪及盆腔内有触痛结节或子宫旁有不活动的囊性包块，即可初步诊断为______。但临床上尚需借助下列辅助检查：______、______、______。

3.目前临床上采用的性激素治疗法有：______、______、______、______、______、______。

4.子宫内膜异位症的手术治疗适用于______；______。根据手术范围的不同，可分为______、______和______三类。

5.子宫内膜异位症的病理检查，镜检可见______或是______及______。

（三）选择题

1.子宫内膜异位症最常侵犯的部位是　（　）

A.卵巢　　B.输卵管

C.子宫后壁下段　　D.宫骶韧带

E.直肠子宫陷凹

2.关于子宫内膜异位症的病因,错误的是　( )

A.与经血倒流有关　　B.均属医源性疾病

C.与淋巴及静脉播散有关　　D.与免疫机制不正常有关

E.可能来源于体腔上皮化生

3.子宫腺肌病的特点,错误的是　( )

A.多见于经产妇　　B.半数合并子宫肌瘤

C.子宫呈均匀性增大　　D.病灶有子宫内膜腺体和间质

E.80%合并子宫内膜异位症

4.女,28岁。结婚3年未孕。平素下腹隐痛,经期明显加重,阴道后穹隆触痛结节。为确诊,有价值的辅助检查是　( )

A.B型超声检查　　B.诊断性刮宫

C.宫腔镜检查　　D.腹腔镜检查

E.子宫输卵管碘油造影

5.女,29岁。经期腰骶部疼痛1年,妇科检查:子宫正常大,直肠子宫陷凹扪及触痛结节。本例应询问的重要病史是　( )

A.有无消瘦　　B.有无发热

C.有无性交痛　　D.月经是否规则

E.阴道分泌物是否增多

6.女,31岁。因痛经5年行腹腔镜检查。镜下见子宫正常大,子宫峡部后壁散在紫蓝色结节。本例最可能的诊断是　( )

A.盆腔结核　　B.子宫腺肌病

C.子宫内膜异位症　　D.盆腔炎性疾病后遗症

E.盆腔静脉淤血综合征

7.女,26岁。结婚2年不孕,月经周期规则,痛经2年,每次需服止痛药。妇科检查:子宫后倾屈,近正常大,不活动,右侧卵巢内6 cm×4 cm×4 cm囊性肿物,右侧骶韧带处有触痛硬结。本例最可能的阳性辅助检查结果是　( )

A.丈夫精液异常　　B.血清AFP增高

C.血清CA125增高　　D.输卵管呈串珠样改变

E.月经第21天血孕酮31.8 nmol/L

问题8—11

A.达那唑　　B.孕三烯酮

C.戈舍瑞林　　D.甲羟孕酮

E.雄激素

8.无转氨酶升高的不良反应的药物为　( )

9.对肝功能影响较小,很少因转氨酶过度升高而需中途停药的药物有　( )

10.常见不良反应为不规则点滴状出血的药物为　( )

11.属于17a-乙炔睾丸酮衍生物的药物为　( )

问题12、13

A.保留生育功能的手术　　B.保留卵巢功能的手术

C.根治性手术　　D.期待疗法

E.促排卵治疗

12.女，32岁，人工流产后继发不孕，进行性痛经4年，平日月经规则，BBT呈双相型，妇科检查：子宫后位，大小正常，欠活动，其后壁下段有小结节，左附件可扪及6 cm×4 cm×4 cm大小的粘连性肿块，此患者应予何种治疗方法　（　）

13.女性，42岁，因继发性进行性痛经，经量明显增多4年来就诊，G_3P_2，妇科检查：子宫后位，双侧附件稍厚，无压痛。此患者应予何种治疗方法　（　）

问题14—16

有关子宫内膜异位症的治疗：

A.药物疗法　　B.保守生育功能手术

C.保留卵巢功能手术　　D.根治性手术

E.随访观察

14.症状和病变均严重的无生育要求的内膜异位症患者可考虑　（　）

15.年轻无继续生育要求的重度内膜异位症患者可采用　（　）

16.有生育要求的内膜异位症患者，药物治疗无效宜采用　（　）

问题17—19

A.卵巢　　B.宫骶韧带

C.子宫下部后壁浆膜　　D.直肠子宫陷凹

E.宫颈　　F.会阴切口

G.肾

17.妇科检查发现子宫一侧囊性包块，活动受限，该患者病变累及部位是　（　）

18.患者主诉深部性交痛，病变可能累及部位是　（　）

19.患者病因最适用于用种植学说解释的病变累及部位是　（　）

问题20、21

女，29岁。痛经3年。妇科检查：子宫后壁有2个触痛性硬韧、触痛结节，左侧附件区扪及鸭卵大、活动不良的囊性肿物。

20.本例左附件区囊性肿物最可能的是　（　）

A.卵巢子宫内膜异位囊肿　　B.输卵管卵巢囊肿

C.多囊卵巢综合征　　D.输卵管积水

E.异位妊娠

21.为进一步确诊，最有价值的辅助检查是　（　）

A.刮宫活组织检查　　B.子宫输卵管碘油造影

C.盆腔超声检查　　D.腹腔镜检查

E.腹部X线片

问题22、23

女，32岁。经期疼痛5年，近2年加重，需服止痛药。妇科检查：子宫后倾屈，正常大，硬，活动差，左侧附件区可触及5 cm×5 cm囊性肿物，活动不良。

22.本例最可能的诊断是　　　　　　　　　　　　（　　）

A.原发性痛经　　　　　　　　　　B.陈旧性宫外孕

C.卵巢子宫内膜异位囊肿　　　　　D.卵巢囊肿蒂扭转

E.盆腔炎性疾病后遗症

23.本例发病的原因错误的是　　　　　　　　　　（　　）

A.月经血播散引起　　　　　　　　B.月经期做盆腔检查引起

C.机体免疫功能紊乱引起　　　　　D.子宫肌瘤和子宫肥大症引起

E.卵巢生发上皮和腹膜化引起

问题24、25

女，31岁。结婚2年未孕，月经周期规则，近1年痛经，进行性加重。曾行输卵管通液检查示通畅。妇科检查：子宫后倾屈，正常大，不活动，宫骶韧带有触痛结节，左侧附件区可触及4 cm×3 cm×3 cm不活动、有压痛包块。

24.本例不准确的处理措施是　　　　　　　　　　（　　）

A.B型超声检查　　　　　　　　　B.行腹腔镜检查

C.试用假孕疗法　　　　　　　　　D.行宫腔镜检查

E.试用妇康片治疗

25.为进一步确诊，首选的辅助检查是　　　　　　（　　）

A.子宫内膜病理检查　　　　　　　B.输卵管碘油造影

C.基础体温测定　　　　　　　　　D.腹腔镜检查

E.剖腹探查

（四）简答题

1.子宫内膜异位症的治疗原则是什么？

2.简述子宫内膜异位症的预防。

3.简述子宫内膜异位症的发病机制。

六、复习题答案

（一）名词解释

1.子宫内膜异位症：子宫内膜组织（腺体及间质）出现在子宫体以外部位时，称为子宫内膜异位症。

2.子宫腺肌瘤：子宫腺肌病时，少数子宫内膜在子宫肌层中呈局限性生长，形成结节或团块，类似子宫肌壁间肌瘤，称为子宫腺肌瘤。

3.假孕疗法：长期服用避孕药，造成类似妊娠的人工闭经，称为假孕疗法。它是子宫内膜异位症药物治疗方法的一种。

4.药物性卵巢切除：促性腺激素释放激素激动剂（GnRH-a）能促进垂体细胞释放LH和FSH。若长期使用GnRH-a，垂体GnRH受体被耗尽，将对垂体产生相反的调节作用，即垂体分泌的促性腺激素减少，导致卵巢分泌的激素显著下降，出现暂时性闭经，故称此疗法为药物性卵巢切除。

（二）填空题

1.继发性痛经　进行性加重

2.子宫内膜异位症　影像学检查　CA125值测定　腹腔镜检查

3.口服避孕药　孕激素　孕激素受体调节剂　孕三烯酮　达那唑　促性腺激素释放激素激动剂

4.药物治疗后症状不缓解,局部病变加剧或生育功能仍未恢复者　卵巢子宫内膜囊肿直径大于5 cm，特别是迫切希望生育者　保留生育功能手术　保留卵巢功能手术　根治性手术

5.子宫内膜上皮　内膜腺体腺样结构　内膜间质出血

(三)选择题

1.A　2.B　3.E　4.D　5.C　6.B　7.C　8.C　9.B　10.D　11.A　12.A　13.B　14.D　15.C　16.B　17.A　18.D　19.E　20.A　21.D　22.C　23.D　24.D　25.D

(四)简答题

1.子宫内膜异位症的治疗应根据患者年龄、症状、病变部位和范围以及对生育的要求等情况加以全面考虑。(1)病变轻微、无症状或症状轻微者,一般可数月随访一次,经期有轻微疼痛时,可给予前列腺素抑制剂对症治疗。(2)希望生育的患者,应做不孕的各项检查。(3)轻度患者先行药物治疗。(4)有生育要求的重度患者行保留生育功能手术。(5)无生育要求的年轻重度患者采用保留卵巢功能手术,术后用性激素巩固治疗。(6)无生育要求的较年长重度患者考虑根治性手术。

2.(1)防止经血逆流。(2)避免手术操作引起的子宫内膜异位症 。

3.(1)种植学说:①经血倒流;②淋巴及静脉播散。(2)体腔上皮化生学说。(3)诱导学说。 (4)子宫内膜发生异位后,能否形成内膜异位症还与下列因素有关:①遗传因素;②免疫因素与炎症。

第三十五章　女性生殖器官发育异常

一、基本纲要

了解:女性生殖器官发育异常。

二、要点提示

<table>
<tr><td rowspan="13">女性生殖器畸形</td><td rowspan="3">生殖器官发生</td><td>(1)生殖腺的发生</td></tr>
<tr><td>(2)生殖管道的发生</td></tr>
<tr><td>(3)外生殖器的发生</td></tr>
<tr><td rowspan="7">女性生殖器官发育异常</td><td>(1)处女膜闭锁</td></tr>
<tr><td>(2)阴道发育异常</td></tr>
<tr><td>(3)先天性宫颈闭锁</td></tr>
<tr><td>(4)子宫未发育或发育不全</td></tr>
<tr><td>(5)子宫发育畸形</td></tr>
<tr><td>(6)输卵管发育异常</td></tr>
<tr><td>(7)卵巢发育不全</td></tr>
<tr><td rowspan="3">两性畸形</td><td>(1)女性假两性畸形</td></tr>
<tr><td>(2)男性假两性畸形</td></tr>
<tr><td>(3)生殖腺发育异常</td></tr>
</table>

三、课后复习题

1.下列不属于管道形成受阻的是　(　　)

A.处女膜闭锁　B.阴道闭锁　C.无子宫

D.阴道斜隔　E.阴道横隔

2.下述不属于子宫畸形的是　(　　)

A.鞍形子宫　B.双子宫　C.幼稚子宫

D.单角子宫　E.残角子宫

3.一侧副中肾管发育正常,另侧发育不全,形成的异常子宫为　(　　)

A.双角子宫　B.幼稚子宫　C.纵隔子宫

D.无子宫　E.残角子宫

4.尿生殖窦上皮未能贯穿前庭部导致　(　　)

A.处女膜闭锁　B.无阴道　C.阴道闭锁

D.阴道纵隔　E.双子宫

5.下列不是处女膜闭锁的临床表现为　(　　)

A.日益严重的周期性腹痛

B.严重时有肛门坠胀、便秘、尿频、尿潴留

C.处女膜向外膨隆，呈紫色，但无阴道口

D.肛指检查扪及阴道呈球状压向直肠，重者子宫扩大并推向腹部

E.反复月经来潮，经血由子宫、输卵管倒流入盆腔

6.关于子宫未发育或发育不全，下述正确的是　　　　(　　)

A.一旦确诊双子宫，立即切除一侧子宫，保留另一侧

B.残角子宫妊娠时可在医师监护下足月分娩

C.中隔子宫可经子宫输卵管碘油造影确诊

D.双角子宫一旦确诊，尽早行整形手术

E.始基子宫主张采用雌、孕激素序贯治疗

四、复习题答案

1.C　2.C　3.E　4.A　5.E　6.C

第三十六章　女性盆底功能障碍性疾病

一、基本纲要

了解：女性盆底功能障碍性疾病。

二、要点提示

1.盆腔脏器脱垂：阴道前壁脱垂、阴道后壁脱垂、子宫脱垂。

2.压力性尿失禁。

3.生殖道瘘：尿瘘、粪瘘。

三、典型病案

患者，女，64岁，G_5P_5。绝经14年，近2年下腹坠胀并有块状物脱出至阴道口外。妇科检查：阴道前壁膨出明显，宫颈外口位于处女膜缘，有较大溃疡形成。

该病最可能的诊断是什么？恰当的手术方式是什么？

四、临床诊治思路

患者为64岁妇女，有多产史，表现为下腹坠胀及阴道有物脱出，首先考虑脏器脱垂，具体为什么脏器。再结合妇科检查：阴道前壁膨出明显，宫颈外口位于处女膜缘，符合阴道前壁脱垂及子宫脱垂Ⅰ度—重型的诊断。手术方式应为阴道子宫切除及阴道前壁修补术。

五、课后复习题

(一)名词解释

1.子宫脱垂

2.压力性尿失禁

3.尿瘘

4.粪瘘

(二)选择题

1.一老年女性，绝经2年，生2胎，近2年来行走时有块状物脱出阴道，平卧时消失，妇检嘱患者使用腹压时，见宫颈口外露于阴道外口，则该病是　(　　)

A.子宫Ⅱ度脱垂　B.阴道前壁膨出　C.子宫Ⅲ度脱垂

D.会阴Ⅲ度裂伤　E.压力性尿失禁

2.女性，农民，33岁，生1胎，诉下腹坠胀、腰痛半年，久站或负重时以上症状加重，妇检时患者使用腹压时，见阴道前壁向外突出，触及宫颈外口在坐骨棘水平，则该病为　(　　)

A.子宫Ⅱ度脱垂　B.阴道前壁膨出　C.子宫Ⅲ度脱垂

D.会阴Ⅲ度裂伤　E.压力性尿失禁

3.女性，26岁，农民，生1胎，自产后有尿急感，近1年在参加劳动或大笑时有尿液流出，

经常湿了内裤，则该病是　（　）

A.子宫Ⅱ度脱垂　B.阴道前壁膨出　C.子宫Ⅲ度脱垂

D.会阴Ⅲ度裂伤　E.压力性尿失禁

4.下列哪项组织与子宫脱垂的发生无关　（　）

A.肛提肌　B.卵巢固有韧带　C.主韧带

D.子宫骶韧带　E.圆韧带

5.子宫脱垂病因不包括　（　）

A.分娩损伤　B.产褥期过度劳累　C.腹压增加

D.早婚　E.卵巢功能衰退

6.与子宫脱垂发生无关的是　（　）

A.产后过早参加重体力活动　B.长期习惯性便秘　C.多次阴道分娩

D.分娩损伤　E.手取胎盘

7.预防子宫脱垂最主要的措施是　（　）

A.积极开展计划生育　B.正确接产，避免产伤

C.预防习惯性便秘的发生　D.老年人应做盆底保健操

E.加强营养，增强体质

8.我国发生尿瘘最常见的原因是　（　）

A.产伤　B.膀胱病变　C.放射性损伤

D.妇科手术损伤　E.阴道内放腐蚀性药物

问题9、10

某女，33岁，主诉排便时阴道脱出块状物，妇科检查：用力屏气时阴道前壁半球状膨出，宫颈较长，宫颈外口在阴道口内3.5 cm，宫体后倾屈、正常大，附件区未扪及。

9.本例最可能的诊断是　（　）

A.阴道前壁膨出　B.阴道后壁膨出　C.子宫Ⅱ度脱垂

D.子宫Ⅰ度脱垂合并膀胱膨出　E.子宫Ⅱ度脱垂合并膀胱膨出

10.本例恰当的处理措施是　（　）

A.阴式子宫全切除术　B.阴道前壁修补术　C.经腹子宫全切除术

D.阴式子宫全切除术+阴道壁修补术　E.Manchester手术

11.患者43岁，因子宫内膜异位症行子宫全切+双卵巢巧克力囊肿剥除术，术中盆腔粘连紧密，手术困难，术后6 d诉在某一定体位时，阴道内有液体流出，量不多，拟诊断为尿瘘，采取下列何项检查为宜　（　）

A.目前尿瘘新鲜伤口，立即进手术室行修补术

B.留导尿管、抗炎、支持疗法，有自然愈合可能

C.支持疗法到术后6个月血供正常后再行修补

D.等下次月经干净3 d内来做修补

E.可采用集尿器保守治疗，不必手术

12.子宫脱垂最主要的原因是　（　）

A.圆韧带松弛　B.阔韧带松弛　C.主韧带松弛

D.骨盆漏斗韧带松弛　E.盆底肌、筋膜及子宫韧带松弛

13.某女，62岁，近2年阴道口脱出一块状物，逐渐增大，咳嗽、大哭时伴尿液流出。妇科检查：会阴Ⅱ度陈旧性裂伤，阴道前后壁膨出，宫颈光滑，用力时宫颈脱出阴道口外，子宫萎缩，双附件正常。本例应诊断为子宫脱垂 （ ）

A.Ⅰ度重型伴阴道前后壁脱垂 B.Ⅱ度轻型伴会阴陈旧性裂伤

C.Ⅲ度伴压力性尿失禁 D.Ⅱ度轻型伴阴道前后壁脱垂

E.Ⅱ度重型伴压力性尿失禁

14.放置子宫托的注意事项不包括 （ ）

A.宫颈有恶变可疑禁用 B.放置前应选择好子宫托大小

C.子宫托应每3个月换一次 D.生殖器有急慢性炎症不宜放置

E.应每晨起床后放入，每晚睡前取出

（三）简答题

1.试述子宫脱垂的临床分度。

2.子宫脱垂如何治疗？

六、复习题答案

（一）名词解释

1.子宫脱垂：子宫从正常位置沿阴道下降，宫颈外口达坐骨棘水平以下，甚至子宫全部脱出于阴道口以外，称为子宫脱垂，常伴有阴道前壁和后壁脱垂。

2.压力性尿失禁：指增加腹压甚至休息时，膀胱颈和尿道不能维持一定压力而有尿液溢出。

3.尿瘘：指生殖道与泌尿道之间形成的异常通道，表现为尿液自阴道流出。

4.粪瘘：指肠道与生殖道之间有异常通道，致使粪便由阴道排出，以直肠阴道瘘居多。

（二）选择题

1.A 2.B 3.E 4.B 5.D 6.E 7.B 8.A 9.A 10.B 11.B 12.D 13.D 14.C

（三）简答题

1.子宫脱垂的临床分度：

Ⅰ度—轻型：宫颈外口距处女膜缘<4 cm，尚未达到处女膜；

Ⅰ度—重型：宫颈外口已达处女膜缘，在阴道口能见到宫颈；

Ⅱ度—轻型：宫颈已脱出阴道口外，宫体仍在阴道内；

Ⅱ度—重型：宫颈及部分宫体已脱出至阴道口外；

Ⅲ度：宫颈及宫体全部脱出至阴道口外。

2.非手术治疗—盆底肌锻炼：缩肛运动、药物治疗、电刺激；手术治疗。

第三十七章　不孕症与辅助生殖技术

一、基本纲要

掌握：不孕症的治疗原则。

熟悉：不孕症的检查程序及要求。

了解：不孕的有关因素，不孕症治疗进展，如生殖辅助技术等。

二、要点提示

(一)定义

1.不孕症：婚后有正常性生活未避孕，同居2年未避孕而未受孕者。

2.原发性不孕：婚后未避孕而从未妊娠者。

3.继发不孕：曾有过妊娠而后未避孕连续2年不孕者。

4.绝对不孕：夫妇一方有先天或后天解剖生理方面的缺陷，无法纠正而不能妊娠者。

5.相对不孕：夫妇一方因某种因素阻碍受孕，导致暂时不孕，一旦得到纠正仍能受孕者。

(二)不孕症的病因及诊断要点

不孕因素	病因	诊断要点
女性不孕	1.输卵管因素：最常见因素是输卵管阻塞或功能不全 2.卵巢因素：①卵巢病变；②下丘脑—垂体—卵巢轴功能紊乱，引起无排卵性月经、闭经等；③全身性疾病影响卵巢功能导致不排卵 3.子宫因素：①子宫先天畸形、子宫黏膜下肌瘤可造成不孕或孕后流产；②子宫内膜炎、内膜结核、内膜息肉、宫腔粘连或子宫内膜分泌反应不良等 4.宫颈因素 5.阴道因素	1.询问婚育史、性生活史、月经史以及既往有无结核、生殖器炎症和内分泌疾病史 2.体格检查注意检查生殖器和第二性征发育 3.辅助检查项目：①卵巢功能检查；②输卵管通畅试验；③超声影像学检查；④腹腔镜检查；⑤宫腔镜检查子宫内膜组织学检查；⑥性交后精子穿透力试验；⑦宫颈黏液精液相结合试验
男性不育	主要是生精障碍和输精障碍，包括：①精液异常；②性功能异常；③免疫因素	1.询问有无结核、腮腺炎病史 2.体格检查，重点检查外生殖器和精液 3.精液检查指标：少精症，指精子数量<20×10^6/mL；弱精症，向前运动精子(a+b)<50%或(a)<25%；畸形精症，正常精子<15%；无精症，精液检查无精子

三、典型病案

患者，女，32岁，已婚，G_0P_0，婚后3年半未孕，月经周期28 d，经期4 d，经量中等，全身检查无明显异常，妇科检查示：宫颈光滑，子宫前位，常大，左侧附件增厚，压痛(+)，右侧未触及明显异常。

进一步处理首选什么方法以明确该患者不孕的原因？

四、临床诊治思路

同居2年未避孕女性，即可诊断为不孕症，男方可通过精液检查确定不孕的原因，女方可通过以下检查流程以明确不孕症的原因，流程图如下：

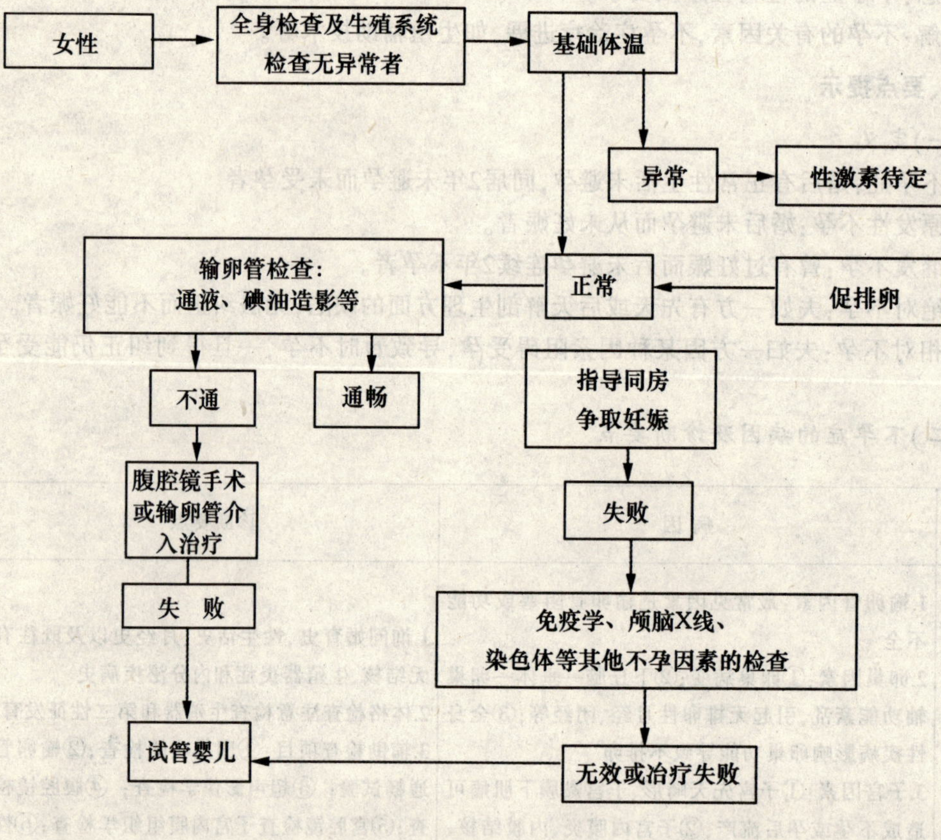

如图所示，该女性月经周期规律，左侧附件增厚压痛，提示左侧附件炎的可能，应行输卵管通液检查或输卵管碘油造影检查以明确输卵管是否通畅。

五、课后复习题

(一)名词解释

1.不孕症　2.人工授精

(二)填空题

1.女性不孕因素有______、______、______、______。

2.宫颈黏液羊齿结晶取决于______激素。

(三)选择题

1.女性不孕因素中最常见的病因是　(　　)

A.无排卵　B.输卵管因素　C.子宫黏膜下肌瘤

D.宫颈细长,宫颈炎　E.子宫内膜异位症

2.女,婚后3年末孕,经夫妇双方检查,证实男方一切正常,女方输卵管阻塞,经治无效,应接受哪项治疗为宜　(　　)

A.人工授精　B.常规体外受精与胚胎移植(IVF-ET)

C.配子输卵管内移植　D.卵细胞单精子显微注射(ICSI)

E.诱发排卵

3.如果月经周期为26 d,估计排卵应在月经周期第几天　(　　)

A.8　B.10　C.12

D.14　E.18

4.黄体中期血清的哪两项激素水平可反应卵巢黄体功能　(　　)

A.FSH　LH　B.P　L　C.E_2　催乳素

D.LH　催乳素　E.HCG　E_2

5.女性血清基础内分泌水平以反应卵巢的基础状态及其储备能力,应选在月经周期的第几天测定　(　　)

A.1~2　B.2~5　C.5~7

D.10~14　E.14~22

(四)简答题

女性不孕需进行哪些特殊检查?

六、复习题答案

(一)名词解释

1.不孕症:婚后有正常性生活未避孕,同居2年未避孕而未受孕者。

2.人工授精:指器械将精液注入宫颈管内或宫腔内取代性交使女性妊娠的方法。

(二)填空题

1.卵巢因素　子宫因素　宫颈因素　阴道因素

2.雌

(三)选择题

1.B　2.B　3.C　4.B　5.B

(四)简答题

①卵巢功能检查:通过测基础体温、阴道脱落细胞涂片检查、宫颈黏液结晶检查、经前期宫内膜活组织检查、检测血LH值等,了解卵巢有无排卵和黄体功能状态;②输卵管通液术或子宫输卵管碘油造影,了解子宫及输卵管有无病变;③性交后试验;④宫颈黏液、精液相合试验;⑤宫腔镜检查;⑥腹腔镜检查。

第三十八章 计划生育

一、基本纲要

掌握：宫内节育器的避孕原理，适应证、禁忌证、副反应和并发症的防治，短效口服避孕药的成分、避孕原理、服用方法、副反应防治及其安全性。

熟悉：目前应用的各种避孕措施及其避孕原则，避孕失败的补救措施，人工流产术的适应证、禁忌证和并发症的防治，药物流产的原理、方法、适应证和禁忌证。

了解：计划生育的重要意义，我国坚持推行以避孕为主的节育措施。

二、要点提示

1.避孕：宫内节育器、激素避孕、其他避孕（紧急避孕、外用避孕）。

2.输卵管节育术：经腹输卵管结扎术、经腹腔镜输卵管节育术。

3.避孕失败的补救措施：人工流产、药物流产。

4.计划生育措施的选择：宫内置环、工具避孕、避孕药。

三、课后复习题

（一）名词解释

1.宫内节育器　2.紧急避孕

（二）填空题

1.口服短效避孕药除避孕外的益处是________、________、________、________。

2.目前已肯定，药物流产用______与______配伍为最佳方案。

（三）选择题

1.短效避孕药开始服药时间，准确的是　（　）

A.月经期　B.月经第1天　C.排卵期

D.月经第5天　E.月经干净第3~7天

2.患者在吸宫流产手术中，突然感觉胸闷、头晕、大汗淋漓，测血压9.9 kPa，脉搏50次/min，此时首先给予　（　）

A.加快手术速度，立即排空内容物　B.阿托品静脉注射

C.输血补液　D.肌注射镇静药　E.静脉滴注间羟胺

3.放置宫内节育器常规为月经干净后　（　）

A.1~5 d　B.2~6 d　C.3~7 d

D.4~8 d　E.5~9 d

4.30岁，多次行人工流产术，末次人工流产在3个月之前，人工流产停经3个月，有周期性下腹痛伴肛门坠胀感，妇科检查：宫颈举痛阳性(+)，子宫稍大，有压痛，诊断可能是

（　）

A.早孕　　B.内膜异位　　C.宫颈粘连

D.宫外孕　　E.月经不调

5.36岁经产妇，已有2个小孩，放置环形宫内节育器1年，此次停经56 d，恶心、呕吐3 d不能进食，妇科检查：子宫前位，如孕8周大小，质软，附件正常，尿妊娠试验阳性(+)，尿酮体(+++)。腹部透视IDU位置正常，处理应为　(　)

A.立即取环　　B.立即静脉补充右旋糖苷及葡萄糖

C.肌注镇静剂及止吐药　　D.立即行人工流产

E.纠正酸中毒后行人工流产，同时取环

6.人工流产后5 d，发热2 d，下腹痛，伴脓性白带，检查：腹软，下腹轻压痛，无反跳痛，子宫稍大，压痛明显，两侧附件阴性。白细胞总数$20\times10^9/L$。应诊断为　(　)

A.急性盆腔腹膜炎　　B.盆腔结缔组织炎　　C.急性子宫肌炎

D.急性子宫内膜炎　　E.急性附件炎

7.患者吸宫流产手术中，感胸闷、头晕。检查：血压70/50 mmHg，脉搏50次/min。应首先选用何种药物抢救治疗　(　)

A.安定　　B.阿托品　　C.杜冷丁

D.苯巴比妥钠　　E.氯丙嗪

8.女，24岁，无生育史，妊娠42 d采用口服米非司酮(RU486)及前列腺素，仅6 h排出完整胎囊及绒毛，阴道流血不多，其流产最主要的机制为　(　)

A.前列腺素作用，引起子宫收缩

B.抗雌激素作用

C.抑制早孕作用

D.抗孕激素与孕酮竞争子宫内膜受体，却不产生孕酮作用，使蜕膜坏死出血

E.丙酸睾丸酮抑制孕卵生长，达终止妊娠效果

9.第二胎产妇，产后半年月经未复潮，仍在哺乳，要求避孕，检查：子宫颈光滑，外口松，宫颈位于阴道口以上2 cm处，子宫大小正常、后倾、无压痛、活动、双附件无异常，选用下列何法为好　(　)

A.宫内节育器　　B.口服避孕药　　C.阴茎套

D.安全期避孕　　E.体外排精法

10.30岁，哺乳期闭经，检查：宫颈着色，子宫如孕3个月大小，质软，双附件正常，做钳刮术，术中夹出黄色脂肪样组织，患者感到有剧烈牵拉样疼痛，伴恶心、呕吐，该病人的诊断是　(　)

A.人工流产综合征　　B.子宫穿孔　　C.葡萄糖

D.宫外孕　　E.吸宫不全

11.口服避孕药中，长效与短效主要取决于　(　)

A.雄激素　　B.孕激素　　C.雌激素

D.雌激素+孕激素　　E.孕激素+雄激素

12.25岁，孕2个月，行人工流产，在扩张宫颈过程中，患者突感左下腹剧痛，头晕、胸闷、大汗淋漓，脉搏110次/min，血压70/50 mmHg，立即停止手术，观察半小时，发现左下腹出现包块，半年前有剖宫产史，该患者恰当的处理是　(　)

A.肌注镇静剂　　B.立即肌注维生素K
C.头低脚高位　　D.剖腹探查　　E.人工流产术

问题13—15

A.宫内节育器　　B.雌孕激素疗法　　C.大剂量雌激素
D.53号避孕药　　E.息隐(Ru486)

13.患者30岁，孕1产1，分居两地，有胃病史。在月经第10天时，丈夫回家未避孕，要求事后避孕，选用（　）

14.患者32岁，月经正常，孕1产1，拟下周期月经干净后上环。现月经17 d性交，发现阴茎套已破裂，要求事后避孕，最宜选用（　）

15.患者34岁，女性，孕1产1，停经34 d，尿妊娠试验阳性，终止妊娠后，要求避孕，最宜选用（　）

问题16—20

A.男用避孕套　　B.宫内节育器　　C.甾体激素避孕药
D.安全期避孕　　E.绝育手术

16.新婚夫妇避孕首选（　）
17.有一个子女的夫妇长期避孕方法首先（　）
18.有两个或多个子女的夫妇长期避孕方法首先（　）
19.哺乳期妇女避孕方法不宜选（　）
20.围绝经期妇女避孕方法禁用（　）

问题21—25

A.改变宫腔内环境，妨碍孕卵着床
B.杀精或使精子灭活而达避孕
C.抑制排卵
D.阻止精子进入宫腔
E.利用抗原—抗体反应，达到抗着床目的

21.阴茎套避孕（　）
22.带铜宫内节育器（　）
23.免疫避孕法（　）
24.口服短效避孕药（　）
25.外用避孕药膜（　）

问题26—29

A.人工流产负压吸引术　　B.人工流产钳刮术
C.水囊引产　　D.剖腹手术
E.肌注天花粉蛋白引产

26.妊娠>14周，需终止妊娠者宜用（　）
27.妊娠<10周，需终止妊娠者宜用（　）
28.妊娠11~14周，需终止妊娠者宜用（　）
29.残角子宫妊娠者，选用（　）

问题30—33

A.子宫穿孔　　B.人工流产综合反应　　C.吸宫不全并感染

D.空气栓塞　　E.漏吸

30.吸宫术中病人突感下腹剧痛，为牵拉样痛伴血压下降，脉搏增快　（　）

31.吸宫过程术中病人突然出现心动过缓、面色苍白、出汗、头晕、心律失常、血压下降　（　）

32.人工流产后不规则阴道流血，下腹疼痛及发热　（　）

33.人工流产后早孕反应不但不消失反而加重　（　）

问题34、35

A.非细菌性异物反应

B.使宫颈黏液变稀薄，不利于精子通过

C.减少子宫内膜前列腺素的产生

D.抑制排卵

E.抑制输卵管蠕动

34.口服避孕药的作用　（　）

35.带铜IUD的作用　（　）

问题36—39

A.49 d以内　　B.10周以内　　C.10~14周

D.14~24周　　E.14~28周

36.药物流产适用于　（　）

37.钳刮术流产适用于　（　）

38.吸宫术流产适用于　（　）

39.依沙吖啶引产适用于　（　）

问题40—42

A.人工流产综合征　　B.子宫穿孔　　C.羊水栓塞

D.人工流产后感染　　E.宫颈粘连

40.吸宫术后出现闭经伴周期性腹痛，血压正常　（　）

41.吸宫术后3 d高热、腹痛、下腹部压痛　（　）

42.钳刮术时烦躁不安、寒战、呕吐、咳嗽，继之呼吸困难、发绀、心率快、血压迅速下降　（　）

问题43—45

A.皮下埋植避孕　　B.短效口服避孕药　　C.长效口服避孕药

D.阴茎套　　E.探亲避孕药

43.25岁，已婚，丈夫为军人，妻子于月经第14天接到近日回家探亲电报，男方对橡胶过敏，最好的避孕方法是　（　）

44.23岁，产后2个月哺乳闭经，应采用的避孕方法是　（　）

45.27岁，G_3P_0，放节育环2次，均因出血腹痛取出，丈夫不愿用避孕套，本人有慢性肝炎史，适宜选用的方法是　（　）

（四）简答题

1.药物流产的适应证、禁忌证是什么？

2.手术流产的并发症有哪些？

四、复习题答案

(一)名词解释

1.宫内节育器：是一种相对安全、有效、简便、经济、可逆、广大妇女易于接受的节育器具，目前已成为我国育龄妇女的主要避孕措施。其避孕原理为：①干扰受精卵着床；②影响受精卵的发育；③宫腔内自然环境改变；④宫腔内炎症细胞增多，有毒害胚胎的作用；⑤对抗机体囊胚着床的免疫耐受性，使囊胚崩解，有免疫性抗着床作用。

2.紧急避孕：是指无保护性性生活或避孕失败或特殊情况性交(如被强奸)后3~5 d，妇女为防止非意愿性妊娠而采取的避孕方法。其避孕机制主要是阻止或延迟排卵；干扰受精或阻止受精卵着床。

(二)填空题

1.使月经规则　减少宫外孕的发生　减少卵巢癌的发生　皮肤调理

2.米非司酮　米索前列醇

(三)选择题

1.D　2.B　3.C　4.C　5.E　6.D　7.B　8.D　9.C　10.B　11.C　12.D　13.D　14.E　15.A　16.A　17.B　18.E　19.C　20.C　21.D　22.A　23.E　24.C　25.B　26.E　27.A　28.B　29.D　30.A　31.B　32.C　33.E　34.D　35.A　36.A　37.C　38.B　39.D　40.E　41.D　42.C　43.E　44.D　45.A

(四)简答题

1.适应证：①病人选择，18~40岁的健康妇女，本人自愿要求使用药物终止妊娠；尿BHCG阳性，正常宫内妊娠，并行B型超声检查确认；从末次月经的第一天起算不超过49 d。②具有人工流产术高危因素者，宫颈坚硬及发育不全；生殖道畸形及严重骨盆畸形。③多次人工流产术史，对手术流产有恐惧和顾虑心理者。④剖宫产术后半年内，哺乳期。

禁忌证：①肾上腺疾病，与甾体激素有关的肿瘤，糖尿病，肝肾功能异常，妊娠期皮肤瘙痒史，血液疾患，血管栓塞等病史。②使用前列腺素类药物禁忌证，如二尖瓣狭窄、高血压、低血压、青光眼、哮喘、胃肠功能紊乱、癫痫、过敏体质、带器妊娠、宫外孕、贫血、妊娠剧吐等；长期服用抗结核、抗癫痫、抗抑郁、前列腺素生物合成抑制剂、巴比妥类药物，吸烟、嗜酒。

2.(1)子宫穿孔。(2)人工流产综合反应。(3)吸宫不全。(4) 漏吸。(5)术中出血。(6)术后感染。(7)羊水栓塞。

第三十九章　妇女保健

一、基本纲要

了解:妇女保健的意义、组织机构及保健工作的任务。

二、要点提示

1.妇女保健的意义:以维护和促进妇女健康为目的,有利于减少人口数量和提高人口素质,是富国民强的基础工程。

2.妇女保健的目的:降低妇女患病率,消灭和控制某些疾病及遗传病的发生,控制性传播疾病,降低孕产妇死亡率,促进妇女身心健康。

3.组织机构:①行政机构(卫生部基层卫生与妇幼保健司、省级卫生厅基层卫生与妇幼保健处、市地级卫生局妇幼卫生科或防保科、县市级卫生局防保股、业务股);②专业机构(国家级、省级设省妇幼保健院,市地级设市地级妇幼保健所,县级设县妇幼保健所)。

三、课后复习题

(一)填空题

1.妇女各期保健工作包括____、____、____、____、____、____、____、____、____。

2.产时保健的"五防"是指:____、____、____、____、____。

(二)简答题

妇女保健工作的任务是什么?

四、复习题答案

(一)填空题

1.青春期保健　未婚期保健　生育期保健　孕期保健　产时保健　产褥期保健　哺乳期保健　围绝经期保健　老年期保健

2.防滞产　防感染　防产伤　防出血　防窒息

(二)简答题

保健的工作任务是:(1)做好妇女各期保健;(2)提高产科质量;(3)积极防治妇女病及恶性肿瘤;(4)做好计划生育技术指导;(5)汇集信息资料;(6)做好妇女劳动保护;(7)做好妇女心理保健;(8)妇女保健统计指标。

第四十章　妇产科常用特殊检查

一、基本纲要

了解：妇产科常用特殊检查方法及操作。

二、要点提示

生殖道细胞学检查	阴道涂片(了解卵巢及胎盘功能) 宫颈(管)涂片[发现宫颈(管)病变] 宫腔吸片(检查宫腔内恶性病变)
女性内分泌激素测定	抽取外周血测定(GnRH、FSH、LH、PRL、E_2、P、HCG、HPL、雄激素)
产前诊断常用检查方法	外周血测定(AFP、HCG、E_3、PAPP-A、NT) 介入性宫内取材检查(绒毛、羊水、脐血、胎儿镜、超声诊断)
女性生殖器官活检	活检部位(外阴、阴道宫颈、子宫内膜)了解组织病变情况
输卵管通畅检查	通液术、输卵管造影术、内窥镜输卵管通畅检查
妇科常用穿刺术	经腹壁腹腔穿刺术、经阴道后穹隆穿刺术、经腹壁羊膜穿刺术
妇科肿瘤标志物	肿瘤相关抗原及胚胎抗原(Ca125、Ca199、AFP 、CEA、SCCA、ER、PR) 妇科肿瘤相关的癌基因及肿瘤抑制基因(Myc Ras C-erbB2 、P53、nm23)人乳头状瘤病毒HPV
羊水检查	检查内容(胎儿成熟度、细胞遗传学及先天性代谢异常检查、羊水上清液生化检查、胎儿血型预测、检测子宫内感染、协助诊断胎膜早破)
影像学检查	超声检查(B 型超声、彩色多普勒、三维诊断)、X 线、CT、MRI、PET

三、课后复习题

(一)名词解释

心脑综合征

(二)填空题

1.B型超声检测卵泡发育，一般从月经周期的第____天开始检测卵泡大小，正常卵泡每日增长________，排卵前卵泡约达____。

2.妇产科常用的超声检查方法分为____和____。

3.宫颈黏液检查的临床应用主要是____、____、____、____。

4.诊断性刮宫的主要并发症包括____、____、____。

(三)选择题

1.绒毛活检抽吸绒毛组织量最好是 (　　)

A.0.1 mL　　B.1 mL　　C.5 mL

D.1 g　　E.100 mg

2.判断胎儿肺成熟度不受血液或胎粪污染的影响最可靠的方法是 (　　)

A.L/S　　B.泡沫试验　　C.PG测定

D.羊水肌酐值、胆红素值　　E.羊水脂肪细胞

3.HCG的检测不能协助诊断的疾病是 (　　)

A.异位妊娠　　B.葡萄胎　　C.子宫内膜异位症

D.原发性卵巢绒癌　　E.绒癌

4.经羊膜穿刺抽取羊水不能诊断的胎儿疾病是 (　　)

A.血友病　　B.DOWN综合征　　C.母儿血型不合

D.TORCH感染　　E.先天性室间隔缺损

(四)简答题

试述输卵管通液术的适应证和禁忌证。

四、复习题答案

(一)名词解释

心脑综合征:扩张宫颈或膨胀宫腔可引起迷走神经兴奋,出现恶心、面色苍白、头昏和心率减慢等症状,称为心脑综合征。

(二)填空题

1.10　1.6 mm　20 mm

2.经腹　经阴道

3.预测排卵期　诊断妊娠　诊断闭经　诊断功能失调性子宫出血

4.出血　子宫穿孔　感染

(三)选择题

1.B　2.C　3.C　4.E

(四)简答题

适应证:(1)原发或继发不孕症,男方精液正常,疑有输卵管阻塞者;(2)检验和评价输卵管绝育术,输卵管再通液或输卵管成形术的效果;(3)对输卵管黏膜轻度粘连和疏通作用,输卵管再通术后经宫腔注药液以防止吻合处粘连,以保证手术效果。

禁忌证:(1)内外生殖器官急性炎症或慢性盆腔炎急性或亚急性发作者;(2)严重全身性疾病,如心、肺功能异常,不耐受手术者。